Wilhelm Middeler

Zwischen Synagogenbrand und Reifeprüfung 1938 – 1955

Wilhelm Middeler

Zwischen Synagogenbrand und Reifeprüfung 1938 – 1955

Erinnerungen aus der Froschperspektive eines mittelmäßigen Schülers

Eine münsterische Chronik

Herausgegeben von
Joachim Kuropka

ATE

Bibliografische Information der Deutschen Nationalbibliothek
Die Deutsche Nationalbibliothek verzeichnet diese Publikation in der Deutschen Nationalbibliografie; detaillierte bibliografische Daten sind im Internet über http://dnb.d-nb.de abrufbar.

ISBN 978-3-89781-200-0

AT Edition Berlin 2012

Auslieferung/Verlagskontakt:
Fresnostr. 2 D-48159 Münster 0 251-20 07 96 10
e-Mail: ate@at-edition.de http://www.at-edition.de

PER MULTIS
PEREGRINANTIBUS
MECUM IN VIA
VIVIS QUAM TOT
ALACRIUS DEFUNCTIS

[Den vielen Gefährten auf dem Wege,
den Lebenden wie den zu früh Heimgegangenen]

Wimi und die Froschperspektive

Wimi (= *Wi*lhelm *Mi*ddeler) konnte erzählen – dafür war er unter seinen Freunden in Schule und Jugendgruppe bekannt und so war denn gleich die Neugier geweckt, als er einmal bemerkte, seine Erinnerungen aus Kindheit und Jugend zusammenstellen zu sollen und vielleicht auch zu wollen.

Hier ist nun seine „Münsterische Chronik". In der Tat: diese „Erinnerungen aus der Froschperspektive eines mittelmäßigen Schülers" – ursprünglich nur für Familie und Freunde verfasst – mussten einfach der Öffentlichkeit zugänglich gemacht werden. Nicht nur, dass er sein Talent nicht verloren hat, seine „Chronik" berichtet einfach Neues – und holt Vergessenes in die Erinnerung zurück – Neues, das den Heutigen ebenso unglaublich erscheinen mag wie eine Chronik aus vergangenen Jahrhunderten. Bei den Zeitgenossen werden durch die Lektüre eigene Erinnerungen geweckt um ihr Erleben in Münster und in Westfalen, aber auch ganz woanders, wo nationalsozialistische Herrschaft und Krieg in ihr Leben eingebrochen sind und dies radikal verändert haben.

Nehmen wir nur ein paar Beispiele: Kann man sich heute vorstellen, dass ein Elfjähriger nach nur sage und schreibe zweieinhalb Jahren nennenswertem Grundschulunterricht das Gymnasium bezieht und als „mittelmäßiger Schüler" auch erfolgreich zum Abitur kommt?

Sind nicht die Lebensverhältnisse *auf der Flucht* vor den Bomben der Engländer und Amerikaner schlicht abenteuerlich? Diese *Flucht* führte zeitweilig jeweils über Nacht nach Albersloh, dann für längere Zeit nach Bösensell, nach Tilbeck und nach Obersuhl in Hessen an der Grenze zu Thüringen. Zu Verwandten dort ging es auf der Flucht vor *den Bomben* – und vor der nationalsozialistischen Indoktrination im Kinderlandverschickungslager.

Obersuhl lag für den Achtjährigen nicht nur *ganz weit weg*, es war auch ein gewaltiger Kontrast zu Münster – hier die Großstadt, dort das kleine Dorf, hier ein dichtes volksfrommes katholisches Milieu, das auch den Alltag durchdrang und mitbestimmte in einer Familie, in der der am Kreuz *unser Führer* war. Obersuhl demgegenüber rein protestantisch, *nationalsozialistisch durchsetzt* mit einer Schule, die religiös *völlig keimfrei* war.

Pfarrer Middeler gelingt es, die zeitgenössische Stimmung einzufangen, den Zeitgeist lebendig werden zu lassen – in Münster unter dem *Tausendjährigen Reich* ebenso wie in den Nachkriegsjahren – und doch mit einem Schuss Ironie und nicht zuletzt Selbstironie Distanz zu wahren.

So werden Lebensverhältnisse und Ereignisse lebendig dargestellt und damit dem Vergessen entrissen: so etwa die akute Lebensgefahr, in der jedermann schwebte, die Persönlichkeiten, die für ihre Grundsätze einstanden wie Pfarrer Huskamp, der eine englische Bomberbesatzung vor dem Volkszorn rettete, ebenso wie beeindruckende Lehrerpersönlichkeiten, aber auch solche, die *der Feuerzangenbowle entsprungen* sein konnten.

Der Leser wird mitgenommen in das Abenteuer des Alltagslebens vor 70 Jahren, dabei erweist sich, dass die „Froschperspektive" oft mehr sichtbar werden lässt und tiefere Einblicke in das reale Leben ermöglicht als die Vogelperspektive.

Joachim Kuropka

Wie es dazu kam

Ihr naht euch wieder, schwankende Gestalten,
Die früh sich einst dem trüben Blick gezeigt.
Versuch' ich wohl, euch diesmal festzuhalten?
Fühl' ich mein Herz noch jenem Wahn geneigt?
Ihr drängt euch zu! Nun gut, so mögt ihr walten,
Wie ihr aus Dunst und Nebel um mich steigt;
Mein Busen fühlt sich jugendlich erschüttert
Vom Zauberhauch, der euren Zug umwittert.
Goethe: Faust I, 1-8

Bekanntlich erinnern sich Senioren, oder solche, die es werden wollen, gern an frühere Zeiten. Stichwort: *Feuerzangenbowle*.

Einer meiner Freunde fragte mich vor längerer Zeit, ob ich nicht einige Erlebnisse auf einer gemeinsamen Wanderung durch den Bayerischen Wald einmal aufschreiben könne. Er wünschte einen *Baustein* für seine *Auto*-Biographie. Ich habe dann unter diesem Titel die Erlebnisse aus dem Sommer 1960 zusammengefasst. Diese Blätter fanden bei allen Beteiligten eine gute Aufnahme, wohl, weil die persönliche Färbung und das Wiederaufleben der damaligen Stimmung den Ton angaben. – Einige der Damaligen sowie auch Andere – darunter drei Historiker – drängten mich, meine Erlebnisse als Kind während der Kriegs- und Nachkriegszeit in ähnlicher Weise aufzuschreiben. Ich habe mich entschlossen, dies zu versuchen.

Nun hat es sicher keinen Sinn, Dinge wiederzugeben, die ohnehin bekannt sind, also bitte keinen *Ploetz* im Kleinen, wenn auch zugeschnitten auf das persönliche Erleben. Denn, dass zum Beispiel im Sommer 1941 der Russlandfeldzug begann, braucht nicht eigens wiederholt zu werden. Außerdem gibt es eine Fülle von Literatur dieser Art, zumeist lebendig geschriebene Erinnerungen derer, die die Zeit damals erlebten, beziehungsweise miterleben mussten. Dabei wird – wie wohl in fast allen Biographien großer Männer – deutlich: ο μη δαρεις ανθρωπος ου παιδευεταλ [Der nicht geschundene Mensch wird nicht erzogen]. In gutem Deutsch: In Schwierigkeiten formt sich der Charakter. Natürlich nur, wenn man welchen hat.

Andererseits steht das Gespenst der Selbstbespiegelung und -beweihräucherung im Raum; unter Umständen auch des ständigen Selbstmitleids und des Rührens in der, ach so traurigen Vergangenheit, wie es depressiv geprägten Naturen eigen ist. Und immer wieder muss man sich hüten, zu viel von sich oder Anderen preiszugeben, denn *de intimis non iudicat praetor*. Aber es bleibt: *Sunt lacrimae rerum.* [Über das Innere urteilt kein Richter. Die Dinge haben ihre Tränen].

So wende ich mich mit diesen Blättern an einen größeren Personenkreis in der Hoffnung, im Wesentlichen Wahrheit und nicht Dichtung dargeboten zu haben.

Altenberge, Februar 2012

Wilhelm Middeler

I.

10. November 1938:
Mein Großvater hatte die Angewohnheit, des Öfteren werktags morgens in die Stadt zu gehen. Häufig nahm er mich mit. Meistens wurde die Werktagsmesse um 9.00 Uhr in St. Lamberti besucht. Danach folgte ein Gang über den Prinzipalmarkt. Wenn Großvater gute Laune hatte, kaufte er mir bei *Püppken*-Brinckmann ein Spielzeug. Darauf folgte auf der Promenade ein Schwätzchen mit den *Bankbeamten* am Servatiiplatz, von denen er viele kannte. Dann ging es nach Hause zum Mittagessen; meine Großmutter war froh, dass sie ihren Mann für ein paar Stunden los war.

An diesem wunderbaren klaren Herbsttag war der Spaziergang an der Servatiikirche zu Ende. Die Synagoge gegenüber war in der Nacht geschändet worden. Starke gelblich-braune Rauchwolken drangen heraus. Eine Menschenmenge – es waren vielleicht 200-300 Personen – standen in einem unaussprechlich erschütterten und betretenen, langen, fast hörbaren Schweigen um die Synagoge herum, auf dem Wall der Promenade, auf der Klosterstraße und am Servatiikirchplatz. Äußerlich bemerkte man an dem Gebäude keine Schäden, aber der gelblich-braune Rauch quoll ständig heraus. Drei oder vier Männer – es waren wohl SA-Leute – kamen irgendwann und betraten das Gebäude. An dieser Stelle bricht meine Erinnerung ab.

Später in der Familie habe ich von dem Synagogenbrand und den Juden so gut wie nichts gehört. Das war auch zu gefährlich, denn Kinder konnten sich verplappern, was dann zu bösen Folgen geführt hätte. Wohl wurde erzählt, dass ein SA-Mann in der *Reichskristallnacht* die Schaufensterscheibe eines jüdischen Geschäfts eingetreten habe. Er habe sich dabei verletzt und sei einige Tage später qualvoll an einer Blutvergiftung gestorben. Ein bekannter Textilkaufmann habe am Mauritzlindenweg den Flügel eines jüdischen Mitbürgers aus der ersten Etage aus dem Fenster geworfen. Schließlich sei ein Bankangestellter, einer unserer Mieter, in der fraglichen Nacht als SA-Mann besoffen nach Hause gekommen.

1939 – wieder ein wunderbarer klarer Herbstvormittag, diesmal Anfang September. Am Rathaus war viel los. Unter den Leuten zumeist Uniformierte. Man sah in diesen Tagen viele Offiziere, Wehrpflichtige in ihren Ausgehuniformen [*Kaiser-Wilhelm-Gedächtnis-Rock*]. Letztere sah man immer weniger, stattdessen herrschte das grau-grüne Feldgrau vor, außerdem gelegentlich SA-Leute und Parteigenossen, seltener die schwarzen Uniformen der SS, oder auch mal einen Angehörigen der Kriegsmarine. An diesem Morgen war meine Großmutter mit mir in die Stadt gegangen. Ich hätte gerne gewollt, dass sie mir ein Spielzeug gekauft hätte, bei *Püppken*-Brinckmann, ein paar Häuser weiter. Aber meine Großmutter sagte nur: „Das geht nicht, wir haben doch jetzt Krieg, jetzt gibt es alles nur auf Bezugsschein." Da habe ich als Vierjähriger zum ersten Mal das Wort *Krieg* vernommen.

Wieder setzt meine Erinnerung aus. Das Nächste, das aus der Erinnerung hochkommt, ist die große Parade nach dem Frankreichfeldzug. Ich stand wieder an der Hand meiner Großmutter am Servatiiplatz. Große Parade des münsterischen Traditionsregiments I. R. Nr. 13. Es waren sicher auch andere Truppenteile beteiligt, denn Münster war Garnisonsstadt. Unvergesslich der Anblick eines Paukisten, der hoch zu Pferd die Paukenschlegel über seinem Stahlhelm herumwirbelte. Heute heißt das Schlagzeuger. Ich habe das Gefühl, dass sich bereits damals in mir gewisse Sympathien für die Großdeutsche Wehrmacht, insbesondere die Marschmusik, regten.

Zu Hause merkte ich vom Krieg nichts. Die Tatsache, dass unser Vater bereits im Sommer 1939 eingezogen wurde, brachte ich in keiner Weise mit Krieg in Verbindung. Vater war im Ersten Weltkrieg als Einjährig-Kriegsfreiwilliger bei der Artillerie gewesen. Er war Ingenieur für Maschinenbau und nebenher für Elektrotechnik geworden und wurde 1939 zur Luftwaffe eingezogen. Sehr bald wurde er Unteroffizier beim Luftgaukommando VI.

Dort wurde wohl ein Luftnachrichten-Regiment aufgestellt, man sah es an den braunen Kragenspiegeln. Zu den Mahlzeiten und über Nacht kam Vater nach Hause, denn seine Dienststelle konnte er schon in einer guten Viertelstunde zu Fuß erreichen. Hinter dem Kleiderschrank stand lange Zeit ein Luftwaffenkarabiner 98K. Auch andere *Brocken*, wie Stiefel, Brotbeutel, Stahlhelm, Luftwaffenrucksack etc. befanden sich in unserer Wohnung. Mit Hauptmann Krümel, seinem Chef, verstand mein Vater sich ausgezeichnet. Hauptmann Krümel war ein Herr mittleren, undefinierbaren Alters. Er lief immer in tadelloser Uniform herum. Manchmal trug er den grauen Luftwaffen-Umhang mit silberner Schließkette, immer in korrekter militärischer Haltung. Er wohnte hinter unserem Haus auf dem angrenzenden Grundstück, jedoch mit eigenem Zugang von der Warendorfer Straße aus. Oft saß er mit meinem Vater nach Dienstschluss in der nächsten Kneipe *Peter in der Fremde*, die beiden Herren tranken ein Bier und verstanden sich bestens.

Wie schon gesagt, merkte ich als Fünfjähriger nichts vom Krieg, wohl aber sprang die Nazi-Propaganda ständig in die Augen. Andauernd wurde geflaggt. Unsere Wohnung, Gereonstraße 10, war vorher an die Reichspost vermietet gewesen. Neben dem Küchenfenster hing noch immer der inzwischen rot angestrichene Briefkasten aus dieser Zeit. Man konnte einen Brief vom Küchenfenster aus mühelos hineinwerfen, ohne die Wohnung zu verlassen. Über uns hatte ein Zahnarzt seine Praxis gehabt. Später war die obere Etage mit eigenem Eingang an den Hitler-Jugend-Bann vermietet worden, zu Beginn des Krieges dann an die Luftwaffe, die dort irgendeine Dienststelle unterhielt.

Die Vorderfront des Hauses bildete ein schöner, gut proportionierter Neorenaissance-Giebel, der heute sicher denkmalpflegerischen Wert besäße. Eine detaillierte Bauzeichnung ist heute noch vorhanden. Zwei schöne lange Hakenkreuzfahnen hängte die HJ [Hitlerjugend] aus den Fenstern, wenn geflaggt werden musste, so dass das ganze Haus als beflaggt durchgehen konnte. Mein Vater freute sich, dass er die Hakenkreuzfahne nicht heraushängen musste. Aber der *Blockwart* oder sonst irgendeiner von der Partei setzten meinen Vater unter Druck. Es blieb ihm nichts anderes übrig, als ein billiges

Die Gereonstraße vor dem Kriege

Fähnchen mit dem Hakenkreuz im weißen Feld anzuschaffen und an einer noch billigeren Latte zu befestigen. Dieses Machwerk hing dann zum Küchenfenster hinaus. Der Kontrast zu den prächtigen Fahnen der HJ über uns war offenkundig, und es hätten sich eigentlich Schwierigkeiten ergeben müssen. Aber man bemerkte das alberne Aussehen nicht oder sah gnädig darüber hinweg.

Meinem Vater war es gelungen, *nicht* in die Partei einzutreten. Er war anfangs im *Stahlhelm* gewesen und wurde bei irgendeinem Aufmarsch zwangsweise in die SA überführt. Das war nach 1933. Ich fiel als Zwölfjähriger aus allen Wolken, als ich nach dem Krieg die SA-Hakenkreuzbinde meines Vaters in einer Schublade fand. Aber da hatte ich schon genug über das *Tausendjährige Reich* gehört und verstanden, um den Vorgang richtig einordnen zu können.

In die Vorkriegszeit fällt auch die Begebenheit, die uns unser Vater später erzählte. Offenbar hatte ihn die Partei auf dem *Kieker*. Er wurde eines Tages vorgeladen. Dort wurden ihm drei Dinge vorgehalten:

Wieso er dazu käme, in einer Zeit der nationalen Erhebung Mitglied des Kirchenvorstandes in der katholischen Pfarrei St. Mauritz zu sein? Antwort: Er sei zu einem Zeitpunkt in den Kirchenvorstand gewählt worden, als die SA noch geschlossen in der Großen Prozession in Münster mitmarschiert sei. Dabei habe er sich ja wohl kaum denken können, dass er damit im Gegensatz zum neuen Staat stehen würde.

Was ihm einfiele, dass auf seinem Grundstück Teppiche geklopft würden, und zwar ausgerechnet während der Führerrede? Antwort: Das sei das Dienstmädchen der Mieterin Frau soundso gewesen, die dann ja schließlich verantwortlich gewesen sei.

Was er von der Trennung von Kirche und Staat halte? Antwort: Die gäbe es in Holland schon lange, und, insoweit er informiert sei, führen die Niederländer ganz gut damit.

Damit war das Gespräch bei der Partei beendet.

Zu Beginn des Jahres 1940 hatte sich das neu aufgestellte Luftnachrichten-Regiment am Hohenzollernring so weit gemausert, dass mein Vater zum Feldwebel befördert wurde. Er war immer seltener zu Hause. Zu Beginn des Frankreichfeldzuges wurde die Einheit an die Zuider-See in Holland verlegt; bei Bentheim ging es über die Grenze. Vater war Feldwebel im Stab des Regiments und legte eine unglaubliche Geschicklichkeit an den Tag, ständig nach Münster kommandiert zu werden. Mal musste eine Zugmaschine abgeholt werden, mal kam er mit dem Motorrad samt Fahrer mit irgendwelchen Aufträgen, Ersatzteile zu besorgen, oder auch, um sich überhaupt sehen zu lassen. Er war eben nicht nur Soldat bei der *Großdeutschen* Wehrmacht, sondern auch Fachmann für Elektrotechnik. Handwerk hat eben immer noch goldenen Boden. Zwischendurch schickte er kleine Päckchen mit Schokolade, Keksen und gesüßter Kondensmilch in Büchsen. Die Ernährungslage war damals noch erträglich; dennoch war die „Nahrungsergänzung“ aus Holland hoch willkommen, und wir Kinder gediehen prächtig. Die Paketpost kam damals mit einem klapprigen, altmodischen Kastenwagen mit Elektroantrieb, der durch die Straßen kroch. Der Antrieb auf die Hinterräder vollzog sich noch wie beim Fahrrad durch einfache Kettenübertragung. Diesem altmodischen Klapperkasten liefen wir jeden Morgen erwartungsvoll entgegen.

Der konkrete Krieg begegnete mir zunächst in der Gestalt einer Maurerkolonne. Eines Morgens war die ganze Straße eine Baustelle. Es wurden in den Kellern Luftschutzräume eingerichtet und vor den Kellerfenstern jeweils ein gemauerter Splitterschutz errichtet, je nach Lage hoch oder niedrig, einfach oder mit Ecken. Es gab verschiedene Formen. Wichtig war, dass die Luftzufuhr aufrechterhalten wurde. Die ersten Luftangriffe ließen nicht lange auf sich warten. Wir saßen im Luftschutzkeller und lauschten andächtig dem FLAK-[Flugabwehrkanone]Feuer, nur mein Großvater nicht. Er lag im Bett und dachte nicht daran, den LSR [Luftschutzraum] aufzusuchen. Ihm lag es überhaupt nicht, sich irgendwelchen Weisungen zu unterwerfen. Schließlich fiel aus dem Erdgeschoss Licht durch die Kellertür in den dunklen Keller. Oben stand mein Großvater im Nachthemd auf der Kellertreppe, vom Licht aus der Küche angeleuchtet. Da er von kleiner Gestalt war, wirkte er für uns unten im Keller, wie er so oben auf der ersten Treppenstufe stand, umso großartiger. Noch heute reizt mich dieser Anblick ungemein zum Lachen. Wenn unser Großvater nicht so korpulent gewesen wäre, hätte man an eine Fatima-Madonna denken können. „Bei Cremans brennt's“, erscholl es von der Kellertreppe. Nach einer gewissen Zeit siegte die Neugier, und wir wagten uns vor die Haustür. Die Gereonstraße war in der Mitte hell erleuchtet, zwei Häuser älterer Bauart brannten lichterloh bis auf die Kellerdecke aus. Schräg gegenüber brannte nur das Dachgeschoss eines Hauses neuerer Bauart. Die Stabbrandbomben der Engländer hatten für den Anfang ihre Arbeit schon ordentlich getan. Die Feuerwehr war an Ort und Stelle und Hausrat wurde geborgen. Ein einsamer Polizist in der dunklen, schwarz-blauen Uniform der Stadtpolizei – nicht in der grünen der Gendarmerie mit den dunkelbraunen Aufschlägen – stand gelangweilt, aber doch aufmerksam dabei. Über weitere zahlreiche Nächte im Luftschutzkeller wird noch zu berichten sein.

Zunächst aber erscheint es angebracht, die Persönlichkeit unseres Großvaters mütterlicherseits zu würdigen: Sein Vater, also unser Urgroßvater, stammte aus einem größeren, aber abgelegenen Dorf in Hessen, an der Grenze zu Thüringen. Mit vierzehn Jahren verließ er die Volksschule, es gab für ihn wie für viele damals in jener kargen Gegend keine Möglichkeit, einen Beruf zu erlernen. So verließ er sein Heimatdorf, um in einem Bergwerk im Ruhrgebiet als Lehrhauer anzufangen. Er heiratete ein katholisches Mädchen aus der Nachbarschaft und wurde daraufhin selbst katholisch. Aus dieser Ehe stammte mein Großvater, der es auf dem Gymnasium bis zur Quarta brachte und somit das *kleine Abitur* machte. Seine fast völlig unberührte griechische Schulgrammatik von Kaegi hat mir später in den fünfziger Jahren gute Dienste getan; ich besitze sie noch heute. Auch mein Großvater wandte sich dem edlen Bergwerk zu. Bei einem Unfall riss ein Kabel und traf ihn am Kopf. Mit schweren Kopfverletzungen wurde er Berginvalide. Er stand sich aber mit dem Generaldirektor Brinkmann auf der Zeche Ewald-Fortsetzung in Oer-Erkenschwick bestens und wurde für ihn in der Stellung eines Betriebsführers die rechte Hand. Dies entsprach in der Zechenhierarchie wenigstens der eines Generalmajors. So hatte er sich bis zum Betriebsführer in besonderem Dienst herauf *krakeelt*.

Noch zu Beginn des Krieges kam der Generaldirektor Brinkmann zu meinen Großeltern zum Kaffee. Er kam vor der bescheidenen Wohnung in der Gallitzinstraße in einer viertürigen Limousine vorgefahren. Der Fahrer musste geschlagene zwei bis drei Stunden in der Kälte draußen warten. Als der Herr Generaldirektor sich verabschiedete, kam es im Treppenhaus zu einer lautstarken Verabschiedung unter Männern. Die Herren hatten sich wohl einen guten Cognac genehmigt. Im Übrigen hatte mein Großvater den ständigen Drang, sich mit allen möglichen Leuten anzulegen, was ihn nicht gerade beliebt machte. Besonders aggressiv ging er mit allen um, die aus seiner Sicht irgendwie nach Obrigkeit rochen. Ein Vorfall aus seiner Militärzeit mag dies veranschaulichen:

Irgendwann während des ersten Weltkriegs wurde er eingezogen und fristete sein Dasein in einer Kaserne am Stadtrand von Recklinghausen. Es war an einem Sonntag, und er hatte Ausgehverbot. Vermutlich war er irgendwie aufgefallen. Meine Großmutter, mit meiner damals vierjährigen Mutter an der Hand, durfte ihren Mann besuchen, aber die Baracke nicht betreten. Mein Großvater durfte auch nicht heraus. So kam es zu einem traulichen Gespräch unter Eheleuten durch das geöffnete Barackenfenster. Ein Unteroffizier tauchte auf, der meinem Großvater verständlicherweise irgendwie auf die Nerven ging. Sich vor Frau und Kind so heruntermachen zu lassen, das war ihm zu viel. Dies konnte Großvater nicht auf sich sitzen lassen! Er packte den klein gewachsenen Unteroffizier an Nackenfell und Hosenbund, hob ihn hoch und setzte ihn mit Schwung in ein Waschbecken. Augustin Wibbelt beschreibt in seiner, noch heute unvergessenen *Drüke Möhne* einen ähnlichen Vorgang: *.....he spuottelde met Hänne un Föte, he wull ut de Pott harut, män de Pott poß em so knapp, dat he nich laoßkuemmen konn ...* [er strampelte mit Händen und Füßen, er wollte aus dem Pott heraus, aber der Pott paßte ihm zu knapp, daß er nicht herauskommen konnte]. Der Dienst habende Leutnant erschien und roch den Braten sofort. Ihm war klar, dass sein kleiner Unteroffizier sein Mütchen kühlen und vor meiner Großmutter und dem vierjährigen Kind den Mächtigen hervorkehren wollte. Mein Großvater kam mit einem riesigen *Anschiss* davon, und der Leutnant entschuldigte sich als damals noch kaiserlicher Offizier mit Standesbewusstsein und chevaleresker Erziehung bei meiner Großmutter und gab den Vorgang nicht weiter. Jeder, der einmal nur einen Hauch von Kasernenluft gerochen hat, weiß, was das Ganze für disziplinarische Folgen normalerweise hätte nach sich ziehen müssen.

Mein Großvater hatte aber auch gutmütige Seiten. Mit den Kriegsgefangenen und Fremdarbeitern kam er gut zurecht, besonders mit den Polen, die ihm seit seiner Arbeit unter Tage vertraut waren. Wenn er gut gelaunt war, konnte er hervorragend Witze erzählen, in denen Polen die Hauptrolle spielten. Manchmal schenkte er den Kriegsgefangenen etwas von seinem Tabak, was er auch nicht durfte. Immerhin kam damals ein Dechant der Diözese Münster ins KZ [Konzentrationslager] nach Dachau, weil er einer ukrainischen Fremdarbeiterin ein gebrauchtes Kleid besorgt hatte. In der anderen Richtung, nämlich bezüglich Partei- und Naziregime, konnte sich mein Großvater lebensgefährlich ausdrücken. Er hörte regelmäßig Radio London. Dabei zog er eine Wolldecke über Kopf und Radioapparat und hörte den *Feindsender*. Einmal ließ er mich sogar das Erkennungssignal – den Eingangstakt aus Beethovens 5. Symphonie – mithören. Im Laufe des Krieges machte er lauthals Aussprüche wie diesen: „Nach dem Krieg hängt an jedem Baum auf der Promenade ein Parteibonze". Für meine Großmutter war das Ganze eine einzige Zitterpartie.

Das Wort *Juden* habe ich in jener Zeit kaum gehört. Wir hatten nachmittags Schule gehabt. Als wir nach dem Unterricht das Schulgebäude verließen, stand in unmittelbarer Nähe auf der Straße hinter dem Gertrudenhof ein dunkler LKW mit den SS-Runen auf dem Nummernschild. Auf der Ladefläche, auf hölzernen Bänken, saßen feierlich schwarz gekleidete Männer, schweigend mit ernsten Gesichtern. Eine Bewachung war nicht zu sehen, nur ein dunkel gekleideter Mann in Lederzeug drückte sich in der Nähe des Lastwagens herum. Irgendjemand flüsterte: „Das sind Juden." Und das war's dann auch schon. Allerdings verschwand in der Nachbarschaft ein Ehepaar mit einem kleinen Kind. Es waren Leute, die übrigens in sehr ärmlichen Verhältnissen lebten. Der Mann trug immer einen schwarzen Anzug. Gelegentlich wurde gesehen, dass er das Nachtgeschirr in der Straßengosse entleerte. Es hieß, es seien Juden gewesen. Noch immer wusste ich nicht, was das bedeutete.

Aus der Kleinstadt Borghorst, meinem späteren Wirkungsort, wird Folgendes glaubhaft überliefert: Es gab dort eine jüdische Familie namens H.. Nur eine Tochter hat den *Holocaust* überlebt. Am Abend vor dem Abtransport habe der jüngste Sohn der Familie, der kleine Richard, sein Spielzeug an seine *arischen* Freunde und Spielkameraden verschenkt. Erschütternd!

Auch mit dem Stichwort *Clemens August, Graf von Galen* verhielt es sich ähnlich. Dieser Name ging in meinem Umfeld mit unaussprechlichem Respekt und unglaublicher Bewunderung von Mund zu Mund, eher geflüstert als gesprochen. Es war der Bischof von Münster, aber was ein Bischof ist, sagte mir keiner. Auch hatten wir in der Klasse einen Mitschüler, dem die Eltern im Jahre 1935 den Namen Clemens August gegeben hatten. Ihn rief der Klassenlehrer immer mit einer freudigen Betonung auf. Einmal sang er diesen Namen unseres Mitschülers nach einer Choralmelodie, nämlich der des *Gloria* aus der römisch-katholischen Messe.

Im Frühjahr 1942 war es noch möglich, in die *Sommerfrische* nach Bad Rothenfelde zu fahren, obwohl die Luftangriffe auf Münster sich häuften. Am 6., 7. und 8. Juli 1941 hatte es schon die ersten unerwarteten Luftangriffe gegeben mit 44 Toten, drei Vermissten und 196 Verletzten. Die Stadtverwaltung ging sofort hin und umgab die Trümmergrundstücke mit Mauern, um den Bürgern diesen Anblick zu ersparen. So z. B. beim *Alten Gasthaus Lewe*, in der Nähe des Schlaungymnasiums, wo später das Autohaus Burghoff & Köbbing stand. Diesen Unfug stellte man aber sehr bald ein. 1942 dagegen herrschte in Bad Rothenfelde noch tiefer Frieden. Nur mussten im Kurhotel für ein Stück Stachelbeerkuchen die entsprechen Brotmarken abgeliefert werden. Das war meiner Mutter zu teuer, und wir begnügten uns mit einem Glas *Regina*, im münsterischen Umgangsdeutsch *Radaulauge* genannt. Auch sah man viele Soldaten im Urlaub, oftmals Verwundete, für die man die Kurheime geräumt hatte. Unser Vater hatte für einige Tage Urlaub bekommen und konnte uns in Bad Rothenfelde besuchen.

Der Feldwebel mit seinen Söhnen, Bad Rothenfelde 1942

In diese Tage fällt auch ein großer Bombenangriff auf die Stadt Osnabrück; auch die Rothenfelder Feuerwehr musste ausrücken. Am Abend darauf kamen die Männer erschöpft und mit geschwärzten Gesichtern zurück, auf offenen Mannschaftswagen sitzend und – singend. Da unser Quartier direkt neben dem Feuerwehrhaus lag, konnten wir alles vom Fenster aus beobachten. In diesen Tagen sah ich meinen ersten Film, nämlich *Quax, der Bruchpilot* mit Heinz Rühmann. Die Handlung habe ich damals nicht begriffen, aber über

1941: Der Verfasser als I-Männchen

die komischen Szenen lache ich mich heute noch halb tot. Beim Spiel an der Saline rutschte ich auf der Brüstung einmal aus und kippte kopfüber in die salzige Brühe. Mit Nasenbluten und verdreckter Kleidung fischte mich eine Frau heraus, und ich bekam für den Nachmittag Bettruhe verordnet.

Im Nachbarhaus in Münster, direkt neben uns, wohnte eine Familie, die *tiefbraun* war, und deren Oberhaupt in der münsterischen Parteihierarchie eine gehobene Stellung innehatte. Er ging in Parteiuniform zum Dienst. Bei offiziellen Anlässen trug er eine gestreifte schwarze Hose mit der gelb-braunen Uniformjacke der Partei, die Uniformmütze auf dem Haupt. Sein Sohn Rudolf, ein dreizehnjähriger Bengel, lief fast ständig in der HJ-Pimpfen-Uniform herum. Meine Mutter ärgerte sich darüber, obwohl es sie, bei Licht betrachtet, überhaupt nichts anging. Die Freunde des Jungen trafen sich nach der Schule – oft auf dem Platz vor unserem Haus. Manchmal kramte er in seiner Tasche und schenkte mir, dem fünfjährigen Nachbarsjungen, einen Buntstift.

Über diese Familie lohnt es sich, Folgendes zu berichten: Der Vater war zu meiner Mutter immer sehr nett, auch in Parteiuniform. Ansonsten hatte diese Familie einen miserablen Ruf. Es blieb den Leuten nach Kriegsende nichts anderes übrig, als mit Sack und Pack von Münster ins Sauerland zu ziehen, wo sie nicht so bekannt waren. In dieser Zeit kam die Ehefrau des Parteibonzen zu meiner Mutter, um sich auszuheulen. Sie empfand ihre Situation nach der Nazizeit, den Zusammenbruch, als ungerechtes Schicksal. Meine Mutter wies sie auf die Zeit der Naziherrschaft, die Verfolgung der Juden, die unzähligen Morde, den ungerechten Krieg und dgl. mehr hin. Hätten sich die Nazis anders verhalten, so wäre uns doch vieles erspart geblieben.

Jetzt aber halte man sich fest: Die Frau antwortete: „Ja, wenn wir damals gewusst hätten, dass alles einmal so kommen, der Krieg verloren gehen würde, dann hätten wir uns damals sicher anders verhalten." Da bleibt einem doch die Spucke weg. Die Frau beklagt mit bewegten Worten das Schicksal, welches – ganz allgemein und global gesprochen – das eigene Verhalten herbeigeführt hat, und dass das Unheil sie so getroffen hat. Keine Spur von Einsicht, keine Spur von dem, was man Umkehr oder Bekehrung nennt. Ich bin sicher, dass damals Millionen Deutsche so dumm und hirnrissig gedacht haben.

Eines Tages kam ein Parteigenosse, ein biederer Schuhmachermeister aus der Nachbarschaft, dessen Kunden auch wir waren, in Zivil zu uns. Er sammelte für das WHW [Winterhilfswerk]. Da diese

1941: Tag der Einschulung

Besuche auch der Indoktrination dienen sollten, bemängelte er wohl pflichtgemäß, dass in unserer Wohnung kein Hitlerbild zu sehen war. Meine Mutter wurde wütend und zeigte auf das Kruzifix, welches auf dem Schreibtisch meines Vaters stand und heute noch in meinem Besitz ist, und sagte energisch: „Das ist unser Führer!“ Das hätte auch leicht ins Auge gehen können, aber der biedere Schuhmachermeister war ein Schulkamerad meines Vaters aus der gemeinsamen Volksschulzeit. Beide verkehrten freundschaftlich miteinander. Außerdem war der Parteigenosse alles andere als ein Vollblutnazi. Nach dem Krieg hörte ich folgenden Spottvers, den mein Vater zum Besten gab:

Habt ihr schon ein Führerbild?
Habt ihr schon ein Führerbild?
Nein, nein, wir brauchen keins,
wir haben schon von Stalin eins!

In der gesamten mir bekannten Verwandtschaft gab es keine Nazis. Wohl herrschte bei allen eine obrigkeitshörige, vaterländische Gesinnung. Von meiner Großmutter väterlicherseits wurde erzählt, dass auch sie beim Kriegsausbruch 1914 von vaterländischer Begeisterung erfüllt war. Das habe sich geändert, als ihr ältester Sohn, der Zwillingsbruder meiner Tante, 1916 bei Cambrai fiel. Sie sei seitdem sehr still geworden. Im Kulturkampf hatte der Urgroßvater sich als antipreußisch exponiert und stand mit einigen anderen münsteraner Mitbürgern vor Gericht, wurde jedoch freigesprochen. Die Katholiken hatten offenbar die Zeiten der Säkularisierung noch nicht vergessen. Das führte zu folgender Episode: In der Mauritzkirche wurde ein kostbarer barocker *Silberaltar* aufbewahrt, aus schwerem Eichenholz mit Silberblech beschlagen. Dieser kostbare *Silberaltar*, besser Altaraufsatz, war eines Tages verschwunden. Er war einfach weg. Der Urgroßvater, selbst Mitglied des Kirchenvorstandes und in allem sehr engagiert, hatte den wertvollen Altaraufsatz einfach verschwinden lassen. Für ihn, den gelernten Zimmermann, war es kein Problem, diesen Altaraufsatz im Keller seines Hauses in einer Nische verschwinden zu lassen und zuzumauern. Der Keller wurde als Kohlenkeller hergerichtet, so dass die Spuren der Einmauerung unsichtbar wurden. Nach den Wirren der Kulturkampfzeit war der Altar plötzlich wieder da, und der damalige Pfarrer schenkte unserem Urgroßvater als Dank einen Sakristeitisch aus Eichenholz, der bis

1944 bei uns im Hausflur stand und später während eines Bombenangriffs mit verbrannte. Der *Silberaltar* aber dient heute noch als Altaraufsatz im Chor der neu gestalteten Kirche St. Mauritz.

So wurde mir jedenfalls von meiner Mutter erzählt. Sie brachte den Vorgang mit dem Kulturkampf des 19. Jahrhunderts in Verbindung. Auch meine ich, mich dunkel zu erinnern, dass mein Vater irgendwann nach dem Krieg von *Einmauern* gesprochen hat. Mein Bruder allerdings hat die Berichte über diesen Vorgang anders in Erinnerung: Zu Beginn des Deutsch-Französischen Krieges 1870 habe man befürchtet, dass der *Silberaltar* eingeschmolzen werden sollte. Der Urgroßvater habe mit einem Freund das kostbare Stück in der Telgter Heide – wohl unweit seines kleinen elterlichen Bauernhofes – vergraben. Außer ihm selbst sei dieser Vorgang nur diesem Freund bekannt gewesen. So haben sich offenbar zwei verschiedene „Traditionsstränge" gebildet.

Aus dem Ganzen ergibt sich, dass die Familie einerseits vaterländisch-preußisch gesonnen, aber von dem Nazi-Wahnsinn in keiner Weise befallen war. Unser Vater stand nun, wie Millionen andere Deutsche, auch in diesem Konflikt. In den fünfziger Jahren hatte er ein Buch gelesen, in welchem ein Luftwaffen-Sanitätsdienstgrad in amerikanische Gefangenschaft geriet und sich während der Spätphase des Krieges als Fallschirmspringer hinter den alliierten Linien absetzen ließ, um die deutschen Reserven auszuspionieren. Unser Vater fragte mich nach meiner Meinung und wunderte sich, dass ich diesen Spion nicht uneingeschränkt verurteilte. Er schloss das Gespräch zusammenfassend und sagte: „All das, was in der großen Welt politisch und militärisch geschieht, das können wir als kleine Leute doch überhaupt nicht beurteilen, da fehlt uns doch jeder Einblick in die Zusammenhänge. So bleibt uns wohl nichts anderes übrig, als unsere Pflicht zu tun." So ganz zufrieden war er mit dieser seiner Meinung aber wohl auch nicht. Mit den gleichen Worten verabschiedete der Bischof Clemens August seine Theologiestudenten, wenn sie Heimaturlaub hatten und als Frontsoldaten ihren Bischof besuchten. „Jungs, tut eure Pflicht!" Man kann wohl sagen, dass der

Luftnachrichtenfeldwebel und der Bischof von Münster sich in dem gleichen Konflikt befanden und sich in ihrem Standpunkt eigentlich gar nicht unterschieden. Zusammenfassend muss festgehalten werden, alle Familienmitglieder litten an einer geheimnisvollen „rheumatischen Erkrankung", so dass beim Hitlergruß mit erhobener Hand starke Beschwerden auftraten; dagegen machte das katholische Kreuzzeichen, etwa beim täglichen Tischgebet, keine Probleme.

Die Darstellung, der Bischof habe seine Priester und Theologiestudenten, wenn sie ihn als Fronturlauber besuchten, mit den Worten: „Jungs, tut eure Pflicht!" verabschiedet, ist wohl zu allgemein gehalten. Zwar entsprach eine solche Formulierung dem Geist und Stil der Zeit und auch wohl der inneren Haltung des Bischofs, der ja das, was er als seine Pflicht erkannte, bis zur Bereitschaft zum Blutzeugnis erfüllt hat.

Eine gut bezeugte Anekdote von *Clemens August* – wie er von den Leuten genannt wurde – soll noch berichtet werden: Unmittelbar nach dem Krieg gab es eine Konferenz der münsterischen katholischen Pfarrer. Der Bischof fragte, wie weit die münsterischen Kirchen noch genutzt werden könnten. Viele von ihnen waren nämlich beschädigt oder gar völlig zerstört worden. Man kam dann auf die Heilig-Geist-Kirche zu sprechen. Dieser schöne, klar gegliederte Bau im Bauhaus-Stil war vollständig erhalten geblieben. Nur ein paar Fensterscheiben waren heraus geflogen. Nun hatten die meisten Münsteraner über dieses moderne, keineswegs konventionelle Gebäude ihre eigenen Ansichten und mächtig die Nase gerümpft. Vor allem das riesige Fresko an der Chorwand über dem Altar reizte zum Widerspruch. Für die Münsteraner gilt noch heute: *Wat de Buer nich kennt, dat frett he nich.* Auch der Bischof war kein Freund dieser modernen Bauweise. Als nun der gute Pfarrer Bernhard Huskamp – ein Patriarch in seiner Gemeinde – berichten konnte, dass die Bomben die Heilig-Geist-Kirche voll verschont hätten, meinte der Bischof in unverfälschtem Platt: „Jau, dat kunn de Düwel auk nich wiäten, dat dat ne Kiärke was". [Ja, das konnte der Teufel auch nicht wissen, dass das eine Kirche war] Auch solche kleinen Anekdoten des Alltags machten nach dem Krieg den Bischof in den Herzen der Menschen unsterblich.

Was hier wiedergegeben werden kann, ergibt sich jedoch lediglich aus einer Mitteilung des bekannten und verdienstvollen späteren Studentenpfarrers Dr. Hans Werners: Er habe als Soldat in Russland aus nächster Nähe miterlebt, dass die Juden in der orthodoxen Kirche des Ortes zusammengetrieben worden seien. Die Kirche sei dann in Brand gesetzt worden. Die Juden, die aus der Kirche zu flüchten versuchten, seien mit Maschinengewehrsalven niedergemäht worden. Sein Hauptmann habe neben ihm gestanden und gesagt: „Das wird sich eines Tages noch bitter rächen." Dr. Werners erwähnte noch, dass sich der Hauptmann mit diesen Worten in höchste Gefahr begeben habe. Dem Offizier sei aber wohl bewusst gewesen, dass er bei ihm, dem Theologen, so offen habe reden dürfen.

Auf dem Schulweg in der Havichhorststiege hatten kleine Handwerkerhäuser gestanden, in Fachwerkbauweise mit Außenputz. Diese Häuser waren von Sprengbomben oder sogar Luftminen einfach umgeblasen worden und lagen in Trümmern. Man sah keine Brandspuren. Ich kam mit der Beute, einem meterlangen Stück Dachlatte und ein paar rostigen Nägeln nach Hause. Meine Tante – gelernte Oberstudiendirektorin – *schiss* mich nach allen Regeln der Kunst *zusammen* (für Akademiker: sie putzte mich regelrecht herunter). Wie ich dazu käme, das sei doch Stehlen, das müsse ich beichten. Ihre Darlegungen gipfelten in dem Satz: „Wer plündert, wird erschossen!" Letzteres zu sagen, war völlig überflüssig; denn dieser Satz, auf kleinen gelben Zetteln gedruckt, hing unübersehbar an allen Trümmergrundstücken. Da ich schon im zweiten Schuljahr fließend lesen konnte, was manche verwunderte, hätte sich meine Tante das ganze Theater sparen können. Sie meinte auch in reiferen Jahren – damals war sie 44 Jahre alt – immer noch aus jeder Kleinigkeit einen pädagogischen Donnerschlag machen zu müssen und steckte ihre Nase in alles.

In der Schule hatte ich mir ein paar Stücke Kreide *besorgt.* Die führte ich einer zweckentsprechenden Verwendung zu, indem ich ein paar Rechenaufgaben, die in der Schule durchgenommen worden waren, an die Hauswand *quackelte.* Das hätte meine Tante als begeisterte Mathematiklehrerin eigentlich freuen müssen. Doch bald, nachdem ich mein Werk vollendet hatte, erschien Tante Margarete als rächende *Nemesis* [Nemesis war die Göttin der Rache im alten Griechenland] in unserer Wohnung. Ich bekam einen Putzeimer samt Lappen in die Hand gedrückt und durfte mein *Opus* wieder von der Wand entfernen. In ihrem pädagogischen Übereifer vergaß *Tantchen,* wie wir sie später nannten, nach der Herkunft der Kreide zu fragen, was mir weitere Minuspunkte eingebracht hätte. Wäre sie im Vorbereitungsdienst bei der Justiz gewesen, so hätte eine solch offenkundige Missachtung der *Offizialmaxime,* nämlich des *Amtsermittlungsgrundsatzes von Gerichts wegen* ihrer Karriere sicherlich nicht gut getan. So blieben die *Wegnahme einer fremden beweglichen Sache* sowie die *rechtswidrige Zueignungsabsicht* (§ 242 StGB) unerörtert.

In diesem Alter wagte ich mich auch schon an fremdsprachliche Texte heran, und das kam so: Noch konnte unser Vater uns gelegentlich ein Päckchen aus Holland schicken. Darunter befand sich auch eine bestimmte Packung Haferflocken mit ausführlichem, holländischen Text. Beim morgendlichen Frühstück buchstabierte ich mit wachsender Geschwindigkeit den fremden Text, ohne auch nur eine Silbe zu verstehen. Diesen Wortsalat konnte die unvergessliche Anneliese, unser Haushaltslehrling, nicht länger ertragen. Sie war so genervt, dass sie dafür sorgte, dass diese Packung aus meinem Blickfeld entschwand. Ein Wort habe ich jedoch seitdem behalten: *Gebruiksanwijzing.* Es war die erste holländische Vokabel, die ich lernte.

Annelieses älterer Bruder Hubert war kurz zuvor auf Heimaturlaub gewesen. Er diente bei den Pionieren mit den schwarzen Kragenspiegeln. Kurz darauf starb er den Heldentod in den Kämpfen am

Ilmensee. Auch Anneliese, das gerade fünfzehnjährige Mädchen, trug in der Folgezeit schwarze Trauerkleidung.

Frühjahr 1943: Anneliese, Hauswirtschaftslehrling

Im Mai 1940 war unser Vater mit seiner Einheit bei Bentheim nach Holland einmarschiert. 1941 begann der Russlandfeldzug. Im gleichen Herbst wurde ich in das erste Schuljahr an der Freiherr-von-Vincke-Schule – im Volksmund immer noch *Erphoschule* genannt – eingeschult. Trotz der Bombenangriffe, die sich häuften, und der auch schon eingeschränkten Ernährungslage, verlief der Unterrichtsbetrieb noch einigermaßen ungestört. Leiter der Schule war Rektor Schmidt, eine untadelige, von preußischem Geist geprägte Lehrergestalt. Ordnung und Pflichtbewusstsein gingen ihm über alles. Bei Disziplinlosigkeiten, die meist harmloser Art waren, griff er eisern durch. Jeden Morgen vor dem Dienst nahm er an der Frühmesse in der Erphokirche teil und ging zur Kommunion. Das war nicht ungefährlich im Hinblick auf seine Position, aber viele bewunderten ihn deswegen und sprachen von ihm nur mit Hochachtung. Jüngere Lehrer gab es nicht, sie waren beim Militär. Die Mehrzahl der Lehrpersonen bestand aus unverheirateten Damen des *Mittelalters* ausgesprochen gut katholischer Prägung. Das waren unsere *Juffern*.

Im Jahre 1944 erhielt der Sohn unseres Rektors, der an der Ostfront kämpfte, das Ritterkreuz. Man muss sich heute einfach wundern, wie glücklich der Vater des Helden war. Er war, wie gesagt, ein pflichtbewusster, tief religiöser Mann, und dennoch kannten seine Freude und Begeisterung keine Grenzen. Auch das Lehrerkollegium war begeistert. Später bin ich noch öfter Menschen begegnet, die in sich nicht deckungsgleich waren. Das Unrechtsregime, die Morde und Gräueltaten an der Ostfront waren bekannt. So lässt sich aus heutiger Sicht ein Mann wie Rektor Schmidt nur schwer verstehen. Lautstark wurde über die Persönlichkeit des selig gesprochenen Graf von Galen diskutiert.

Am 20. April 1942 war *Führers* Geburtstag. Unser Lehrer nahm das *Führerbild* von der Wand und stellte es aufs Pult. Ein paar Blumentöpfe von der Fensterbank wurden auch auf den *Altar* gestellt. Dann erzählte uns der Lehrer, wie der geliebte *Führer* das deutsche Volk aus dem Elend geholt habe, und dass wir zu unserem *Führer* aufschauen müssten. Der Wortlaut war harmlos, aber im Unterton schwang eine deutliche kitschig-schmusige Stimmung mit. Die Sentimentalität war kaum zu überbieten. So machte sich der Volksgenosse und Klassenlehrer auf seine Weise ironisch Luft. Wenn ich auf diese Zeit zurückschaue, muss ich immer an einen bestimmten Stil in den Maiandachten denken.

Die gleiche Stimmung kam in einem *Kindergebet* zum Ausdruck:

Händchen falten, Köpfchen senken
und an unser'n Führer denken,
der uns gab das täglich' Brot
und uns half aus aller Not!

Mein Großvater sang dagegen fast demonstrativ:

Der Kaiser ist ein lieber Mann.
Er wohnet in Berlin,
und wär' es nicht so weit von hier,
so ging' ich heut' noch hin!

Im Lesebuch des zweiten Schuljahres war ein Wald von Hakenkreuzfahnen abgebildet, mit dem Spruch:

Grüßet die Fahnen! Grüßet die Zeichen!
Grüßet den Führer, der sie schuf!

Natürlich durften die äußeren Zeichen des Naziregimes nie fehlen. Oft hing aus irgendwelchen Anlässen die große Hakenkreuzfahne an einem Mast auf dem Schulhof. Einmal lief mir nachmittags ein Lehrer in die Quere. Voller Eifer hob ich den Arm und rief pflichtbewusst: „Heil Hitler!" Der so Gegrüßte dachte nicht daran, zurückzugrüßen, und ging stur seines Weges. Zum Schulbeginn und nach der großen Pause mussten wir klassenweise antreten und in Zweierreihen das Schulgebäude mit erhobenem Arm und Hitlergruß betreten und die Lehrer, die oben auf dem Treppenabsatz standen, grüßen.

Die meisten von ihnen guckten sauertöpfisch vor sich hin und waren *not amused*.

Beim Schuljahreswechsel, im Herbst 1942, wurde – wie in allen Schulen des *Großdeutschen* Reiches – eine Feier auf dem Schulhof abgehalten. Zunächst waren wohl nur die Klassen der Unterstufe im Karree angetreten. Irgendjemand sagte ein Gedicht auf. Ob auch eine Rede gehalten wurde, weiß ich nicht mehr. Dann das *Deutschlandlied* und *Die Fahne hoch*. Aber denkste, es lief anders ab. Die erste Strophe *Deutschland, Deutschland über alles* wurde leidlich gesungen, aber niemand fand sich, das *Horst-Wessel-Lied* anzustimmen. Unser Klassenlehrer versuchte die zweite Strophe des Deutschlandliedes:

Deutsche Frauen, deutsche Treue,
deutscher Wein und deutscher Sang
sollen in der Welt behalten
ihren alten schönen Klang.

Aber kein Mensch bekam den Text auf die Reihe. Das Singen unterblieb. Die Feier endete *klaterig*, wie man im Münsterland sagt. Die Schüler marschierten, in Zweierreihen geordnet, in ihre Klassen.

Es muss wohl unter den Lehrpersonen Auseinandersetzungen gegeben haben; denn anders lässt sich die Reaktion unseres Klassenlehrers wohl kaum erklären. Ich weiß nicht, ob es am Ende des alten oder zu Beginn des neuen Schuljahres war. Zunächst wurden alle Fenster weit aufgerissen. Wir mussten stehen und ständig die erste Strophe des Deutschlandliedes singen. Lehrer Hagemann stand – den Rohrstock schwingend – vor der Klasse. Zwischendurch setzte er ihn auch handgreiflich ein, um die erschöpften Sänger aufzumuntern. So mussten wir bis zum Umfallen *Deutschland, Deutschland über alles* singen, aber eben nicht das *Horst-Wessel-Lied*. So ging das fast eine Unterrichtsstunde lang. Unser Gesang war wohl eher ein Krähen aus circa 45 Kehlen. Aber auf dem Schulhof und den anliegenden Klassen musste es jeder hören. Als das Theater vorbei war, fielen alle erschöpft in ihre Bänke.

Mir fiel übrigens in späteren Jahren auf, dass manche Lehrpersonen bei ähnlichen Anlässen das Lied anstimmten:

Ich hab' mich ergeben mit Herz und mit Hand,
du Land voll Lieb' und Leben, mein teures Vaterland.

Dieser Text hatte nichts von Nazitum an sich und war andererseits politisch völlig unverdächtig.

Die Engländer gingen irgendwann auch zu Tagesangriffen über. Vorsorglich wurden die Kellerräume der Schule zum Splitterschutz von außen mit einem hohen Wall aus Füllsand umgeben. Nur einmal wurden diese Schutzräume im Keller benötigt. Der Alarm ging von den Luftnachrichten des Luftgaus VI über die Stadt an den Rektor der Schule. Die Sirenen schwiegen noch. Alle Schüler traten auf den Fluren in Zweierreihen geordnet an und marschierten in die Kellerräume. Dort waren Bänke aufgestellt und die Räume nur spärlich beleuchtet. Wir saßen dicht gedrängt nebeneinander auf den Bänken und konnten dann zwei Stunden lang schwätzen oder vor uns hin dösen. Hier und da wurden Geschichten vorgelesen, oder die zumeist schon älteren Damen – die *Juffern* – sangen mit den Kindern Lieder aus der Jugendzeit: *Ein Jäger aus Kurpfalz* ... und dergleichen. Den Rektor bekamen wir nicht zu Gesicht. Er saß wahrscheinlich in seinem Dienstzimmer und hatte als Subalterner des Ersten Weltkriegs die Telefonwache selbst übernommen. Nach gut zwei Stunden kehrten wir in unsere Klassenräume zurück. Draußen war von einem Bombenangriff nichts zu spüren; der Straßenverkehr lief normal. Es hieß, die feindlichen Verbände seien an Münster vorbei geflogen. Heute habe ich die starke Vermutung, dass das Ganze nur eine Alarmübung war. Man stelle sich vor, fast dreihundert Kinder sitzen in den Kellerräumen stundenlang auf engem Raum zusammen, keine Meuterei, alles gesittet und friedlich. Man glaubt es kaum! Die Pädagogen von heute dagegen müssten das Ganze wohl für eine pädagogische Utopie halten.

Es war strengstens verboten, die Sandwälle vor den Kellerfenstern der Schule zu betreten Als ich eines Nachmittags an der Schule vorbeikam, sah ich meinen Freund und Banknachbarn – im späteren Leben seines Zeichens Oberamtmann bei der Bundesbahn – mit seinem Tretroller die Wälle hinauf und herunter fahren. Über so viel Dreistigkeit und Unverschämtheit stand mir der Atem still. Wenn das der Rektor gesehen hätte!

Den Leser von heute mag es verwundern, dass ein damals siebenjähriger Schüler heute, nach über 60 Jahren, die damalige Stimmung so deutlich empfunden hat und meint, sie authentisch wiedergeben zu können. Aber man hat ja zwischenzeitlich so mancherlei gehört. Zur Verdeutlichung mag ein Ereignis dienen, das mir später glaubhaft erzählt wurde: Der damalige Stadtschulrat hieß Glowsky und war ein Erznazi. Ihm war wohl die distanzierte Stimmung unter seinen katholischen – und nicht nur diesen – Lehrern keineswegs verborgen geblieben. Im Rahmen einer Versammlung aller Volksschullehrer der Stadt Münster meinte er, hier im Sinne der Partei Aufklärungsarbeit leisten zu müssen. Seine Ausführungen fasste er mit etwa den Worten zusammen: „Was wollen Sie eigentlich, meine Damen und Herren, mit Ihrem Gerede von Gleichheit, Freiheit und Brüderlichkeit? Wie war es denn damals während der Französischen Revolution? Da hieß es doch ständig: Kopp ab, der Nächste, Kopp ab, der Nächste!“ Der Saal soll unter dem Gelächter der Anwesenden gebebt haben, und das im Jahre 1942/43. „Kopp ab, der Nächste“.

Das Ganze weist wohl darauf hin, dass der damals siebenjährige und heute zehnmal ältere Verfasser mit seiner Beurteilung der damaligen Zeitverhältnisse nicht so unrecht hat.

Einige Leser dieser Zeilen sehen sich vermutlich nicht in der Lage, die geradezu groteske Komik dieser Situation zu ergründen. Münsteraner – natürlich auch die Lehrer unter ihnen – waren in der Mehrzahl eben katholisch geprägt. Man sah sich in einer Welt, geprägt von Rechtlosigkeit, Staatswillkür und Unfreiheit, die als Ergebnis und Frucht der Französischen Revolution von 1789 empfunden wurde. Letzteres wahrscheinlich zu Unrecht. Da kommen die aufmüpfigen, von humanistischen Idealen bewegten Lehrer mit *liberté, égalité* und *fraternité;* nicht zu vergessen mit *légalité.* Der Gefolgsmann des Führers – Glowsky – kontert mit den Massenhinrichtungen durch die französischen Revolutionäre, als ob das während der Jahre 1943/44 in Deutschland anders gewesen wäre. Das musste bei aller Tragik doch zum Lachen reizen ...

Es sei noch angemerkt, dass laut den WESTFÄLISCHEN NACHRICHTEN – AUF ROTER ERDE – (September 2005) das Kriegsgericht Münster mehr als 2000 Todesurteile fällte, darunter an einem einzigen Tag 136!

Doch jetzt zum Krieg zurück. Im Stab des Luftnachrichtenregiments gab es wohl nur wenige neue Nachrichten zu bearbeiten, denn mein Vater bekam sechs Wochen *Arbeitsurlaub*. Diese Zeit wurde dann noch einmal um sechs Wochen verlängert. Das bedeutete, dass die *Arbeitsurlauber* von ihrer Einheit beurlaubt an ihrem Arbeitsplatz in der Heimat arbeiten konnten und in dieser Zeit auch Zivil tragen durften. Unser Vater war Leiter der Werkstatt der städtischen Verkehrsbetriebe gewesen, mit Gleis- und Oberleitungsbau sowie Instandhaltung der elektrischen Straßenbahnwagen und Verkehrsomnibusse befasst. So konnte ich gelegentlich in der Betriebsverwaltung auftauchen und sogar die Klingel der Straßenbahnwagen betätigen. Später habe ich auf diesem Gebiet noch allerhand hinzulernen können.

Während der Luftangriffe saßen wir im Luftschutzkeller. Wenn die Sirenen losheulten, mussten wir raus aus den Betten. Ein Spottvers lautete:

Alarm: Raus aus den Betten, rein in den Keller, Licht aus!
Entwarnung: Raus aus dem Keller, rein in die Betten, Licht an!

Mein Vater, Feldwebel in einem Luftnachrichtenregiment, kannte sich aus. Wir blieben zunächst im abgedunkelten Wohnzimmer, angezogen um den Tisch sitzend.

Sobald das FLAK-Feuer einsetzte, hieß es: Jetzt aber schnell in den Keller. Einmal hatten wir den Luftschutzkeller noch nicht erreicht, als bereits Bomben in der Nachbarschaft einschlugen. Das Haus bebte; wir erreichten mit knapper Not den Luftschutzraum, der kurz zuvor im Nachbarhaus eingerichtet worden war. Der LSR [Luftschutzraum] war durch Stützen bis zur Decke zusätzlich gesichert und bot Platz für ca. 20 Personen. Unser Vater hatte seinen Urlaub nützend sich beim Schreiner Bretter und Stützen besorgt und in einer Nische vier Feldbetten gebaut. Die beiden oberen waren für meinen Bruder und mich, unten ruhten sich noch die Kinder des Sparkassenangestellten aus, der zwei heranwachsende Töchter hatte. Die Erwachsenen dort unterhielten sich angeregt, wobei mein Vater stets um Rat gefragt wurde und auch Rat wusste. Er rauchte eine Zigarre nach der anderen, die er sich in Holland besorgt hatte. An Lautstärke war das FLAKfeuer führend. Manchmal hatte man das

Gefühl, dass der Boden des Luftschutzkellers sich bewegte. Einmal warf sich die Mutter des oben erwähnten Sparkassenangestellten und SA-Manns auf die Knie und fing an, laut zu beten: „Heilige Maria, Mutter Gottes, bitte für uns Sünder ...“ – Der Herr Sohn aber war Soldat in Italien und führte dort ein lustiges Leben.

II.

Einmal zog sich der Luftalarm besonders lange hin. Es hatte wohl in der Nähe wieder mächtig gerumst, denn als wir unsere Wohnung nach der Entwarnung wieder betraten, sah es dort aus wie auf einem Schlachtfeld. Wir wohnten in einem altmodischen Haus, zumindest die Innenwände und die Decken bestanden aus hölzernem Fachwerk. Das hatte den Vorteil, dass diese Wände weniger starr waren als gemauerte; denn das Fachwerk verformt sich zwar vorübergehend, kommt aber nicht so schnell zum Einsturz. Dem Luftdruck der Sprengbomben und Luftminen begegnet ein elastischer Widerstand. Die Folge war, dass das Haus noch stand, aber der Putz weitgehend von den Wänden gefallen war. Die Bilder hingen nicht mehr an der Wand. Die noch aus der Kaiserzeit stammenden Stuckdecken lagen zu einem großen Teil auf dem Fußboden. Ich erinnere mich, dass ich hellwach war, aber dann doch erschöpft ins Bett fiel.

Aber es gab auch lustige Ereignisse im Luftschutzkeller. Einer unserer Mieter war ein Oberst. Vielleicht war er nur Oberstleutnant, aber er hieß allgemein der Oberst. Er war als Major abgegangen und wurde bei Kriegsbeginn reaktiviert. Da er eine Tochter aus dem bekannten Verlagshaus Schöningh aus Paderborn geheiratet hatte und so seine Schulden losgeworden war, schien er wie geschaffen für den äußerst kriegswichtigen Posten des Leiters einer Wehrmachtsbücherei, ob auf der Ebene des Wehrbezirkskommandos am Mauritztor oder gar beim Generalkommando am Hindenburgplatz, habe ich nicht erfahren. Dieser hochrangige Stabsoffizier wartete wie jeder andere Hausbewohner im Luftschutzkeller auf den Endsieg. Nun gab es in jedem Luftschutzraum ein damals so genanntes Luftschutz-Set. Das war eine dicke Sperrholzplatte, auf der das Werkzeug angebracht war: Ein leichter Vorschlaghammer, eine Feuerpatsche (praktisch ein Besenstiel, an den ein besserer Aufnehmer befestigt war, zum Auslöschen etwaiger Brandnester, verursacht durch die Stabbrandbomben der Engländer), weiter eine leichte Spitzhacke nebst einer Luftschutzschaufel. Mit der Spitzhacke und der Schaufel habe ich im strengen und langen Winter 1941/42 tagelang das Eis vor unserer langen Häuserfront gehackt und weggeschaufelt. Alle Nachbarn bewunderten meine Ausdauer.

Durch die zuverlässige Bereitstellung gefüllter Wassereimer sowie der Feuerpatsche auf den Dachböden ist manches Haus vor dem Abbrennen bewahrt worden.

Da es mir als eine selbstverständliche Pflicht erschien, auch zum Endsieg beizutragen, und so vielleicht das Kriegsverdienstkreuz verliehen zu bekommen, bekämpfte ich den Feind auf meine Weise: Ich ergriff den *leichten* Luftschutzhammer, den ich mit meinen sieben Jahren nur mit Mühe halten konnte, und versuchte, die Fliegen tot zu schlagen, die auf den weiß gekalkten Wänden herum krochen. Getroffen habe ich keine, aber jedes Mal, wenn der Hammer auf die Wand traf, machte es „plopp". Der Herr Oberst ruhte, in seinen Offiziersmantel gehüllt, auf einer Art Gartenliege und schlief den Schlaf des Gerechten. Durch das ständige „plopp" fühlte er sich gestört und beschwerte sich in schnarrendem Befehlston bei meiner Mutter. Mir blieb nichts anderes übrig, als den Rückzug anzutreten und mein Feldbett aufzusuchen. Wie weit diese meine persönliche Niederlage den Endsieg mit vereitelt hat, das mögen die Kriegshistoriker beurteilen. Immerhin hätten die Fliegen Seuchen übertragen können. Der Oberst, der alte *Schnarchhahn*, konnte weiter schlafen.

Tagesluftangriffe gab es zu der Zeit noch nicht, und so ging das Leben draußen weiter. Bei der bekannten Ausflugsgaststätte *Maikotten* gab es ein Kettenkarussell. Wir spielten dort mit Hingabe *Fallschirmjäger auf Kreta*. Schon 1941 nämlich waren Görings Fallschirmjäger auf Kreta abgesprungen, was propagandistisch groß herausgestellt worden war. Die etwas größeren Jungen liefen am Tag nach den Luftangriffen mit einem Pappkarton bewaffnet und ernstem Gesicht durch die Straßen und sammelten FLAK-Splitter. Auch war wegen *der Bomben* an den Schulen schon längst der *Schichtunterricht* eingeführt worden: Vor- und Nachmittagsunterricht in wochenweisem Wechsel, der bis zu meinem Abitur 1955 andauerte. Die Belastung für Lehrer, Schüler und nicht zuletzt die

Familienmütter in all den Jahren kann kaum hoch genug eingeschätzt werden.

Auf dem Schreibtisch meines Vaters fand ich eines Tages einen Bildband über die russisch-orthodoxe Kirche. Da meine Eltern kaum Bücher kauften, wird wohl unsere Tante diesen Band mit den eindrucksvollen Schwarz-Weiß-Fotos dorthin platziert haben. Die Bilder mit den in schwarze Gewänder gehüllten orthodoxen Geistlichen, den hohen Kopfbedeckungen und langen Bärten beeindruckten mich tief und kamen mir irgendwie unheimlich vor. Die großartig fotografierten Kirchen brachten mich zum Staunen: „Mein Gott", dachte ich, „da in Russland gibt es ja auch Kirchen!" Auch als mir später ein Bildband „Aus französischen Kathedralen" in die Hände fiel, war ich überrascht, dass es in *Feindesland* auch Kirchen geben könne.

Unsere, gemessen an heutigen Verhältnissen, zahlreichen Vettern bekamen wir infolge der Kriegsverhältnisse wenig zu Gesicht. Einer von ihnen war Vetter Fritz. Er wurde Berufsoffizier bei der Kriegsmarine und überlebte als *Leutnant zur See*, wohlgemerkt nicht: Marineleutnant. Als Fähnrich nahm er unter dem bekannten U-Boot-Kommandanten Hardegen an einer Feindfahrt im Atlantik teil und machte dort die amerikanische Ostküste unsicher. Das U-Boot erreichte – nachdem es in den amerikanischen Gewässern ein ziemliches Durcheinander angerichtet hatte – glücklich den U-Boot-Stützpunkt in Glücksburg an der Ostsee. Das Ganze wurde in der Presse und Propaganda groß herausgestellt, und Vetter Fritz bekam ausgedehnten Heimaturlaub. Nach dem Krieg erzählte er, er habe sich zu Tode gelangweilt. Im damals noch unzerstörten Elternhaus oder in der Stadt herumzulungern sei ihm zu langweilig gewesen, verständlich, denn seine gleichaltrigen Freunde waren ja durchweg bei der *Großdeutschen* Wehrmacht.

Man beschloss nun, mir diesen Seehelden vorzuführen. Unsere Mutter hatte vor den Verwandten meines Vaters stets einen Riesenrespekt, besonders vor Tante Maria, die eine Schwester meines Vaters und meine Patin war. Diese hatte in eine angesehene münsterische Kaufmannsfamilie eingeheiratet. Es kann aber umgekehrt auch gewesen sein, dass ich als zweitjüngster Vetter dem angehenden *Offizier zur See* vorgeführt werden sollte. Jedenfalls wurde ich mit allen Schikanen vorwärts, hin und zurück gewaschen, gekämmt und gebürstet. Meine Mutter schreckte auch selbst davor nicht zurück, mir Pomade ins Haar zu schmieren, was ich als mädchenhaft empfand und zutiefst ablehnte. Je älter ich wurde, desto mehr hasste ich derartige Prozeduren. Mutter und ich saßen nun mit Tante Maria in den Klubsesseln im *Salon*, bis der schon damals hoch dekorierte Fähnrich erschien: Ein drahtiger, blonder junger Mann in schicker Seeoffiziers-Uniform. Diese Uniform habe ich später bekommen und noch jahrelang von der Untersekunda bis zum Abitur als Sonntagsanzug getragen, obwohl manche Klassenkameraden sich darüber lustig machten. Es war ein unverwüstlicher Stoff. Auf diesen Sonntagsanzug war ich ungemein stolz. Vetter Fritz erklärte seine Orden und Ehrenzeichen. Ich habe nichts davon verstanden und daher auch nichts behalten.

Wieder hatte ein nächtlicher Luftangriff außergewöhnlich lange gedauert; die Schäden in der Stadt waren erheblich, die Nerven lagen blank. Es drängte die Erwachsenen raus aus Münster. Unsere Großmutter – knapp drei Jahre vor ihrem Tod – hatte die rettende Idee: Wir gehen nach Bösensell! Dort wohnte ein Herr Stenz, früher Lademeister auf der Zeche, Witwer und Kumpel meines Großvaters. Er wohnte allein in einem erbärmlich kleinen Reihenhaus am Ortsrand. Unten war ein winziger Flur, eine kleine Küche mit Ausgang zu einem verwilderten Garten. Eine schmale Stiege führte vom Flur aus in das Obergeschoss, wo sich zwei kleine Kammern befanden. Ein kleines Wohnzimmer gab es noch im Untergeschoss neben der Küche.

Dieser biedere pensionierte Bergmann verhalf uns zu zwei Zimmern im ersten Hotel am Platze – es gab nur eins! Wir fuhren also mit dem Personenzug der Deutschen Reichsbahn nach Bösensell. Als der Zug hielt, stiegen einige Fahrgäste aus. Ein Reisender fiel dadurch auf, dass er aus dem letzten Waggon ausstieg und den ganzen langen Bahnsteig entlang laufen musste. Es war ein wohlgenährter geistlicher Herr mittleren Alters mit Halbglatze und goldumrandeter Brille. Wahrscheinlich wollte er zu seinen Verwandten aufs Land um zu hamstern oder aber auch nur den Ortspfarrer besuchen. Und jetzt kommt das Berichtenswerte: Meine Großmutter, die eine schlichte, herzensgute Frau war, sagte spontan, aber doch mit einer gewissen unterschwelligen Trauer: „Da ist ein Geistlicher, der ist bestimmt auch auf der Flucht." Dies anzunehmen, dazu gab es nicht den geringsten Anhaltspunkt, aber es zeigt doch, dass die einfachen Leute mehr wussten oder wenigstens ahnten, was damals in deutschen Landen geschah. Wenigstens habe ich dies schon damals so aufgefasst.

Wir fanden also Quartier in der *City* von Bösensell, direkt gegenüber der Kirche. Abends brachte uns die Wirtsfrau eine Schüssel Bratkartoffeln aufs Zimmer und irgendeinen Tee. Als die Erwachsenen ihre Mahlzeit schon beendet hatten, saß ich noch vor meinen Bratkartoffeln. Da klopfte es, und herein trat ein Herr mittleren Alters in einem korrekten unauffälligen Zivilanzug. Er grüßte freundlich und nahm mit am Tisch Platz. Ich habe Anhaltspunkte dafür, dass es der Ortsgruppenleiter war. Er fragte einiges, woher wir kämen etc., machte sich Notizen und fragte, ob wir vielleicht etwas brauchten. Als er nach einer Weile ging, ermahnte er mich freundlich, meine Bratkartoffeln zu Ende zu essen. Die Partei kümmerte sich damals recht fürsorglich um die *Ausgebombten.* Einmal, nach einem schweren Bombenangriff, war ich bei den Großeltern in der einfachen Wohnung in der Gallitzinstraße. Von der Wohnküche aus konnte man von oben in den Saal einer Gaststätte blicken. Um die späte Mittagszeit rückten dort etwa vierzig Personen mit Koffern und sonstigem Handgepäck an. Alle machten einen erschöpften und übermüdeten Eindruck. Das waren die Bombenflüchtlinge der vorangegangenen Nacht aus dem Hafenviertel. Meine Großmutter wusste, dass diese Leute von der *Partei* betreut wurden. Vom Küchenfenster aus konnte ich auf die Teller sehen. Es gab einen Eintopf, und neben jedem Teller stand eine Flasche Bier.

Wie lange wir uns in Bösensell aufgehalten haben, weiß ich nicht mehr. Irgendetwas war in der Amtsverwaltung Roxel zu erledigen, wohl die polizeiliche Anmeldung. Meine Großmutter und mein Großvater gingen zu Fuß mit mir dort hin, so an die sechs Kilometer. Beim Verlassen Roxels muss mein Großvater – der doch sonst alles wusste – wohl die richtige Straße verfehlt haben; denn der Weg nahm kein Ende. Verdrossen und übermüdet trottete ich mit den Großeltern, die ebenfalls sichtlich erschöpft waren, durch die Mittagshitze. An einem Wegkreuz kniete Großmutter nieder und betete in ihrer schlichten Frömmigkeit. Im Nachhinein fällt mir auf, dass sie schon damals einen leidenden Eindruck machte. Sie ist dann ja auch, kaum drei Jahre später, an Krebs gestorben. Sie muss es wohl als eine Gebetserhörung aufgefasst haben, dass schon kurz nach ihrem stillen Gebet ein Lastwagen anhielt und uns aufnahm. Er war gekennzeichnet mit dem roten Kreuz auf weißem Grund. Auf der Ladefläche befand sich allerhand Material für das Ausweichkrankenhaus in Tilbeck. Ein paar Zivilisten, darunter ein energischer Herr in Knickerbockern und weißen Kniestrümpfen – vermutlich ein Arzt – saßen dort schon herum. Kurz vor dem Stift Tilbeck, am Abzweig nach Bösensell – bei Reher – ließ uns der Lkw-Fahrer absteigen. Die paar Kilometer bis Bösensell haben wir dann auch noch zu Fuß geschafft.

Nach etwa zwei Wochen ging es wieder zurück nach Münster. Unser Großvater hätte sicher einen guten Quartiermeister abgegeben, denn wir brauchten nicht zum Bahnhof zu laufen. Stattdessen hielt gegenüber der Kirche ein Lkw mit geräumiger Fahrerkabine. Wir zwängten uns hinein, und schnell waren wir wieder in Münster. Am Landeshaus, unweit unserer Wohnung, hieß es: „Aussteigen!“ Wir waren wieder in der Heimat.

Die Folgen der ständigen Bombenangriffe traten immer mehr zu Tage. Die Reichsbahndirektion wurde schwer getroffen; in den Häusern auf der anderen Seite der Bahnhofstraße, die teilweise auch schon Ruinen waren, hatten sich die Büros der Reichsbahndirektion behelfsmäßig eingerichtet. Mein Großvater lag im Streit mit der

Deutschen Reichsbahn. Es ging um 50 Reichspfennige Nachlösegebühr, die er nicht hatte zahlen wollen. Als erstes geriet er an einen Herrn bei der Auskunft. Es war ein Kriegsversehrter, noch aus dem Ersten Weltkrieg, der ein Bein verloren hatte. Wie das Leben so spielt, er war der Vater eines späteren Mitschülers am Ratsgymnasium. Er hatte Jahrzehnte lang Dienst bei der Bahnauskunft getan und kannte fast das gesamte Kursbuch auswendig, einschließlich abgelegener Strecken in Süddeutschland. Mein Großvater *krakeelte* sich von Büro zu Büro, hat aber seine Nachlösegebühr nicht erstattet bekommen.

Es muss Pfingstmontag 1943 gewesen sein. Auch unsere St.-Mauritz-Pfarrkirche war vom Luftkrieg nicht verschont geblieben und hatte einige Blessuren davon getragen. Sie konnte eine Zeit lang nicht benutzt werden. Die Sonntagsgottesdienste fanden in der Mutterhaus-Kirche der Franziskanerinnen statt. Martha, unser Pflichtjahrmädchen, besuchte mit meinem Bruder und mir an diesem Pfingstmontag die Messe. Als kurz vor der Wandlung alles still wurde, und auch die Orgel schwieg, wurde es meinem damals fünfjährigen Bruder zu langweilig. Er hatte plötzlich eine kleine Hakenkreuzfahne aus Papier, wie sie zu Tausenden an die Kinder verteilt wurden, in der Hand und schwenkte diese triumphierend in der Luft. Niemand konnte das übersehen. Martha schnappte sich das Hakenkreuzfähnchen und ließ es verschwinden. Sie bekam *so 'ne Bombe*. Für Nicht-Münsteraner: Sie bekam ein knallrotes Gesicht. Keiner der Gläubigen hatte gelacht oder auch nur ein Wort gesagt.

Auch das Franziskus-Hospital und das Mutterhaus der Franziskanerinnen wurden von Bomben getroffen. Die Schwestern bargen die noch brauchbaren Ziegel aus den Trümmern und entfernten mit dem Hammer Mörtelreste, um die Ziegel neu zu verwerten. *Steine picken* nannte man das. Auf einmal erschien ein Dienstgrad der Waffen-SS und schnauzte die Schwestern an: „Was fällt Ihnen ein? Machen Sie, dass Sie zu Ihren Kranken kommen, da gehören sie hin, da werden sie gebraucht!“ – Auf den Einwand, die *abgepickten* Ziegelsteine würden dringend für die Beseitigung der schlimmsten Schäden gebraucht, antwortete der SS-Offizier: „Das lassen Sie mal meine Sorge sein.“ Schon mittags erschien ein Trupp SS-Soldaten im Drillich und nahm unverzüglich die Räumarbeiten auf. Die Schwestern hatten eine Sorge weniger und revanchierten sich mit Butterbroten für die nicht gebetenen, aber jetzt durchaus willkommenen Gäste.

Hauptaufgabe der Franziskanerinnen von Mauritz war und ist die Pflege der Kranken. Sie unterhielten das für damalige Verhältnisse riesige Franziskus-Hospital am Hohenzollernring. Die meisten waren schon Jahrzehnte lang tätig im Dienst an den Kranken. Gleichwohl mussten auch alle Ordensschwestern das staatliche Examen ablegen. Durchschnittlich bestanden sie es mit weitem Abstand vor den übrigen Prüflingen. Prüfungsvorsitzende war wohl eine von den *Braunen Schwestern*, von den verwundeten Soldaten liebevoll *Karbolmäuschen* genannt. In ihrem Schlusswort zeigte die Prüfungsvorsitzende durchaus Respekt vor der Leistung der Schwestern; das Ende aber klang böse: „Aber nach dem Krieg, meine Damen, werden wir Sie alle draußen an diesen Bäumen aufhängen.“ Ich nehme an, dass das ein makabrer Scherz sein sollte, vielleicht nicht so ernst gemeint. Die Ordensschwestern jedoch waren entsetzt.

Kurze Zeit darauf gab es Fliegeralarm, und jedermann hetzte zum gerade fertig gestellten Franziskus-Bunker. Nicht alle konnten sich retten. Als der Alarm vorbei war, hatte es einige Tote gegeben, darunter auch die Prüfungsvorsitzende, die auf solch makabre Art den Schwestern „gratuliert“ hatte. Der Luftdruck einer Luftmine hatte sie voll erfasst und in die Krone des nächsten Baumes geschleudert. Da hing sie tot in den Zweigen. Viele Schwestern werden darin ein Gottesurteil gesehen haben.

Die Schwester, die mir dieses Geschehnis fast vierzig Jahre später erzählte, konnte noch eine Begebenheit aus dieser Zeit berichten: Eine Oberin wurde aus irgendeinem Grund zu einer Parteidienststelle befohlen. Der PG [Parteigenosse], an den sie geriet, wollte wohl besonders jovial auftreten und fragte: „Schwester, sagen Sie einmal, wenn Sie dem Papst und dem Führer zugleich begegnen würden, wen würden sie dann als ersten begrüßen?“ Die Schwester antwortete trocken: „Keinen von beiden, denn ein Herr begrüßt die Dame zuerst".

Die St.-Mauritz-Pfarrkirche konnte bald wieder benutzt werden. Es gab jedoch Einschränkungen: So durfte, wenn nachts Fliegeralarm gewesen war, keine Kirche vor einer bestimmten Zeit am späten Vormittag geöffnet werden. Unser Dechant Berghaus war persönlich ein äußerst bescheidener Mann, aber ein Fuchs in allen geschäftlichen und diplomatischen Angelegenheiten. So dachte er nicht daran, sich eine Blöße zu geben. Die Leute standen vor der Kirche, und er ließ sie etwas länger warten als nötig. So konnte er Loyalität gegenüber der Obrigkeit demonstrieren. Prozessionen o. ä. durften nicht stattfinden. Es hatte immer eine Karfreitagsprozession gegeben, von der Mauritzkirche ausgehend über den Prozessionsweg bis zum Weißen Kreuz von Gröninger auf dem Weg nach Maikotten. Den Gläubigen wurde empfohlen, den Karfreitags-Kreuzweg privat zu gehen. Martha, unser Pflichtjahrmädchen, ging auch mit uns Kindern zum Prozessionsweg. Dort war der eigentliche Weg, die Allee zwischen den Bäumen, schwarz von Menschen. Man hätte sich nur mit Mühe hindurch zwängen können. Die Beter, darunter ein großer Anteil Männer, gingen festtäglich gekleidet von Station zu Station, das Münsterische Gebet- und Gesangbuch vor sich haltend, aus dem dann die vorgesehenen Gebete still gebetet wurden. Es herrschte allgemeine Stille. Ständig fanden sich vom Mauritzlindenweg oder von der Dechaneischanze her kommend neue Beter ein, die nachrückten.

Ähnlich ging es bei der Fronleichnamsprozession zu: Wieder mussten wir – ich an der Hand meiner Tante – für meine Begriffe ewig lange auf das Öffnen der Kirchentüren warten. Die Leute begannen schon unruhig zu werden. Als die Türen endlich geöffnet waren, war es noch immer nicht klar, ob die Prozession stattfinden würde. Sie nahm dann aber doch ihren Verlauf, allerdings nur um Kirchplatz und Kirche herum. Meine Tante, mit mir an der Hand, reihte sich sofort ein und sang voller Überzeugung mit: *Deinem Heiland, deinem Lehrer ...*

Für den, der weiß, welche Scherereien unsere Tante mit der Partei an ihrem Dienstort Fredeburg gerade auch wegen der Förderung der ländlichen Fronleichnamsprozession nur wenige Jahre zuvor gehabt hatte, muss dieses Verhalten am Sonntag nach Fronleichnam im Jahre 1942 umso bemerkenswerter erscheinen. So ist wohl jetzt die gute Gelegenheit gegeben, an dieser Stelle unserer Tante – in späteren Lebensjahren von uns liebevoll „Tantchen“ genannt – zu gedenken.

Im *Pelizaeus-Brief* 1997, Seite 10, des Pelizaeusgymnasiums in Paderborn wird berichtet: „Ende November 1937 kam es dann zu einem entscheidenden Konflikt. Ein Schreiben der NSDAP [National-Sozialistische Deutsche Arbeiter-Partei]-Gauleitung Westfalen-Süd an das Provinzialschulkollegium endete mit der Formulierung, dass Frau Middeler „keine Gewähr dafür biete, die ihr anvertrauten Schülerinnen im nationalsozialistischen Sinne zu echten deutschen Frauen zu erziehen.“ Der beschriebene Vorgang zeige „so recht, wes Geistes Kind die Middeler ist.“ Was war passiert?

Das Schreiben enthielt drei Vorwürfe:

1. Frau Middeler habe in einem Schreiben an einen katholischen Pfarrer darum gebeten, ihr bei der Werbung von Schülerinnen für ihre Schule behilflich zu sein und dabei auf den besonderen Charakter der katholischen Mädchenerziehung hingewiesen.
2. Die Schulleiterin habe sich geweigert, die Zeitschrift *Der NS-Erzieher* für ihre Schule zu abonnieren und an einem Schulungslager teilzunehmen.
3. Sie habe verhindert, dass Schülerinnen ihrer Schule für eine Sammlung auch in die SA-Gruppenschule gingen, und zwar mit der Bemerkung: „Ich will die Gewißheit haben, dass die Mädchen das Gebäude so wieder verlassen, wie sie es betreten haben.“

In einer Aussprache, zu der Frau Middeler am 29.12.1937 ins Schulkollegium bestellt wurde, empfahl man ihr, schon jetzt zurückzutreten, da das Vertrauen zwischen ihr und der Partei gestört sei; später müsse sie höchstwahrscheinlich ihren Platz ohnehin räumen, da die Aufnahme auch von Jungen an der Schule geplant sei, und dann ein männlicher Schulleiter erforderlich werde. Die Art, wie Frau Middeler – nach einer erbetenen Bedenkzeit – am 14.1.1938 schriftlich auf die mündlichen Vorhaltungen reagierte, zeugt nicht nur von taktischem Geschick, sondern auch von erstaunlichem Mut: Sie bat um die Einleitung eines Disziplinarverfahrens gegen sich selbst und um eine „genaue schriftliche Fixierung der Vorwürfe“, damit alle Stellen „ein ganz klares und unanfechtbares Bild der Sache erhalten“ könnten. Einen sofortigen Rücktritt lehnte sie auch deshalb ab, weil sie darin eine „schmerzhafte Verquickung zwischen ihrer persönlichen politischen Angelegenheit und der Zukunft der Schule“ sah. Schon am 16.3.1938 reagierte die Behörde in Münster mit der erwünschten Fixierung der Vorwürfe. Frau Middeler nahm dazu in einer viereinhalb dicht beschriebene Seiten umfassenden Stellungnahme in einer Weise Stellung, welche die Behörde zwar dazu veranlasste, die Vorwürfe zu 2 und 3 (s. o.) für erledigt zu erklären, den Vorwurf zu 1 (Schulwerbung über den katholischen Pfarrer) aber weiterhin zum Anlass (eher wohl zum Vorwand) zu nehmen, auf der Versetzung der nicht ausreichend systemkonformen Schulleiterin zu bestehen. So wurde Frau Middeler, die der Maßnahme wohl oder übel zustimmen musste, zum 1.4.1938 als Studienrätin an das Freiherr-vom-Stein-Gymnasium in Münster, eine ausgesprochen evangelische Schule, versetzt. Das Ministerium war mit dieser Maßnahme des Schulkollegiums offenbar noch nicht zufrieden. Noch am 22.7.1938 wurde die Behörde gebeten, „Frau Middeler bei Gelegenheit in eine protestantische Gegend zu versetzen, in der sie nicht mehr die Möglichkeit hat, mit Vertretern ihrer katholischen Weltanschauung Verbindung aufzunehmen und ihre Schule in dieser Richtung zu beeinflussen.“

In Münster hat Frau Middeler bis zum Ende des Krieges unterrichtet. Am 29.1.1946 wurde sie rehabilitiert und wieder mit der Leitung ihrer alten Schule beauftragt, die inzwischen von Fredeburg nach Schmallenberg verlegt worden war (Staatliches Aufbaugymnasium). Dort erhielt sie am 26.8.1948 den Auftrag zur kommissarischen Leitung der Pelizaeus-Schule in Paderborn.
Unsere Tante Margarete wurde also am 10. Mai 1897 als Tochter des Kreisbaumeisters August Middeler in Münster geboren. Ihr Zwillingsbruder Hans fiel 1916 bei Cambrai, eine jüngere Schwester Käthe, starb schon als junges Mädchen an Tuberkulose. Insgesamt waren es acht Geschwister. Eine ihrer Schwestern, Josefine, ging noch vor dem Ersten Weltkrieg nach Brasilien. Sie konnte wegen des Krieges nicht nach Deutschland zurückkehren und trat dort in den münsterischen Schwesternorden von der „Göttlichen Vorsehung" ein. In den späten siebziger Jahren ist sie dort hochbetagt, geliebt und verehrt von ihren Mitschwestern gestorben. Da sie auf ihr Erbteil verzichtet hatte, fühlte sich unsere Tante Margarete bewogen, ihrer Schwester Josefine, die damals bereits ein Pflegefall geworden war und im Rollstuhl bewegt werden musste, einen größeren Geldbetrag zuzuwenden. Tante Josefine bedankte sich in einem Brief und schrieb, sie habe das Geld gut gebrauchen können, um damit den Weg zum Klosterfriedhof pflastern zu lassen. Sie könne so auch bei schlechtem Wetter mit ihrem Rollstuhl den Friedhof besser erreichen. Unsere Tante Margarete muss wohl in besonderer Weise das Vertrauen ihrer Eltern gehabt haben. So wurde sie zur Testamentsvollstreckerin bestellt. Unser Großvater väterlicherseits starb an einem Silvesterabend an den Folgen einer Lungenentzündung. Noch am Vormittag des Sterbetages hatte er mit meiner Tante gesprochen und irgendwelche Papiere durchgesehen. Als der damalige Pfarrer von St. Mauritz, Binkhoff, ihn mit den Sterbesakramenten versehen hatte, sagte der Großvater: *So, nu häfft se mi de Isen afftrocken.* [Einem alten Gaul werden, bevor es mit ihm zu Ende geht, noch die Hufeisen abgenommen, denn die könnten noch ein paar Groschen wert sein]. In der Folge wurde noch jahrzehntelang

bei uns kein Silvester gefeiert; es war eben der Sterbetag des Familienoberhaupts. Silvester blieb deswegen immer ein stiller Tag.

Tante Margarete – Oberstudiendirektorin Margarete Middeler

Nach ihrer zweiten Staatsprüfung unterrichtete unsere Tante an einem privaten Gymnasium in der Trägerschaft von Ordensschwestern. Unser damals noch junges Tantchen hatte wohl noch nicht begriffen, dass hinter Klostermauern auch nicht alles Gold ist, was glänzt. So machten ihr die Reibereien und Querelen unter den Schwestern, denen auch sie ausgesetzt war, sehr zu schaffen. Sie war maßlos enttäuscht. Schon hier zeigt sich ein gewisser tragischer, für sie typischer Zug in ihrem Charakterbild. Sie stellte sehr hohe Anforderungen an sich selbst und war enttäuscht, wenn Andere diesen Erwartungen nicht entsprachen oder nicht entsprechen konnten.

Als sie als junge Assessorin mit der Leitung der neuen Frauenoberschule in Fredeburg beauftragt worden war, wurde sie bei der Planung des prächtigen Schulgebäudes in Fredeburg hinzugezogen und mischte mächtig mit. Sie nahm den Bauräten der Bezirksregierung Arnsberg den Zeichenstift aus der Hand und erklärte: *Das ist keine vernünftige Lösung, denn ...* Die Herren wunderten sich und mussten zur Kenntnis nehmen, dass Tantchens Großvater als gelernter Zimmermann in Münster ein Bauunternehmen betrieben hatte, und der Vater es bis zum Kreisbaumeister gebracht hatte.

Als sie nach ihrer Strafversetzung am 1. 4. 1938 in Münster ihren Dienst antrat, bezog sie drei äußerst bescheidene – für heutige Verhältnisse ärmliche – Dachkammern in unserem Haus, zusammen mit ihrer treuen Haushälterin Luise, die sie aus einem kleinen Dörfchen in der Nähe von Schmallenberg mitgebracht hatte. Aus dieser Zeit gibt es zwei Geschichten zu erzählen:

Als zu Beginn der Zwangsbewirtschaftung nur noch Magermilch – in der Amtssprache: *entrahmte Frischmilch* – zu bekommen war, schmeckte ihr der Nachtischpudding doch zu *labberig*. Sie sagte zu ihrer treuen Luise: „Ach, so lange es keine Vollmilch gibt, lassen wir den Pudding doch besser weg!“ Aber es blieb dann nur für kurze Zeit bei dieser Absicht. Später übrigens kreierten die Hausfrauen den Kartoffelkuchen. Die Torte bestand aus Kartoffeln, sah lecker wie eine Kakao-Torte aus und schmeckte einigermaßen.

Luise war ein einfaches, schlichtes Mädchen. Als Frau Direktorin einmal mittags vom Dienst nach Haus kam, fand sie ihre treue Seele in heller Aufregung vor. „Frau Direktorin, die Engländer stehen am Kanal!“ So hatte wohl die Schlagzeile in der Tageszeitung gelautet. Luise war aus ihrer dörflichen Heimat noch nie zuvor heraus gekommen und verstand unter *Kanal* nur den Dortmund-Ems-Kanal. Diesen konnte man auf dem üblichen Sonntagsspaziergang von unserer Wohnung aus in einer knappen Dreiviertelstunde erreichen. Das erinnert doch sehr schön an den braven Soldaten Schweyk. Auch für Luise, die treue Seele, war Kanal eben Kanal. Die Erwachsenen müssen damals fürchterlich gelacht haben.

Ihren Neffen und ihrer einzigen Nichte, die heute – schon betagt, aber rüstig – in Köln lebt, war Tantchen in allen Lebensaltern herzlich zugetan. Mein Bruder und ich waren die Jüngsten. Das setzte sich auch in der nächsten Generation bis zu ihrem Tode fort. Wir verdanken ihr viel Hilfe und Anregung, vor allem Erweiterung des Horizontes und auch manche spürbare materielle Förderung.

In der Adventszeit 1941 lud Tante Margarete uns einmal in ihre Dachwohnung ein und bastelte aus Papier und Karton allerlei Figuren, wie etwa Sterne, Engel etc.. Ich bekam eine aus Goldpapier und Heftklammern gefertigte Königskrone auf den Kopf gesetzt und fühlte mich wie der Kaiser von China. Sie konnte geschickt zeichnen und gestalten, auch Buntstift- und Tuschzeichnungen waren ihre Stärke. Wenn ein Kleid einmal zugeschnitten war, nähte sie gekonnt daran, bis es tadellos fertig war. In späteren Jahren hat sie manchen Wandteppich gestickt oder in Applikationsarbeit angefertigt. Diese Arbeiten waren nicht nur handwerklich hervorragend gemacht, sondern auch in darstellerischer und inhaltlicher Hinsicht beispiellos. Nach dem Krieg hatte unser Vater die Köpfe für ein Kasperletheater aus Pappmaché gefertigt, die entsprechenden Kleider dazu fabrizierte sie *à la main*. *Fränzken* Homoet, der unvergessliche Zeichenlehrer am Paulinum, fragte mich daraufhin, ob meine Tante denn Kunstgewerblerin sei; ein Lob aus berufenem Munde!

Irgendwie musste sie ihre politische Zuverlässigkeit demonstrieren. Sie meldete sich beim *Roten Kreuz* und tat schichtweise Dienst in einem Wehrmachtsübernachtungsheim. Das evangelische, großzügig gebaute Gemeindehaus zwischen Erlöserkirche und Wehrbezirkskommando war beschlagnahmt worden. Dort wohnten Urlauber und andere Wehrmachtsangehörige auf der Durchreise; darunter auch Verwundete mit ihren Krücken. Damals war Tante Margarete 45 Jahre alt, zu dieser Zeit noch ziemlich füllig, was durch die

Schwesterntracht mit Häubchen noch besonders hervorgehoben wurde. Ich bin sicher, dass sie einen Kompaniefeldwebel voll ersetzte. Später bekam sie ein nagelneues Damenfahrrad gestellt und besuchte die sechzehn-, ja fünfzehnjährigen FLAK-Helfer der münsterischen Gymnasien in ihren Stellungen, vor allem am Ostrand der Stadt, um dort den notwendigsten Unterricht zu erteilen. Wenn nachts Fliegeralarm gewesen war, und die Jungen während dieser Zeit an den Geschützen gestanden hatten, fiel der Unterricht aus.

An ihrer Einsatzstelle, dem Freiherr-von-Stein-Gymnasium, kam sie mit ihrem Chef ganz gut zurecht. Er sei ein vernünftiger Mann gewesen. Nur einige der Kolleginnen und Kollegen waren tief *braun*. Wenn sie sich irgendwie über die Nazibande im Allgemeinen oder im Besonderen wieder einmal geärgert hatte, sagte sie in unerschütterlichem Gottvertrauen und münsterischer Ausdrucksweise: *Der liebe Gott, der wird se schon!*

Schon immer – *iam inde a pueritia* – [schon von Kindheit an] hatten mich die städtischen Müllmänner stark beeindruckt. Sie rollten die schweren Mülltonnen mit Leichtigkeit zum Müllwagen, wobei sie mit einer Hand den oben angebrachten runden Knauf umfassten und die ganze Tonne mit Leichtigkeit bewegten. Die Knäufe auf den Deckeln der im Übrigen schmutzig-grauen Müllgefäße glänzten vom ständigen Gebrauch silbern. Sie wurden ständig blank gescheuert. Die Männer trugen stark abgenutzte dunkelbraune Cord-Anzüge und wirkten alles andere als einladend. – Eines Tages kamen sie nicht mehr. Stattdessen tauchten abgemagerte Gestalten in großer Zahl auf. Es hieß, sie seien Serben. Ihnen, den Kriegsgefangenen, Lebensmittel zu schenken, war strengstens verboten. Aber man wusste sich zu helfen. Meine Mutter legte immer irgendwelche Lebensmittelreste oben in die Tonne: Gemüseabfälle mit „noch was dran", Kartoffelschalen, dick geschnitten, vorjährige, schrumpelige Kartoffeln, oder auch mal einen angebrochenen Brotlaib, der nicht mehr so neu aussah. Auch einige Nachbarsfrauen handelten so. Die Kriegsgefangenen hoben bei jeder Tonne die Deckel an und ließen die gefundenen Reste in ihren Beuteln verschwinden. So etwas vergisst man nicht, wenn man es als Kind erlebt hat. Noch heute bringe ich den *Wirtschaftswundersäuglingen* unserer Tage wenig Sympathie entgegen.

Ostern 1943 verbrachten wir in Marl. Die Schwester einer Schulfreundin meiner Mutter hatte dort einen Bauern geheiratet, der einen von der Zeche gepachteten Hof bewirtschaftete. Außerdem musste er den Hof des Nachbarn verwalten, der zum Kriegsdienst eingezogen worden war. Diese Zeche, ganz in der Nähe, war zusammen mit den Hydrierwerken BUNA für die feindlichen Flieger natürlich ein Filetstück für ihre Luftangriffe. Es waren Fesselballons stationiert. Morgens holten die Luftwaffensoldaten im weißen Drillich die Ballons herunter. In einer kleinen, fensterlosen Baracke stiegen sie dann aus ihren Drillichen wieder in ihre normalen Uniformen.

Außer uns waren noch zwei Schwestern von Tante Hanni mit ihren Männern und Kindern über die Feiertage eingeladen worden. So tummelten sich mehr als ein halbes Dutzend Kinder auf diesem Bauernhof. Dem Bauern war eine Handvoll russischer Kriegsgefangener zugeteilt worden. Sie schliefen auf Stroh über den Pferdeställen in einem halbwegs brauchbaren Quartier. Einer der Gefangenen malte ein großes Bild des leidenden Christus mit der Dornenkrone und dem Purpurmantel auf eine Hartfaserplatte – wohl keine große Kunst, aber eindrucksvoll! Dieses Bild hat noch viele Jahre nach dem Krieg dort gehangen. Auch war ein höchstens sechzehn Jahre altes, bildhübsches Mädchen mit schwarzen Haaren als Fremdarbeiterin aus Polen zwangsverpflichtet worden. Das Kind hieß Barbara und war der Augenstern der Frauen. Aus nahe liegenden Gründen ließ der Bauer Barbara nicht außerhalb des Wohnhauses bei den Russen schlafen. Sie hatte ihr Quartier im Wohnhaus, aber auch hier galten die Vorschriften der Partei: Kein Familienanschluss, auf keinen Fall gemeinsam eingenommene Mahlzeiten. Aber Tante Hanni, die Hausherrin, wusste sich zu helfen. Unter anderem wurde Barbara zur Bedienung bei den Mahlzeiten eingesetzt. Jeder ließ etwas auf dem Teller, ein Ei, oder ein Stück Fleisch, auch Kartoffeln und Gemüse. Wenn Barbara den Tisch abräumte, fand sie reichlich zu essen und konnte in der Wirtschaftsküche ihre Mahlzeit einnehmen. Überhaupt machte Barbara einen gepflegten Eindruck. Bei all der wahnsinnigen Unmenschlichkeit in jenen Jahren, es war wie ein Garten, in welchem nur giftiges Unkraut, Disteln und Dornen wachsen, aber eine einzige blühende Blume Hoffnung auf Menschlichkeit und ein anderes Leben schenkt. Peter Bamms *Die unsichtbare Flagge* der Humanitas wehte auch im *Tausendjährigen Reich* tausendfach. In den Tagen nach Ostern bekam Barbara einen Brief aus Polen. Ihre Mutter hatte geschrieben und Ostergrüße geschickt. Das Mädchen zeigte vor Freude allen dieses Schreiben. Aber natürlich konnte kein Mensch auch nur eine Silbe verstehen. Doch es kam das Wort „Alleluja" vor, das alle verstanden, ein christlicher Ostergruß der Mutter aus Polen, das für uns doch Feindesland zu sein hatte! Allen Erwachsenen wurden die Augen feucht. Meine Mutter schenkte Barbara ein neuwertiges, schönes Taschentuch. Da weinte Barbara und drückte das Taschentuch fest an sich.

Die russischen Kriegsgefangenen wurden den Umständen entsprechend gut behandelt. Zwar schnauzte der Bauer sie ständig gewaltig an, aber das machte er mit seinen Kindern genauso. Als die Amerikaner anrückten, gab er ihnen noch Brot und Speck und schickte sie fort in eine für sie ungewisse Zukunft. Ein sicheres Zeichen, dass er seine Russen ordentlich behandelt hatte, war, dass in den Nachkriegswochen kein ehemaliger Kriegsgefangener oder Zwangsarbeiter als Plünderer seinen Hof betreten hat.

Tante Hannis Schwester aus Essen war mit ihren hoffnungsvollen Töchtern ebenfalls zu Besuch. Am Ostermontag, als die Erwachsenen nach der reichhaltigen Mittagsmahlzeit noch der Ruhe pflegten, besannen sich diese beiden Mädchen auf ihre hausfraulichen Fähigkeiten. Sie backten im Sandkasten einen Osterkuchen. Dazu holten sie sich aus dem Hühnerstall die Eier, die sie *lege artis* [kunstgerecht] mit Sand anrührten. In Zeiten der allgemeinen Lebensmittelknappheit war dies eine Todsünde. Besonders die Frauen waren *not amused*, als sie nach der Mittagsruhe die Bescherung sahen.

In der Osterwoche verließen wir dann als Letzte die gastliche Stätte, wo es uns tagelang so gut gegangen war, nicht ohne dass Tante Hanni meiner Mutter noch ein schönes Stück Schinkenspeck mit auf den Weg gab.

Im Frühjahr 1943 erkrankten mein Bruder und ich an Keuchhusten. Der Arzt riet zu einer Erholung außerhalb von Münster. Mein Bruder fand bei einer Studienfreundin unserer Mutter in Warendorf Zuflucht. Ich selbst fuhr mit meinen Großeltern nach Nienborg bei Ahaus, wo mein Großvater ein Zimmer gemietet hatte, um sich – Krieg hin, Krieg her – in der Sommerfrische zu erholen. Die Reise nach Nienborg fand ich ausgesprochen aufregend. Mit der Reichsbahn in der dritten Klasse ging es zunächst über Altenberge und Borghorst nach Burgsteinfurt. Ich ahnte noch nicht, dass ich dort in Borghorst später einmal fast dreißig Jahre meines Lebens verbringen sollte. Es waren die alten Vorkriegswaggons der Reichsbahn mit *Kupees*. Jedes Abteil hatte eine eigene Außentür. Der Schaffner turnte draußen auf dem langen Trittbrett von Waggon zu Waggon. Als die Tür aufging und er, wie vom Himmel kommend, zu uns einstieg, glaubte ich fast, einen Geist zu sehen. In einem relativ modernen Triebwagen ging dann die Fahrt von Burgsteinfurt weiter nach Nienborg-Heek. Aber auch an diesem Triebwagen sah man Spuren des Krieges: Jedes Fenster hatte einen breiten Lederriemen gehabt, mit dem das Fenster herauf- und heruntergelassen werden konnte. Diese Lederriemen waren ausnahmslos verschwunden, abgeschnitten von Leuten, die ein Stück Leder brauchten, eventuell um Schuhe zu besohlen. Die Rohstoffknappheit wirkte sich schon überall aus. Es wurde nur ein kurzer Aufenthalt in Nienborg von vielleicht etwa drei Wochen. Aber diese Zeit hatte es in sich, wovon jetzt die Rede sein wird:

Wir wohnten bei einer Handwerkerfamilie, dem Schreinermeister Haring, der ein recht stattliches Haus besaß. Der einzige Sohn stand an der russischen Front und sollte einmal den väterlichen Betrieb übernehmen. Der schon ältere Herr war noch in der geräumigen Schreinerwerkstatt tätig. Manches war dort anders als in Münster.

Die Straßen, sogar die Hauptstraße, waren ohne jegliche Pflasterung – reiner Sand. Keine Haustür war verschlossen. Auch die Kinder gingen ohne große Konventionen in den Häusern ein und aus und bildeten herrliche Spielgemeinschaften. Ich als Stadtkind kannte so etwas nicht, und das Ganze beeindruckte mich sehr. Junge Männer sah man kaum, sie waren alle unter den Soldaten. Sonntags ergossen sich Scharen festtäglich gekleideter Leute in die Kirche. Ein schon ältlicher Pfarrer hielt das Hochamt, das in großer Zahl von älteren Männern besucht wurde. Die Frauen waren, wie im Münsterland üblich, schon in der Frühmesse gewesen. Es fiel auf, dass diese Herren in bestem Sonntagsstaat gekleidet waren: Schwarzer Anzug, wenn auch abgetragen und nicht mehr so recht in Passform und dunkler Krawatte. Die steifen Hemden waren allerdings vorgetäuscht. Das so genannte *Schamiesken*, oft aus einem damals gebräuchlichen Kunststoff hergestellt – dennoch beeindruckend. Die jüngeren Männer an der Front fehlten natürlich. Der Pfarrer, der auch nach dem Krieg noch lange amtierte, ging mit den Messdienern während des *Asperges me* [Besprenge mich, Herr. Die Segnung der Gläubigen mit geweihtem Wasser vor dem sonntäglichem Hochamt] mit einer Art Handfeger und Weihwasser durch die Bankreihen und segnete seine *Schäflein*.

Überhaupt herrschte damals, vor mehr als sechzig Jahren, in diesen ländlichen Gebieten des Münsterlandes ein selbstverständliches, katholisch-ungebrochenes Klima. Die Frau des Schreinermeisters besaß eine riesige Postille, ein häusliches Andachtsbuch mit vielen religiösen Bildern. Ich stöberte eifrig darin herum. Meine Großmutter half ständig in der Küche mit. Die gute Handwerkersfrau wünschte sich sehnlichst ein neues *Münsterisches Gebet- und Gesangbuch*. Meiner Mutter gelang es über meine Patin, Tante Maria, ein solches Gebetbuch zu besorgen. Unsere Gastgeberin war überglücklich – „... und dann noch mit Goldschnitt!“

Die Schreinerwerkstatt hinter dem Haus bot, wie schon erwähnt, viel Platz. Alle notwendigen Maschinen für einen ländlichen Schreinerbetrieb waren vorhanden und wurden, wenn Maschinenarbeit zu verrichten war, von einer riesigen schwarzen Dampfmaschine angetrieben, die in einem Nebenraum zischte und qualmte. So etwas hatte ich aus der Nähe noch nicht gesehen. Wenn die Maschine unter Dampf stand, arbeitete der Schreinermeister an diesem Tage alles ab, wozu die Maschinen gebraucht wurden.

Unbedingt berichtet werden muss von dem ersten großen Abenteuer, das ich dort erlebte: Der Schreinermeister brauchte Holz. Er hatte wohl für einen Auftrag eine Zuteilung bekommen, es unterlag ja alles der Bewirtschaftung. Das Holz musste etwa zwölf Kilometer von Nienborg entfernt aus Ahaus geholt werden. Nach dem Mittagessen stand ein vierrädriger Pferdewagen vor der Tür mit einem etwas ältlich wirkenden Gaul und einem jüngeren Mann als Gespannführer, dem *Gaul-Leiter* – nicht zu verwechseln mit dem „Gauleiter" der Partei. In gemütlichem Schritt ging es nach Ahaus. Vorn auf dem Brett saß der junge Mann, dahinter im Wagen Schreinermeister Haring und ich auf dem Holzboden des Fahrzeugs. In Ahaus angekommen, ging es am Ahauser Schloss vorbei in eine Nebenstraße, wo sich die Holzhandlung, nicht weit vom Friedhof, befand. Dort wurde der Gaul ausgespannt, und das Gefährt stand dann in einem Innenhof, wo es von Hand beladen wurde. Für mein Empfinden – jede einzelne Bohle musste von Hand aus dem Lager geholt und aufgeladen werden – dauerte das Beladen unendlich lange. Während dieser Zeit drückte ich mich daher in der Nachbarschaft herum. Schließlich war unser Gefährt voll beladen, und in langsamem Schritt ging es Richtung Heimat zurück. Doch noch war der Ausgang nicht gewonnen. Vor dem Ahauser Schloss, auf dem groben Pflaster, machte das hintere Wagenrad auf der rechten Seite nicht mehr mit. Einige Speichen waren zerbrochen, der eiserne Radreifen machte sich selbstständig. Noch einige Umdrehungen, dann fiel er mit heftigem Getöse um. Das Wagenrad war nur noch ein Torso. Bemerkenswert war die Ruhe des Gaul-Leiters und des Schreinermeisters. Auch das Pferd blieb stehen und ließ sich nicht stören. Dann war klar: Ein neues Rad musste her! Zum Glück war ganz in der Nähe eine Schmiede. Zuerst wurde das Pferd ausgespannt und in einem Stall untergebracht. Anscheinend hatte jeder *Poahlbörger* einen Stall; denn schon in der Holzhandlung hatte sich der Gaul in einem Stall ausruhen können. Sodann wurde der Wagen irgendwie abgestützt. Der Schmied schickte jemanden los, ein neues Rad zu besorgen, was auch gelang und im vierten Kriegsjahr wohl nur noch auf dem Lande möglich war. Das dauerte. Schreinermeister Haring, der Gaul-Leiter, der Schmied und ich als *Moses* gingen in die nächste Kneipe. Die Männer tranken jeweils ein Exportbier; es wurden aber dann doch zwei oder drei. Ich selbst bekam ein großes Glas Dunkelbier und trank es mit Genuss. Das sollte während der kommenden Nacht nicht ohne Folgen bleiben. Schließlich wurde das neue Rad nebst einem Radreifen gebracht, und alle Männer machten sich wieder an die Arbeit. Der eiserne Radreifen wurde über dem Schmiedefeuer erhitzt und zum Glühen gebracht. Das hölzerne Rad wurde auf den Amboss gelegt und mit den Händen fest gehalten. Der Reifen wurde über das Rad gestülpt und mit Vorschlaghammer und Zange in die richtige Position gebracht, was nicht einfach war. Es war keine leichte Arbeit. Schließlich wurde das Rad weiterhin festgehalten und vorsichtig mit warmem Wasser abgekühlt. Als schließlich das neue Rad am Wagen angebracht war, wurden das alte sowie der zerstörte Reifen unbefestigt oben auf die Holzladung gelegt. Der alte müde Gaul wurde in seiner Ruhe gestört und wieder eingespannt. Dann ging es gemächlich in Richtung Nienborg-Heek weiter. Es dämmerte schon. Schreinermeister Haring und ich saßen jetzt oben auf der Ladung. Wir hatten die Stadt noch nicht verlassen, als der nächste Beinaheunfall geschah. Bei der groben Pflasterung der Ahauser Straßen ergab es sich bei dem ungefederten und nur mit eisernen Radreifen versehenen Fahrzeug, dass die Ladung anfing sich zu bewegen. Beim alten Ahauser Krankenhaus, das heute längst abgebrochen ist, geschah es: Rad und Reifen machten sich selbstständig und fielen mit Getöse herunter. Der Schreck, der uns befiel, war nicht ohne. Eine Radfahrerin wurde um ein Haar getroffen, aber geistesgegenwärtig duckte sie sich und trat in die Pedale. Es ging wirklich nur um Haaresbreite.

In gemächlichem Schritt ging es dann mit unserem guten alten Gaul über Heek nach Nienborg. Längst war es stockdunkel geworden. Man glaubt es kaum, dass man auf der heute dicht befahrenen B 70 damals weit und breit kein Fahrzeug sah. Manchmal riskierte der Mond einen Blick durch die Wolken. Licht durfte wegen der Fliegerangriffsgefahr nicht gemacht werden. Es war schon sehr spät, als wir den Ortsrand von Nienborg erreichten. Meine Großmutter und die Haustochter eines Nachbarn waren uns mit Taschenlampen bewaffnet ein Stück weit entgegen gekommen. Es schlug gerade vom Kirchturm Mitternacht. Ich platzte vor Stolz; denn so lange hatte ich noch nie aufbleiben dürfen. So etwa nach halb eins sank ich müde ins Bett. Doch das Dunkelbier, das mir der gute Schreinermeister in der Ahauser Kneipe spendiert hatte, tat in den frühen Morgenstunden seine Wirkung. Der kindliche Verdauungstrakt war einer solch ungewohnten Attacke noch nicht gewachsen, so dass die geballte Feuerkraft voll in die Wäsche ging.

Natürlich versuchten die Erwachsenen mich zu beschäftigen. Eines Mittags wurde ich zur Kirche geschickt, wo ein Obermessdiener, ein fünfzehnjähriger Junge, seine Ministrantenschar versammelt hatte. Es ging dann gemeinsam zum Baden in der Dinkel, an einer Stelle mitten im Ort, wo das Wasser gestaut war. Jede Art von kirchlicher Jugendarbeit außerhalb der Kirche war strengstens verboten. In Nienborg allerdings hielt sich niemand daran. Zu allem Überfluss, als die Kirchturmuhr schlug, stellten sich die Jungen am Ufer der Dinkel in Reih und Glied auf und sangen auf Latein, vermutlich eine marianische Antiphon. Die Junisonne schien vom Himmel. Es war eine Stimmung, fast wie in Flandern, wie sie Ernst Claes und Felix Timmermans so liebevoll geschildert haben.

Im Oerschen Wald, unweit des Ortes, kaum dreihundert Meter von der heutigen B 70 entfernt, war später eine V2-Abschussrampe installiert worden. Als die Engländer im März/April 1945 auf dieser Straße nach Norden vorstießen, haben sie diese Anlage glatt übersehen. So dusselig waren unsere Kriegsgegner. Aber Montgomery hatte es eilig; er wollte unbedingt das schöne Tecklenburg kennen lernen.

So gingen die an sich doch recht schönen Tage dahin. Ich aber war es leid und bekam Heimweh und quengelte derart, dass mich meine besorgte Großmutter zum Arzt nach Heek brachte. Dieser war wohl auf Heimaturlaub von der Front und machte hier die Praxisvertretung. Er konnte keinen größeren *Dach*schaden feststellen und meinte fürsorglich: „Ach, hier ist es doch schön. In Münster fällt dir bloß 'ne Bombe auf 'n Kopp, und da hast du dann auch nichts von". So blieb mir nichts anderes übrig, als mich zu fügen. Bald ging es dann aber doch wieder nach Hause.

Als wir dann nach Münster heimkehrten, hatte der Bombenkrieg inzwischen weitere Zerstörungen angerichtet. Auch viele Schulgebäude waren beschädigt. So waren wir schon im Herbst 1942 kurzer Hand von der Erphoschule am Kaiser-Wilhelm-Ring in die Martinischule in der Innenstadt umquartiert worden. Den Schichtunterricht – wochenweise wechselnd zwischen Vor- und Nachmittag – gab es schon längst. Die Belastung, die dies für Schüler und Lehrer und auch das Familienleben mit sich brachte, kann man kaum überschätzen. Die Martinischule hatte bis dahin die Sonderschüler beherbergt und wurde Hilfsschule genannt. So kann ich mit Fug und Recht von mir behaupten, ich sei schon während des zweiten Schuljahres von der Volks- in die Hilfsschule geschickt worden, und dass dieser Umstand für geschulte Blicke auch heute noch nicht zu übersehen sei.

Zu Beginn des zweiten Schuljahres, also im Herbst 1942, hatten wir eine neue Lehrerin bekommen. Sie war nicht katholisch und kam aus Ostpreußen. Bei mir hatte sich damals der Eindruck einer vorlauten BDM-Zicke festgesetzt. Aber jetzt, da beim Schreiben die Erinnerung wieder hoch kommt, kann ich heute nur sagen, dass ein solches Urteil einfach falsch und ungerecht ist. Zwar war die junge Frau im BDM, was in jenen Zeiten völlig normal war. Sie kam häufig in ihrer schicken weißen BDM-Bluse zum Unterricht, allerdings ohne jegliche Abzeichen. Auch hatte sie Schwierigkeiten, die Klasse in der Hand zu halten. Sie war wohl noch in der Ausbildung, denn

Rektor Schmidt kam des Öfteren in die Klasse und führte vor, wie man Deutsch- und Rechenunterricht gibt.

Wieso meine ich heute, dass unser *Frollein* keineswegs eine Nazi-Vollblut-Zicke gewesen ist? Eine Begebenheit fällt mir dazu ein: Im Unterricht kam irgendwann die Frage auf, warum denn die armen Kriegsgefangenen, vornehmlich die Russen, hungern müssten. Aus der Klasse kamen die abenteuerlichsten Antworten: „Weil das unsere Feinde sind“ bis hin „weil das keine richtigen Menschen sind“. Die Klasse riet hin und her. Die Lehrerin sagte schließlich: „Weil wir ja selbst nicht genug zu essen haben.“ Dies sagte sie eindringlich, um uns von unseren abwegigen Vorstellungen zu befreien. Dies war sicher nicht gerade ein Höhepunkt an Humanität bzw. christlicher Nächstenliebe. Aber es zeigte sich doch deutlich, dass die Nazi-Propaganda bei dieser jungen Frau weitgehend auf taube Ohren stieß. Es klebten ja schließlich zu Beginn des Russlandfeldzugs an jeder Litfaßsäule großflächige Plakate: Ein Rotarmist als widerliches Raubtier mit fletschenden Zähnen, der russische Bär in brauner, verdreckter Uniform, die Mütze mit dem Sowjetstern auf dem Kopf, die Maschinenpistole in der Hand. Zu allem Überfluss sah man auf dem Hintergrund des Plakats noch brennende Häuser und Dörfer; eine Vorahnung von Hitlers Taktik der *verbrannten Erde*?

Mit diesem unseren neuen *Frollein* geriet ich eines Tages fürchterlich aneinander, was zweifellos auf den von Hitler entfesselten Krieg zurückzuführen war. Und das kam so: Der Bombenkrieg richtete immer mehr Zerstörungen an. Auch unser neues Quartier – die Martini-Hilfsschule – war beschädigt worden. Das Dach war teilweise weggeflogen, einige Fenster und Türen suchte man vergeblich. Das nicht unschöne hohe, bleiverglaste Fenster des Treppenhauses zum Schulhof hin lag in Scherben am Boden. Wir bekamen, wenn ich mich richtig erinnere, fast eine ganze Woche lang schulfrei.

Die Münsteraner hatten nun begonnen, eine Überlebensstrategie zu entwickeln. Am frühen Abend fuhr man mit dem Zug in irgendein Dorf in der Nähe. Ein Zimmer wurde gemietet, und morgens ging es auf dem gleichen Weg wieder zurück in die Stadt. Das taten dann auch wir. So gegen fünf Uhr nachmittags ging es zu Fuß über die Zumsandestraße, hinter dem Hauptbahnhof her, zum Albersloher Weg. Dort stand der Landesbahnhof, Ausgangspunkt der *Westfälischen Landeseisenbahn.* Der bereit stehende Zug war regelmäßig überfüllt. Durch die Loddenheide, wo man manchmal Luftwaffensoldaten mit den gelben Kragenspiegeln sah, ging es dann über Gremmendorf und Wolbeck nach Albersloh. Zur Ortsmitte mit der historischen Dorfkirche waren es nur wenige Minuten zu Fuß. Dort, in einer Seitengasse, in der Nähe des Werseufers, fanden wir Quartier in einem kleinen schmalen Haus, das von einer Witwe bewohnt wurde. Nebenan hatte ein Sattler seine Werkstatt, der unermüdlich hinter einer großen Schaufensterscheibe schaffte, so dass man ihn immer gut bei seiner Arbeit beobachten konnte. Noch zu Beginn der fünfziger Jahre konnte man den alten Mann dort stets unverdrossen seinem Handwerk nachgehen sehen. In unserem Quartier führte eine steile und schmale dunkle Stiege in das Dachgeschoss, in eine kleine Kammer.

Meinem subjektiven Empfinden nach überwog der Nachmittagsunterricht. Der Tageslauf sah für mich, den gerade achtjährigen Grundschüler, in jenen Tagen dann so aus: Nachdem man abends in das unberührte Dörfchen Abersloh angereist war, war Nachtruhe angesagt. Morgens nach dem kargen Frühstück, welches von Münster mitgebracht worden war, wurden meistens schnell noch die Schularbeiten hingequackelt. Dann ging es gegen zehn Uhr mit dem *Pängelanton* nach Münster zurück. Das ging so lange gut, bis – ja bis ich einen höheren Lebenszweck entdeckte. Die Milch wurde noch nach alter Väter Sitte mit Pferd und Wagen zu den Leuten gebracht. Oben auf dem Bock saß der Milchbauer, ein Kriegsbeschädigter mit einem steifen Bein. Dieser hatte wohl ein Herz für Kinder; denn immer saßen drei oder vier *Blagen* bei ihm auf dem Wagen. Für mich, das Stadtkind, ein Erlebnis ersten Ranges! Um acht Uhr morgens lauerte ich an der Ecke, durfte auf den Milchwagen steigen und genoss dann die herrliche Ortsrundfahrt durch Albersloh. Die Schularbeiten blieben auf der Strecke. Das ging einige Tage lang gut, aber dann kam es, wie es kommen musste. Ich wurde erwischt, und unser *Frollein* stellte mich zur Rede. Voll Freude und in Hochstimmung schilderte ich meine morgendlichen touristischen Erlebnisse und redete mich immer mehr in Begeisterung hinein. Erstaunlicher Weise ließ sie mich ausreden, was damals durchaus noch nicht selbstverständlich war. Dies spricht eigentlich dafür, dass die Lehrerin doch wohl eine fähige Pädagogin war. Dennoch putzte sie mich fürchterlich herunter. So etwas von Unverständnis und mangelnder Bildung hätte ich eigentlich nicht von ihr erwartet. Ich fiel aus allen Wolken. Da trafen zwei völlig verschiedene Wertvorstellungen aufeinander. Ich habe diese in meinen Augen absolut unmögliche Lehrperson bis zum Ende des Schuljahrs keines Blickes mehr gewürdigt. Ich dachte: „Du blöde Kuh" oder ähnliches. Doch solches laut zu sagen, hätte ich allerdings niemals riskiert. Bei solchen Vorkommnissen war Rektor Schmidt unerbittlich und griff mit dem Rohrstock eisern durch. Unser *Frollein*, so eine ungebildete Person! Und dazu noch eine Lehrperson!

Ich hätte damit gut weiterleben können, wenn – ja wenn nicht im Kollegium eine religiös überkandidelte, affektierte, aber doch eigentlich liebenswürdige Lehrerin gewesen wäre. Ich hatte das Pech, dass diese Lehrperson für mich „Tante Maria" hieß. Diese „Tante Maria" ist nicht zu verwechseln mit unserer Tante Maria, der Schwester meines Vaters, meiner Patentante. Schon die Eltern dieser „Tante Maria" – der Vater war Reichsbahnrat gewesen – hatten seit dem Ersten Weltkrieg bei meinen Großeltern zur Miete gewohnt. „Tante Maria" bewohnte mit ihrer etwas skurrilen Schwester die drei kleinen Dachkammern, in denen zuvor schon unsere Tante gehaust hatte. Das Haus war schon lange vor der Jahrhundertwende gebaut worden.

„Tante Maria" wurde nun von unserem *Frollein* zu Rate gezogen, und somit die Sache auch bei meiner Mutter ruchbar. Es kam, wenn „Tante Maria" mittags von der Schule zurückkehrte, ohnehin zu ständigen Lagebesprechungen mit meiner Mutter im Treppenhaus. In jenen krisenhaften Tagen dauerten diese „Konferenzen" auf halber Treppe endlos. So wurde ich denn von drei Seiten ständig unter Beschuss genommen. „Tante Maria“ sagte orakelhaft: „Aus dem Jungen wird nie etwas“ – *wie Sybill und David lehren*. Später konnte sie sich nicht mehr daran erinnern und erklärte: „So etwas sagt man doch nicht einem Kind.“ Sie hatte wohl inzwischen an einer Lehrerfortbildungstagung teilgenommen. Ich selbst kam mir vor wie ein kleiner Kreuzer auf hoher See ohne jeden Feuerschutz oder Rückhalt in einer Marinebasis, der von drei Schlachtschiffen älterer Bauart, davon eines mehr oder weniger schrottreif, unter Beschuss genommen wurde.

Doch nach etwa zwei Wochen hörte dieser Blödsinn schlagartig auf. Man war offenbar zu der Einsicht gekommen: *Der Klügere gibt nach*. In Einzelfällen mag eine solche Einstellung hilfreich sein. Würden aber alle nach diesem Grundsatz handeln, so würde die Welt sehr bald von Schwachsinnigen und Idioten regiert, was ja auch zweifellos weitgehend der Fall ist.

Es scheint angebracht, einen solchen Vorgang einmal geistesgeschichtlich zu würdigen. Die Philosophie des Preußentums war der deutsche Idealismus und seine praktische Ethik. Zuverlässigkeit, Respekt, Pünktlichkeit, Ehrlichkeit, Fleiß und nicht zuletzt Sparsamkeit waren die Tugenden, mit denen Preußen groß wurde. Das ist unbestritten, bis hin zum *Dulce et decorum est pro patria mori* des Horaz *[Oden III.2,13:* Süss und ehrenvoll ist es, für das Vaterland zu sterben]. Aber nach 1871 ging das Preußische in dieser Gestalt langsam aber unaufhörlich seinem Ende entgegen. Die Schriften eines Theodor Fontane beschreiben den *preußischen Typ* humorvoll und treffend: *Die Leutnants, Commercienräte, preußischen Junker, Landräte und Gutsbesitzer*. Auch die Glorifizierung eines Bismarck ist hier zu nennen. Vorbei waren die Zeiten eines Von der Marwitz, auf dessen Grabstein zu lesen stand: *Er wählte Ungnade, wo Gehorsam nicht Ehre brachte*.

Die Nazis haben aus all dem gewaltig Kapital schlagen können. Sie brauchten in ihrer Politik und Propaganda nur an die preußischen *Tugenden* und an das Bewusstsein von *Preußens Gloria* anzuknüpfen. Das führte dann am Ende zu solchen Sprüchen wie: „Du bist nichts, dein Volk ist alles". Eduard Spranger, Vorzeigephilosoph des vorigen Jahrhunderts, meinte noch treffend in den zwanziger Jahren, dass selbst der treueste Sozialdemokrat begeistert hinter einer Militärkapelle herläuft, wenn sie mit klingendem Spiel durch die Straßen marschiert. Schon zehn Jahre später hätte er dasselbe auch von einer SA-Kapelle sagen können.

Eduard Spranger, selbst in den fünfziger Jahren – zu Recht oder Unrecht – noch Idol der akademischen Jugend, meint zu dem hier Geschilderten mit Goethe: *Es liegt in den Charakteren eine gewisse Notwendigkeit* (J. W. Goethe zu Eckermann, am 26. 02. 1824). Er gilt mit Windelband und Rickert der Tübinger Schule als letzter Vertreter des Neukantianismus und somit der preußisch eingefärbten Ethik des Deutschen Idealismus. In seinem, in den zwanziger Jahren stark beachteten, Werk *Lebensformen* hat er versucht, sich aus dieser Bindung zu lösen. Er selbst schrieb mir im Jahre 1959, dass ihm dies nicht gelungen sei. Das Werk *Lebensformen* sei ihm sehr fern gerückt, er wisse auch nicht mehr so recht, was er seinerzeit geschrieben habe.

In meinem Konflikt mit unserem *Frollein* stießen offenbar zwei verschiedene *ideale Grundtypen der Individualität* zusammen, auf der einen Seite der Deutsche Idealismus mit seiner Ethik, auf der anderen die Ethik der Persönlichkeit eines Eduard Spranger. Dabei glaube ich kaum, dass einer der beteiligten Erwachsenen jemals etwa Fichtes *Reden an die Deutsche Nation* gelesen hat. Kurzum, mit meinen morgendlichen Ortsrundfahrten im schönen Albersloh war es auf jeden Fall für immer vorbei. Im Übrigen interessierte ich mich als Achtjähriger den *Deibel* für Kant und den Deutschen Idealismus. Eher hätte ich mich für die Französische Revolution begeistern können mit der Beseitigung des Ancien Régime: *Liberté, fraternité, égalité* – nicht zuletzt *légalité*. Doch darauf wird die Menschheit noch lange warten müssen. Auch hatte ich damals von alledem nicht die geringste Vorstellung.

Doch auch auf zeitgeschichtlichem Hintergrund muss ich die Reaktion der Erwachsenen als ausgesprochen albern bezeichnen. Da war ein achtjähriger Schüler, der einen höheren Wert entdeckt hatte, nämlich die morgendliche *Stadtrundfahrt* durch das Dorf Albersloh. Den ganzen Tag über freute er sich schon auf das allmorgendliche *Highlight*. Da entstand im Konflikt mit der Erwachsenenwelt ein solches Affentheater: *Parturiunt montes, nascetur ridiculus mus* (Horaz: Ars poetica, 139). [Die Berge liegen in Wehen. Eine kleine lächerliche Maus wird geboren]. Das muss man sich einmal vor Augen halten. Stalingrad war gewesen, die riesige Panzerschlacht bei Kursk ging verloren und damit der Endsieg für immer. Die Tageszeitungen quollen über von den Todesanzeigen der gefallenen Soldaten: *Für Führer, Volk und Vaterland.* An Stelle eines christlichen Symbols das *Eiserne Kreuz* von Schinkel, 1813 mitentworfen und gestiftet am 10. März 1813 vom Preußenkönig Friedrich Wilhelm III., in den Anzeigen, aber das Hakenkreuz in der Mitte; dazu die Millionen Opfer des Terrors, die Konzentrationslager, die verbrannten christlichen Kirchen in Russland, die willkürlichen und ungerechten Todesurteile, Hunger und moralische Verwilderung. *Multa exempla afferre possum, sed multum est vel pauca enumerare*. [Ich könnte viele Beispiele anführen, aber es würde zu weit führen auch nur wenige zu erwähnen]. Da scheint doch das stoische *Carpe diem, quam minimum credula postero!* des Horaz (Oden I. 8,11: [Genieße den Tag und vertraue am wenigstens der Zukunft]) wohl eher angebracht zu sein. Jedenfalls stimmten die Proportionen vorn und hinten nicht.

Schließlich hatte wohl der Arzt in Nienborg völlig Recht, als er sagte: „In Münster fällt dir bloß 'ne Bombe auf 'n Kopp", was tagtäglich geschehen konnte. Da hätten mir meine Schularbeiten auch nicht mehr geholfen.

War es im Sommer 1942 oder 1943? Großvater ging mit meinem Bruder und mir – aus dem Kreuzviertel kommend – am Zwinger an der Promenade vorbei. In den Kellern des Untergeschosses waren Männer eingesperrt. Sie erhoben gemeinsam ein lautes, eindringliches Geschrei, aber diszipliniert und auf Kommando, mit Pausen zum Atemholen dazwischen. Jemand flüsterte: „Das sind Russen“. Doch jedermann ging geflissentlich seines Weges und schaute geradeaus. Später ist bekannt geworden, dass diese Gefangenen dort im Zwinger hingerichtet wurden.

Im Juni 1943, als die Luftangriffe auf Münster immer heftiger wurden, ordnete der Gauleiter und Oberpräsident die sofortige Schließung aller Schulen an. Die Schulpflicht aber blieb bestehen. Es gab zwei Möglichkeiten: Die Entsendung in ein KLV[Kinderlandverschickung]-Lager oder die Verlegung des Wohnorts in ein nicht von Luftangriffen gefährdetes Gebiet. Die Unterstufen der münsterischen Gymnasien fuhren am 3. August 1943 in einem Sonderzug der Reichsbahn über Eisenach und Bamberg nach Bayern und fanden sich am Tegernsee wieder. Die Fahrstrecke war bewusst so gewählt worden, um den Luftangriffen im Ruhrgebiet und auf der Rheinschiene zu entgehen. Ein KLV-Lager kam für meine Mutter nicht in Frage. „Da gehst du ja im Falle eines Falles bloß ins Kasperletheater statt zur Sonntagsmesse.“ Sie besann sich auf den Herkunftsort ihres Großvaters, nämlich jenes Dorfes an der hessisch-thüringischen Grenze, wo sie in ihrer Kinder- und Jugendzeit viele glückliche Ferientage bei der weitläufigen, aber immer noch vertrauten Verwandtschaft verbracht hatte. Ein Teil unserer Möbel war schon zuvor hinter Warendorf bei einem Bauern ausgelagert worden. Ein paar Koffer mit dem notwendigsten Hausrat wurden mit der Bahn nach Hessen vorausgeschickt. An eine Zeugnisausgabe oder gar eine nationale Feier auf dem Schulhof kann ich mich nicht erinnern. Vielleicht war es unser Rektor Schmidt, der alte Fuchs, der es verstanden hatte, sich angesichts des Hintergrunds der misslichen Gesamtlage vor solch einem Flachsinn zu drücken.

Man muss wohl sagen, dass die Wahl unseres Zufluchtsorts in Hessen eine gute Wahl war. Schließlich saßen wir im D-Zug.

III.

Wir saßen also im D-Zug: Unsere Mutter, Anneliese, unser Haushaltslehrling, mein Bruder und ich. An Reisegepäck waren höchstens zwei mittelgroße Koffer vorhanden und noch etwas Handgepäck. Die Reise ging über Hamm, Soest, Lippstadt, Geseke, Paderborn, Altenbeken, Warburg, Kassel, Bebra nach Obersuhl an der thüringischen Grenze. Natürlich hatte ich vom Reiseverlauf nicht die geringste Vorstellung. Als ich einmal von einer Mitschülerin gefragt wurde, wie weit Münster von Obersuhl entfernt sei, antwortete ich im Brustton der Überzeugung: „Das sind bestimmt Tausende von Kilometern.“ Der Zug hielt in Hamm. Noch war er nicht wieder angefahren, als ein Beamter in der dunkelblauen Uniform der Reichsbahn unser Abteil betrat. Er sah sehr militärisch korrekt aus: hoher geschlossener Uniformrock mit den Kragenspiegeln der Reichsbahn. Er trug eine Dienstmütze nach der Art der bayerischen Skimützen. Manche Bahnbeamte trugen am linken Ärmel den Hoheitsadler mit dem Hakenkreuz. Was das bedeutete, habe ich nie erfahren. Dieser Beamte jedoch trug dieses Emblem nicht. Er betrat also unser Abteil und grüßte knapp. „Bitte, Ihren Pass!“ Meine Mutter wurde sichtlich nervös, denn sie hatte keinen. Ein paar Fragen, schließlich: „Können Sie sich irgendwie ausweisen?“ Meiner Mutter fiel im letzten Augenblick ein, dass sie das Familienstammbuch dabei hatte. Der Beamte studierte es, warf mir und meinem Bruder einen prüfenden Blick zu, grüßte gemessen-dienstlich und verließ das Abteil. Was sollte nun das Ganze bedeuten? Unsere Mutter war damals 32 Jahre alt und wirkte noch sehr jugendlich, wie übrigens bis ins hohe Alter hinein. Manche Ordnungshüter lieben es auch heute noch, attraktive Frauen zu kontrollieren und dabei ein wenig zu flirten. Aber das war hier wohl nicht der Fall, denn dafür war der Beamte zu unfreundlich. So dachte er nicht im Traum daran, meiner Mutter beim Herunterholen des Reisekoffers behilflich zu sein.

Meine Mutter hatte tiefbraune Haare – übrigens Natur – und hätte nicht unbedingt als *arisch* durchgehen müssen. Nicht allzu fern liegt meine Vermutung, dass dieser Beamte vielleicht von der „geheimen“ Bahnpolizei oder gar der GeStaPo [Geheime Staatspolizei] war und unter anderem nach untergetauchten Juden fahndete. Es war schließlich das Jahr 1943. Meiner Mutter jedenfalls fuhr der Schreck gehörig in die Glieder.

Der Zug fuhr weiter und durchquerte bei Willebadessen das Eggegebirge. Die Bahnstrecke führt tief durch das Gebirge, während ihres Baus hatte man das Gestein wegsprengen müssen. Ich hielt die steilen, schroffen Gesteinswände für Felsen, die sie ja auch waren. Felsen? Die hatte ich mir bis dahin nur in ganz fernen Ländern vorstellen können.

In der Mittagshitze erreichten wir Kassel. Ich habe noch genau die grün angestrichenen Streben der Bahnhofshalle vor Augen, die die Dachkonstruktion tragen. Sie stehen heute noch. Der Eilzug brachte uns nach Bebra. Wir mussten in der Junihitze auf dem Bahnsteig warten. Das ROTE KREUZ brachte uns Getränke: Eine rötlich-süße, etwas abgestandene Limonade in Pappbechern. Die hoben mein Bruder und ich sorgfältig auf – man warf in jenen Tagen einfach nichts weg. Nebenbei: Jahrzehnte später fiel mir in Swerdlowsk im Ural das Pflaster auf den Bahnsteigen auf. Es war haargenau die gleiche Keramik wie damals in Bebra. – Dann ging es mit dem Bummelzug über die Dörfer nach Obersuhl. Der dortige Bahnhof war vielleicht 500 m von der hessisch-thüringischen Grenze entfernt, der späteren Zonengrenze, dem Eisernen Vorhang. Unser Quartier lag direkt an der Hauptstraße, der damaligen Adolf-Hitler-Straße, nur einen Steinwurf vom Bahnkörper entfernt. Wir betraten das Haus und wurden freundlich von Onkel *Lüenz* (Lorenz) und Tante *Rieke* (Ulrike) begrüßt. Ich unterlasse es, hier die vielfältigen und weitläufigen verwandtschaftlichen Beziehungen zu benennen, die fast das halbe Dorf mit unserer Mutter verbanden. Jedenfalls wurden wir überall freundlich aufgenommen. Im Zug hatten wir eine Frau aus dem Ruhrgebiet getroffen, die nach einem Bombenangriff neben ihrer Habe auch alle ihre näheren Angehörigen verloren hatte. Als wir unser Quartier kennen lernten, fanden wir eine Dachkammer, ein etwas größeres Wohnzimmer und eine kleine, in freundlichem Blau gestrichene Küche vor. Unsere gute Anneliese meinte mit ihren fünfzehn Jahren: „Ja, wenn doch diese Frau im D-Zug auch nur eine solch schöne Bleibe finden würde!“ Die einzige Toilette in dem im Übrigen recht stattlichen Haus war nur umständlich und auf abenteuerliche Weise zu erreichen: Man musste aus der Schlafkammer durch das Wohnzimmer gehen, die Treppe hinunter durch den Flur, dann durch die Wohnküche des Hauseigentümers, durch die Spülküche, durch eine Kammer, in der allerlei Werkzeug herumlag, in den Garten, an den Kaninchenställen vorbei – links ein Misthaufen, rechts die Hauswand mit dem Kuhstall – um schließlich am Ende des Grundstücks das *Stille Örtchen* – wie es auch im Münsterland gang und gäbe war – zu erreichen. Eine Kanalisation für die Abwässer gab es in dem immerhin recht großen Ort damals noch nicht. Im Sommer ging das ja noch. Der Winter im Hessischen Bergland jedoch war kalt und lang. Glatteis und Schnee waren zu bewältigen. Auch waren morgens um 7.00 Uhr meine Lebensgeister noch kaum wach. Oft schlief ich während der *Sitzung* ein und wurde von den Glocken der evangelischen Dorfkirche geweckt, die exakt eine halbe Stunde vor Schulbeginn zu läuten anfingen. Dann hieß es, die Beine unter die Arme zu nehmen. Die tägliche Morgenfeier auf dem Schulhof begann pünktlich, und der Rektor verstand nicht allzu viel Spaß, gerade wenn es um die Verbreitung der nationalsozialistischen Weltanschauung ging.

Wir bezogen also unser Quartier und waren eigentlich recht zufrieden. Für unsere Mutter war es eine von Kindsbeinen an vertraute Umgebung.

Es soll nun versucht werden, das Leben und die Stimmung in solch einem abgelegenen Dorf während des Kriegsjahrs 1943 lebendig werden zu lassen. Nach unserem Zuzug gab es neben dem Dorfarzt mit seiner Frau und vierzehnjährigen Tochter jetzt zwei katholische Familien im Dorf, eine hundertprozentige Steigerung also! Der Arzt selbst allerdings war ein überzeugter Nationalsozialist, Frau und Tochter eher nicht. Jedenfalls ging das Mädchen aus der Oberklasse

– damals gab es nur acht Volksschuljahre – regelmäßig zur Sonntagsmesse, die nur alle zwei Wochen im fünf Kilometer entfernten thüringischen Gerstungen stattfinden konnte. Es nahm mich die ersten Male zum Religionsunterricht mit, danach konnte ich den Weg allein finden. Eine katholische Kirche gab es dort nicht, aber auf einem geräumigen Dachboden, über einem barackenähnlichen, großflächigen Getränkelager, war eine ärmliche, doch ansprechende Kapelle eingerichtet worden. Der Eigentümer des Anwesens war katholisch. Ob er damals noch lebte, habe ich nicht erfahren. Jedenfalls hat er den katholischen Gottesdienst in Gerstungen ermöglicht. Das Ganze nannte sich die Herz-Jesu-Kapelle und gehörte zur katholischen Diaspora-Pfarrei Eisenach. Wie gesagt, nur an jedem zweiten Sonntag bestand die Möglichkeit zur sonntäglichen Messfeier, im Sommer vormittags, im Spätherbst und Winter nachmittags. Die Leute kamen von weither aus den umliegenden Dörfern. Viele mussten mit der Bahn anreisen. Wenn die Teilnahme an der Messfeier nicht möglich war, las ich aus dem *Schott*, dem damals weit verbreiteten römischen Messbuch für Laien, das Sonntagsevangelium vor. Meine Mutter erklärte den Evangelientext mit wenigen Worten und schloss mit einem Gebet. Eine Orgel oder gar eine Choralschola standen nicht zur Verfügung, und ein Lied anzustimmen, traute sich meine Mutter nicht zu. Man muss wohl sagen, dass unter diesen kargen Umständen vielleicht mehr an Glaube gewachsen ist als während der späteren Wirtschaftswunderzeit.

Im Sommer erschien der Kaplan von Eisenach in einem modischen blauen Anzug. Im Winter trug er einen Mantel mit schwarzem Anzug darunter. Es war in jener Zeit wohl nicht tunlich, in der Eisenbahn oder überhaupt in der Öffentlichkeit als katholischer Geistlicher aufzufallen. Die Gegend war nicht nur streng protestantisch, sondern auch stark nationalsozialistisch durchsetzt. Der *ReiBi*, der protestantische Reichsbischof von Hitlers Gnaden, hatte vorher in Eisenach gewirkt. Nach dem Krieg hieß es von ihm, er habe angefangen, seine Memoiren zu schreiben – unter dem Titel: *Vom Kirchenlicht zum Armleuchter*. Zum Weihnachtsfest 1943 trug der Kaplan hochoffiziell die damals übliche *Soutanelle*. Es fanden sich immer sechzig bis achtzig Gläubige zur sonntäglichen Messfeier ein, und ich fand das immer sehr anziehend und interessant. Außer an jedem zweiten Sonntag erschien der Kaplan zweimal in der Woche nachmittags zum Religionsunterricht. Er hielt dann zwei Religionsstunden, zunächst für die Jüngeren, etwa von sieben Jahren an, dann für die Älteren, die schon zur Erstkommunion gegangen waren. Bei gutem Wetter fanden sich in der jüngeren Gruppe, zu der auch ich gehörte, vielleicht ein Dutzend Kinder ein, bei schlechtem Wetter oft nur drei oder vier. Fahrräder oder private Kraftfahrzeuge gab es zu der Zeit nicht. Im Winter wurde der Religionsunterricht in die nahe gelegene Berufsschule verlegt, in der nachmittags ein Klassenzimmer für diesen Zweck zur Verfügung stand. Als der Kaplan einmal verhindert war, erschien eine Seelsorgshelferin aus Eisenach und gab die beiden Religionsstunden. Sie trug die damals übliche blaue Montur, ähnlich einem Schwesternhabit. Ich muss wohl einen etwas verhungerten Eindruck gemacht haben oder ihr sehr sympathisch gewesen sein, denn sie schenkte mir ein riesiges Hefeteilchen, das sie aus ihrer Handtasche kramte.

Das Dorf Obersuhl liegt in einem lang gezogenen Tal und war damals schon sehr großflächig. Die lange Hauptstraße – damals Adolf-Hitler-Straße genannt – führte durch die Ortschaft. Es gab ein Unter- und ein Oberdorf. Fast alle Einwohner betrieben eine kleine Landwirtschaft. Allerdings waren die einzelnen Parzellen klein und durch Erbteilung immer noch weiter geteilt worden. Es langte meistens nur für eine oder zwei Kühe. Diese wurden auch als Zugtiere in der Landwirtschaft eingesetzt. Es war kinderleicht, solch ein Gefährt zu lenken. Einmal an der Leine zu ziehen, hieß „rechts“, zweimal ruckartig anzuziehen, hieß „links“, und einmal die Leine anhaltend fest anzuziehen, hieß „halt“. Außerdem fanden die Kühe den Weg ganz gut allein in den Stall zurück.

Im Hauptberuf waren viele der Einwohner bei der Reichsbahn in allen möglichen Funktionen beschäftigt. Bebra und Gerstungen waren große Bahnhöfe. Onkel Kaspar, der Vater von Marthchen, der langjährigen festen Freundin und Verwandten meiner Mutter, war Lokomotivführer gewesen und trug während der Arbeit seine Eisenbahneruniform auf. Es war eindrucksvoll, wenn er in der schwarzen, mit roten Biesen versehenen Uniformhose den Stall ausmistete. Viele Leute arbeiteten auch in den Kali-Bergwerken bei Berka. Das war aber auch schon beinahe alles. Die jüngeren Männer waren ohnehin fast alle Soldaten.

Wir hatten es der Zeit entsprechend weitgehend mit der älteren Generation zu tun, zumeist der weitläufigen Verwandtschaft. In meiner Erinnerung bestand sie aus durchweg gottesfürchtigen Menschen. Zum Sonntagsgottesdienst ging man kaum, doch sang man in der Familie evangelische Gemeindechoräle *So nimm denn meine Hände und führe mich bis an mein selig' Ende* oder *Wo findet die Seele die Heimat, die Ruh'?* Als ich einmal mit Onkel Kaspar auf seinem mit zwei Kühen bespannten Ackerwagen saß, fragte er mich: „Du warst also gestern im Religionsunterricht? Habt ihr denn schon die Zehn Gebote durchgenommen?“

Tante Marie, seine Frau, hatte ihm strengstens verboten, in die *Partei* einzutreten. Als Beamter war er einem gewissen Druck ausgesetzt. Tante Marie soll nun mit einer Mistgabel drohend vor ihrem Mann gestanden und ihn angeschrien haben: „Und du gehst nicht in die Partei!“ Einmal sagte sie fürsorglich zu mir: „Ach, was willst du bei dem Regenwetter nach Gerstungen zur Kirche laufen, du erkältest dich ja bloß. Du kannst doch auch zu Hause zum Herrgott beten!“ Das aber ließ mein Stolz nicht zu. Schließlich hatte ich kurz zuvor noch U-Boot-Kommandant werden wollen und somit keine Angst vor Regen. In Obersuhl hingen damals noch vergilbte Plakate, die für die Kriegsmarine warben. Man sah einen Signalgast [optische Nachrichtenübermittlung durch einen Matrosen mit Hilfe von Fahnen] mit seinen Flaggen in voller Tätigkeit und las den sinnigen Spruch *Ein starkes Volk, das nach Seegeltung strebt, braucht eine starke Kriegsmarine*.

Die Stimmung und den Ton im Dorf gab nur einer an: der Bürgermeister und Ortsgruppenleiter Schrickel. Der wäre ein eigenes

Kapitel wert. Er war zuvor Gemeindearbeiter in der Nachbargemeinde Hönebach gewesen. Die Leute sprachen höhnisch: „Der war doch bloß Straßenfeger." Dabei ist das doch ein durchaus ehrbarer Beruf und ehrenwerter als die Position eines Nazi-Ortsgruppenleiters! Der von Haus aus simple Mann war von den nationalsozialistischen Ideen voll erfasst – subjektiv vielleicht durchaus ehrlich – und genoss seine Machtstellung als Bürgermeister und Ortsgruppenleiter der NSDAP. Kein Hahn auf dem Mist wagte es, ohne seine Erlaubnis laut zu krähen. Es war auch hinreichend bekannt, dass er den einen oder anderen missliebigen Dorfbewohner nach Dachau gebracht hat.

Dies wurde in mancherlei Hinsicht auch nach außen offenkundig. Immer, wenn ein an der Front gefallener Dorfbewohner zu beklagen war, gab es eine große Veranstaltung durch die Partei. Von einer kirchlichen Trauerfeier in der evangelischen Kirche war kaum die Rede. Im Saal der Gastwirtschaft, unserem Quartier gegenüber, wurde eine nationalsozialistische Feier abgehalten. Hierbei bin ich nie zugegen gewesen. Danach formierte sich vor dem Lokal der Trauerzug. Dem Zug voran marschierte der Bürgermeister und Ortsgruppenleiter Schrickel in voller Parteiuniform und mit Schnurrbart. Hinter ihm trug jemand ein hölzernes *Eisernes Kreuz* mit dem Hakenkreuz in der Mitte und dem Namen des Gefallenen an einer Stange befestigt. Es folgten die zahlreichen PGs im Braunhemd sowie die Angehörigen des gefallenen Soldaten. Weiter im Zug sah man die Nachbarn und die Dorfbewohner in großer Zahl. Der Zug bewegte sich von der Gastwirtschaft Schlösser in der Nähe des Bahnhofs auf der Adolf-Hitler-Straße bis zur Höhe der *Wache*. Dies war eine Schanze auf einem Felsen von Anno Tobak, die vermutlich schon während der Freiheitskriege eine Rolle gespielt hatte. Zur Berichtszeit allerdings befand sich auf der felsigen Höhe ein kleines Barackenlager für kriegsgefangene Russen. Vorher hatten die Arbeiter, die beim Bau der Autobahn eingesetzt worden waren, dort ihr Quartier gehabt. Deshalb sprachen die Leute auch vom *Reichsautobahnlager*.

Der Zug bewegte sich also von der Adolf-Hitler-Straße rechts abbiegend zur *Wache*. Dort lag, damals wie heute, zwischen *Wache* und Bahnkörper der Dorffriedhof. Vor dem Friedhofstor war ein Geviert angelegt und mit einem Zaun umgeben worden. Dort wurde dann das hölzerne *Eiserne Kreuz* mit dem Namen des Gefallenen in den Boden gerammt. Schon damals, im Sommer und Herbst 1943, war dieses Geviert dicht an dicht mit diesen Gedenkkreuzen besetzt.

Wenn jemand dem Zug entgegenkam oder am Straßenrand stand, musste er die Hand zum Hitlergruß erheben. Als meine Mutter mit mir einmal einem solchen Zug begegnete, zögerte sie. Aber die rollenden Augen und der steil aufgerichtete Schnurrbart des Herrn Schrickel ließen sie schleunigst die Hand erheben.

Übrigens standen neben dieser Gedenkstätte für die Gefallenen zwei weitere Denkmäler aus Stein: eine Säule mit dem Reichsadler und den Namen der Gefallenen von 1914-1918 sowie eine kleinere Säule zur Erinnerung an die Gefallenen des deutsch-französischen Krieges von 1870-1871. Auch diese Säule trug einen Adler, der in meinen Augen aber eher wie eine Krähe aussah. Diese beiden Säulen haben immerhin den 1. und 2. Weltkrieg überdauert und stehen heute noch. Da sage einer, die Deutschen hätten kein Geschichtsbewusstsein!

Im Spätherbst 1943 verunglückte ein junges Mädchen, vielleicht 19 Jahre alt, tödlich auf dem Bahnhof zu Gerstungen, welches bei der Reichsbahn dienstverpflichtet worden war. Es war beim Anfahren eines Zuges unvorsichtig – wohl wegen zu geringer Erfahrung im Dienst – und geriet unter die Räder. Die örtliche Partei veranstaltete eine Art Staatsbegräbnis und erschien zur Beisetzung geschlossen in voller Uniform. Der Sarg mit der Toten stand auf dem Hof eines kleinen ländlichen Anwesens am Ortsrand, in der Nähe des Bürgermeisteramtes, im Freien aufgebahrt. Viele murrten wegen des Theaters, das die Partei in solchen Fällen veranstaltete – aber nur still – vor sich hin. Überhaupt war man im Grunde längst kriegsmüde, aber niemand wagte, dies laut auszusprechen. Das Gleiche galt für die Feier im Saal und die sich anschließende Gefallenenehrung vor dem Friedhofstor an der *Wache*. Keine Familie jedoch, die einen Gefallenen zu beklagen hatte, wagte es, sich dem Ganzen zu entziehen.

Allerdings hatte die Partei, wie wir es auch schon in Münster erlebt hatten, ein fürsorgliches Auge für die Ausgebombten und Flüchtlinge. Irgendwelche Gemeindenachrichten wurden durch einen Gemeindediener bekannt gegeben, der eine Glocke schwang, und *Bekanntmachung* rief. Die Menschen liefen zusammen und hörten sich das Neueste an. Wenn der *Schellenbänd*, so hieß der Ausrufer in der Burgsteinfurter Gegend des Münsterlandes, seinen Spruch beendet hatte, zog er zur nächsten Straßenecke, und das Spektakel wiederholte sich. Für mich war das alles neu und beeindruckend. Dieser Gemeindediener verkündete eines Tages vor Weihnachten 1943, jede Familie, die Hühner hielte, müsse für die Bombengeschädigten und Evakuierten ein Huhn abliefern. Auch meine Mutter bekam so noch vor Weihnachten ein Suppenhuhn in den Kochtopf. Heute jedoch frage ich mich: Fast jeder einheimische Haushalt hielt Hühner, die Zahl der Evakuierten im Dorf war aber weit geringer. In welchen Parteimägen die überzähligen Hennen ihre letzte Ruhestätte gefunden haben, ist nicht bekannt geworden.

Der so umtriebige und von seinen Nazi-Ideen voll in Beschlag genommene Bürgermeister flog natürlich nach dem Einmarsch der Amerikaner sofort aus seinem Amt. Wie das Spruchkammerverfahren im Rahmen der *Entnazifizierung* für ihn ausgegangen ist, weiß ich natürlich nicht. Er hat dann weiter seine Tätigkeit als Straßenfeger im Nachbardorf wieder aufgenommen, was die Leute höhnisch und mit Schadenfreude kommentierten. Dabei ist doch – wie schon gesagt – Straßenfeger ein durchaus ehrbarer Beruf! Dieser Mann hat sich dann noch jahrelang mit den Behörden herumgeschlagen und tatsächlich für seine Zeit als Bürgermeister die volle Altersversorgung durchsetzen können. Wie sagt Cicero: *Summum ius summa iniuria* [Das höchste Recht ist oft das höchste Unrecht].

Im Übrigen waren die Obersuhler nicht gerade reiche oder auch nur wohlhabende Menschen. Die Arbeit in den Kali-Bergwerken oder bei der Reichsbahn musste das Einkommen für das tägliche Brot erbringen. Außerdem betrieben fast alle eine meistens sehr kleine Landwirtschaft, so dass bei der ansonsten kargen Ernährungslage niemand zu hungern brauchte. So ließen uns die zahlreichen Verwandten meiner Mutter stets etwas zukommen, z. B. eine Tüte Mehl, eine Thüringer Wurst oder ein Stück Speck. Auf diese Weise kamen wir gut zurecht. Weil wir als Kinder nie richtige *friedensmäßige* Verhältnisse kennen gelernt hatten, waren wir auch ganz zufrieden. Allerdings wurde langsam die Kleidung knapp; vor allem fehlte es an Wäsche und Kinderkleidung. Dieser Zustand zog sich bis zur Währungsreform 1948 hin. Tante Helene, eine weitere Schwester meines Vaters, schickte uns einmal aus Würzburg ein Paket mit gebrauchter Kinderkleidung. Ihre Söhne waren ein paar Jahre älter als mein Bruder und ich. Für mich war auch ein Buch des indischen Schriftstellers Muckerdji: *Bunthals, die Geschichte einer Taube* dabei. Da ich sonst nichts zu lesen hatte, habe ich dieses Buch wohl an die zehnmal gelesen.

Ein besonderes Erlebnisfeld ist und bleibt für einen neunjährigen Jungen natürlich die Schule. Da hatte ich im Sommer 1943 unwahrscheinliches Glück. In Münster war der Schulbetrieb im Juni sang- und klanglos eingestellt worden. Sehr bald darauf fuhren wir dann ja nach Obersuhl. In Hessen aber waren die Sommerferien erst im September zu Ende. Das waren zehn herrliche Wochen. Ich lernte das Dorfleben kennen und half ständig bei den Erntearbeiten. Die noch mit der Hand gebundenen Garben mussten auf Wagen geladen werden. Der Mist wurde mit leichten Ackerwagen auf die Felder gebracht und dort mit Mistgabeln abgeladen. Meine Aufgabe war es, dafür zu sorgen, dass die Kuh, die den Wagen zog, an den richtigen Stellen anhielt. Als die Runkelrüben schon einigermaßen gereift waren, machte sich Onkel Lüenz daran, die Erde zwischen den bepflanzten Reihen mit einem kleinen Pflug umzubrechen. Es war ein trüber, regnerischer, kalter Nachmittag. Ich musste dafür sorgen, dass die Kuh schön in der Reihe blieb. Die Blätter der Runkeln waren schon voll ausgebildet, trieften vor Nässe und klatschten mir nach jedem Schritt an die Beine. Im glatten glitschigen Lehmboden rutschte ich oft aus. Noch heute frage ich mich, wieso die Kuh sich nicht an den frischen nassen Runkelblättern labte. Aber sie hatte ja einen Strick kunstvoll um Kopf und Maul gebunden, an dem ich sie auf dem rechten Weg hielt. Dann lachte die Sonne wieder durch die Wolken. Meine Stimmung wurde jedoch immer miserabler. Ich dachte im Vokabular der damaligen Zeit: „Was bin ich doch für ein armer Volksgenosse." Aber einfach aufzuhören, das gab es nicht. Auch von ihren eigenen Kindern erwarteten die Leute, dass sie mit zupackten. Die jüngeren Männer waren im Krieg und konnten nicht mithelfen, wie sie es sonst taten. Auch die jüngere Damenwelt war weitgehend *kriegsdienstverpflichtet*. Endlich war die Arbeit beendet. Zum Glück brauchte ich nicht zu Fuß nach Haus zu laufen. Onkel Lüenz lud den Pflug auf den kleinen Ackerwagen. Er und ich nahmen darauf Platz, und die Kuh zog uns wohlbehalten nach Hause.

Im September also ging es mit der Schule los. Es war eine voll ausgebaute Volksschule mit über 200 Kindern. Die Disziplin war für heutige Verhältnisse unglaublich streng. Der Rektor war geachtet, aber auch gefürchtet. Dann gab es noch solch eine Art Konrektor, der in unserer Klasse gelegentlich den Turnunterricht für die Jungen erteilte. Bei schlechtem Wetter war in der Nähe des Kindergartens ein Raum dafür vorgesehen. Dort konnten wir – für mein Empfinden sinnlos – ohne besondere Anleitung herumturnen. Bei gutem Wetter fand der Sportunterricht auf dem Schulhof statt. Dieser Herr Lehrer war als Erznazi bekannt. Er trug ständig den Amtswaltermantel der Partei mit dem entsprechenden Hut. Er hätte, so wie er aussah, gut im *Freischütz* oder *Tannhäuser* auftreten können. Dass er ständig in diesem Mantel daherkam, war auch ganz vernünftig, denn nach 1945 konnte er sich darin wohl nicht mehr gut sehen lassen. Der Sportunterricht auf dem Schulhof erschöpfte sich in einer im Wesentlichen rein militärischen Vorübung. Es wurden Kommandos gelehrt und eingeübt. In Zweierreihe angetreten standen wir da. Das Kommando *Still gestanden* bestand eigentlich nur darin, dass wir die Arme hängen ließen, ohne sie zu bewegen. *Links um*, *Rechts um*, *Augen links*,

Die Augen rechts. Nach dem *Rechts um* hieß es dann *Vordermann* und *Seitenrichtung*. Der Schluss bestand darin, dass wir in Zweierreihe ein- oder zweimal um den Schulhof marschieren durften. Allerdings vollzog sich der Gleichschritt nur andeutungsweise. Manchem Leser mag das Ganze grotesk erscheinen, aber es muss doch hervorgehoben werden, dass es in keiner Weise eine körperliche Überforderung war, und dass man es als Drill hätte bezeichnen können. Es war also eher so eine Art kindliches Soldatenspiel. Es wurde aber mit Kommandos wie *Vordermann* und *Seitenrichtung* ein für mich auch aus heutiger Sicht nicht unnötiges diszipliniertes Verhalten eingeübt.

Neben dem Rektor und dem – wie ich vermute – Konrektor gab es eine Hand voll Damen im *Mittelalter*, die in ihrer Art unseren münsterischen *Juffern* durchaus entsprachen. Es waren ehrenwerte Damen. Ein Glücksfall aber war unsere Lehrerin, Frau Krüger. Diese Frau verdient eine nachdrückliche Würdigung.

Ein Schultag im Herbst oder Winter 1943 sah dann so aus: Etwa um 6.30 Uhr hieß es: Heraus aus dem warmen Bett! Dann die bereits beschriebene „Weltreise" durch die winterliche Landschaft zum Stillen Örtchen, das Läuten der Glocken, das Aufwachen aus meinen Träumen ....

Vor dem Unterricht fand vor dem Haupteingang der Schule die Morgenfeier statt. Ein zackiges Lied wurde gesungen, dann folgte der Wochenspruch: Ein Schüler, oft einer aus unserer Klasse, trug in markigem Stil einen kurzen Text vor. Dieser war vorgegeben und hing in einem Wechselrahmen im Schulflur. Jeden Montag gab es einen neuen Spruch, oft aus Hitlers *Mein Kampf*. An einen dieser Sprüche erinnere ich mich: *Wer befehlen will, muss vorher gelernt haben zu gehorchen*. Zweimal in der Woche hielt der Rektor eine zackige Ansprache. Auch hier kann ich mich an eine erinnern. Er bemühte Alexander den Großen und den Gordischen Knoten. Alexander hielt sich nicht mit langen Überlegungen auf, sondern durchschlug den Knoten mit seinem Schwert. Im Klartext hieß das dann ja wohl: Nicht denken, sondern handeln. Das allein sei des deutschen

Menschen eigen und würdig. Na, ja! Wenn der Rektor einmal nicht anwesend war, vertrat ihn auch schon mal eine der *Juffern*. Eine von ihnen liebte das vaterländische Lied *Ich hab' mich ergeben mit Herz und mit Hand*. Das ging auch nicht immer, doch ist es immerhin bemerkenswert. *Du Land voll Lieb‘ und Leben, mein teures Vaterland*. Der Rektor benutzte diese morgendliche Feier auch dazu, seine Bekanntmachungen an die Schülerinnen und Schüler zu richten. Im abgelegenen Dorf Obersuhl ist während des ganzen Krieges keine einzige Bombe gefallen. Dennoch wurden im Keller des Schulgebäudes Luftschutzräume eingerichtet und mit Splitterschutz versehen. Dieser sah dann so aus, dass ein Doppelzaun errichtet wurde, der beidseitig aus Maschendraht bestand. Dazwischen wurden Unmengen von Pflastersteinen aufgefüllt, die man irgendwo aufgetrieben hatte. Vor dieser Konstruktion wurden zusätzlich kleine Beete angelegt und mit Sträuchern bepflanzt. Vielleicht handelte es sich um eine Art „Maulbeerbaumsträucher“, denn der Rektor legte mit Überzeugung dar, dass diese Pflanzen als Nahrung für die Seidenraupen dienten und somit zur Seidenherstellung gebraucht würden. Die Fallschirme der Wehrmacht aber seien aus Seide gefertigt. Wenn aber keine Seide da sei, „dann können unsere Soldaten keinen Krieg führen!“ Daher verböte er es auf das Strengste, diese frisch angelegten Beete zu betreten. Ich bin überzeugt, dass kein Schüler es gewagt hat, dieses Verbot zu missachten. So einfach war das damals!

Nach der Morgenfeier begann – in unserer Klasse jedenfalls – der Unterricht ohne Störungen von außen – rein friedensmäßig.

Die gesamte Schule war religiös – wie eigentlich überall – völlig keimfrei. Wie der evangelische Ortspfarrer seine Kinder und Jugendlichen erreichte, weiß ich nicht. Aber ich habe von unserer Lehrerin jedenfalls nie auch nur das geringste nazistisch gefärbte Wort gehört. Über den Unterricht als solchen lässt sich nicht viel sagen. Wir hatten das Lesebuch für das 3. Schuljahr. Darin standen nicht nur Nazi-Lesestücke oder -Gedichte. Ich bedauere, dass ich dieses

Lesebuch nicht mehr besitze. An Gedichten wurde unter anderem dargeboten:

Bei einem Wirte wundermild
Da war ich jüngst zu Gaste.
Ein gold'ner Apfel war sein Schild
An einem langen Aste ...
(Ludwig Uhland)

oder

Und die Sonne machte
Den weiten Ritt um die Welt,
Und die Sternlein sprachen:
»Wir reisen mit um die Welt ... «
(Ernst Moritz Arndt)

Lesen konnte ich fließend, aber bei einem Lesestück fiel ich auf die Nase. Es handelte sich um einen Abschnitt aus Kleists *Der Prinz von Homburg* in leicht erzählender Form. *In der Schlacht bei Fehrbellin ritt der Große Kurfürst einen Schimmel. Sein Stallmeister Froben aber ...* . Die Geschichte ist ja bekannt. Dann aber setzte er sich auf *das stattliche Ross*. Ich las: *Das sattliche Ross*, weil ich das Wort *stattlich* nicht kannte. Die Lehrerin hatte an dieser Stelle große Mühe, mir das richtige Lesen des Wortes *stattlich* beizubringen. Das Ganze war wohl eine Nachwirkung des Volkschulunterrichts in Münster. Unser Lehrer Hagemann hatte damals bereits großen Wert auf die Mitberücksichtigung der Ganzheitsmethode im Leseunterricht gelegt. Oder hierzu ein anderes Beispiel: Im Lesebuch stand, eine ganze Seite füllend, ein im damaligen Stil ausgeführter Holzschnitt abgedruckt. Ein *Pimpf* in seiner Uniform trug eine riesige Trommel vor sich her. Die Überschrift – ein Wort von Hitler – lautete: *Ihr seid die Garanten des neuen Deutschland*! Da mir das Wort *Garanten* fremd war, las ich stattdessen *Granaten*. Dieses Wort war mir vertrauter.

Im Rechnen wurden die Grundrechenarten durchgenommen. Ich wurde einigermaßen damit fertig. Es ging aber auch vertieft in die deutsche Grammatik. Es wurden uns die „Zeiten“ beigebracht. Meine Mutter ließ mich die Konjugationstabellen aufschreiben. Als das nicht so auf Anhieb klappte, geriet sie in Panik und machte ein Riesenspektakel. Sie jammerte: „Ja, wenn er das nicht einmal auf Deutsch kann, wie will er dann später im Französischen damit fertig werden?!“ Das waren damals völlig ungelegte Eier, denn Französisch bekam ich erst im Jahre 1949, also sechs Jahre später. Überhaupt war meiner Mutter alles, was irgendwie mit Schule zusammenhing, in höchstem Maße heilig. Dass das einem gedeihlichen Familienleben nicht gerade zuträglich sein konnte, braucht an dieser Stelle nicht eigens erwähnt zu werden.

Allerdings: die Kenntnisse, die damals schon im dritten Schuljahr vermittelt wurden, fehlen heute schmerzhaft auf den Unterstufen der Gymnasien. Ein netter Scherz zur deutschen Konjugation lautet: Die Lehrerin übt die Zeitstufen mit den Kindern eines dritten Schuljahrs. Sie fragt: *Ich werde heiraten – was ist das für eine Zeit? Fritzchen antwortet: Höchste Zeit, Frollein!*

Die Klasse kannte schon eine ganze Reihe Lieder. Wer Geburtstag hatte, durfte sich ein Lied wünschen. Mein Geburtstag lag in weiter Ferne, und der Namenstag war in jener Gegend unbekannt. Aber dennoch durfte ich mir ein Lied wünschen. Ich wünschte mir:

Wach auf, wach auf, du Handwerksgesell',
Du hast so lang geschlafen.
Da draußen singen die Vöglein so hell,
Der Fuhrmann lärmt auf der Straßen ...
(Volksgut)

Wie ich zu der Ehre kam, weiß ich nicht. Vielleicht war ich ganz gegen meine Gewohnheit positiv aufgefallen, oder die Lehrerin wollte, dass ich auch einmal zum Zuge kam. Im Fach Erdkunde marschierte sie einmal mit uns durch das ganze Dorf und stieg hinauf zur Autobahn. Von dort aus konnte man Obersuhl wie auf einer

Landkarte ausgebreitet liegen sehen. Die Schüler mussten das, was sie sahen, beschreiben und genau zeigen, wo sie wohnten. So wurden wir spielend in die Kartenkunde eingeführt. Erdkunde war eigentlich Heimatkunde. Einmal wurden ein halbes Dutzend *Atlasse* – gemeint sind Atlanten – für Thüringen den Schülerinnen und Schülern der 3. Klasse zur Verfügung gestellt. Ich hätte auch gern einen gehabt. Meine Mutter bemühte sich darum, aber Frau Krüger sagte: „Ach, Sie sind ja nicht von hier, und wer weiß, wie lange Sie noch hier bleiben? Da ist es doch wohl richtiger, wenn ich einem anderen – einem *Eingeborenen* – den Atlas gebe." Im Heimatkundeunterricht ließ diese vortreffliche Lehrerin auch Geschichtliches mit einfließen. Ein Landgraf von Thüringen habe sich in einem Konflikt zwischen Pflicht und Liebe befunden. Er habe sich dann auf der Jagd verirrt und bei einem Schmied sein Nachtlager gefunden. Die ganze Nacht hindurch habe der Schmied am Amboss gearbeitet, und der Landgraf habe nicht schlafen können. *Landgraf, werde hart!* habe der Schmiedehammer im Takt der Schläge gesprochen. Am anderen Morgen sei der Landgraf hart geworden.

Auch die Wartburg hatte es der Lehrerin angetan. Von der hl. Elisabeth allerdings hat sie nichts erzählt, denn das passte wohl nicht so recht in ihr protestantisch-preußisches Repertoire. Wohl aber erzählte sie vom Sängerkrieg auf der Wartburg im Jahre 1206 mit den Minnesängern, darunter Walther von der Vogelweide und Wolfram von Eschenbach. Auch von Martin Luther war die Rede. Luther sei ein Mönch gewesen. Ob sie die Sache mit dem Tintenfass und dem Teufel auch zum Besten gab, weiß ich nicht mehr; aber irgendetwas muss sie im Zusammenhang mit Luther und der Wartburg doch wohl erzählt haben. Aber: Was ist ein *Mönch*? Keiner wusste es. Sie fing an zu beschreiben: Ein Mönch trägt eine einfache, raue Kutte, lebt allein, fastet und betet und geht barfuß. So oder so ähnlich lauteten ihre Erklärungen. Die Klasse wusste immer noch nicht, was ein Mönch ist. Man hörte die Gehirnmoleküle in den Köpfen der Kinder knirschen, aber keines hatte eine Vorstellung. Plötzlich fiel bei mir der Groschen: Unser Elternhaus in Münster stand nicht unweit des

Klösterchen am Hörstertor, und gelegentlich kam einer der Franziskaner in brauner Kutte und einfachen Sandalen an unserem Haus vorbei. Ungefragt krähte ich in die Klasse: „Ich weiß jetzt, was ein Mönch ist, das ist ein *Pater*! “ Natürlich wusste auch niemand in der Klasse, was ein „Pater“ war. Frau Krüger verkniff sich mit Mühe ein Lachen, gab mir irgendwie Recht und ging zu einem anderen Unterrichtsgegenstand über.

Einmal fand ein Tagesausflug statt. Wohl durch die NSV [Nationalsozialistische Volkswohlfahrt] wurde das Kinderstück *Peterchens Mondfahrt* dargeboten; die Schulen hatten Karten zugeteilt bekommen. Ich traute mich nicht, mich anzumelden, aber Frau Krüger und unsere Mutter steckten die Köpfe zusammen, und ich durfte mit. Es ging vom Obersuhler Hauptbahnhof nach Bebra und von dort in einem anderen Zug nach Bad Hersfeld. Es folgte das Verzehren der mitgebrachten Butterbrote als Mittagsmahlzeit, dann ein nahezu endloses Warten. Eine der *Juffern* hatte ihre Lieblingsschülerinnen mit in ein Café genommen, und ich durfte mich anschließen. Getränke oder etwas zu essen gab es nicht, wir hatten ja keine Lebensmittelmarken. Ich fand die Aufführung von *Peterchens Mondfahrt* ziemlich langweilig und einfallslos. Ob das am Stück selbst oder nur an der Art seiner Aufführung gelegen hat, kann ich nicht beurteilen. Abends, schon in der Dunkelheit, hielt der Zug wieder in Obersuhl. Die letzte Erinnerung, die ich an Frau Krüger habe, ist tragisch: Sie – wohl schon über dreißig Jahre alt – war verlobt. Ihr Verlobter, Soldat in Russland, wurde verwundet. Er verbrachte einen Teil seines Genesungsurlaubs in der Nähe seiner Verlobten. Natürlich hatte das Paar den Wunsch, diese kostbaren Tage möglichst gemeinsam zu verbringen. Der Rektor gestattete mit einer gewissen Großzügigkeit, dass der Verlobte am Unterricht teilnehmen durfte. Eines Morgens brachte unsere Lehrerin ihren Partner mit in die Klasse, einen stattlichen Mann, Unteroffizier, in einer nagelneuen Wehrmachtsuniform, den linken Arm noch in der Binde, an der Uniform das EK II. Ich erinnere mich, dass er sich beim Gehen auf einen Krückstock stützen musste. Sie stellte ihren Verlobten als Schulrat vor, was ich schon damals nicht so recht glaubte. Aber der Unteroffizier hätte ja im Zivilberuf Schulrat sein können. Er nahm einige Tage lang bei uns am Unterricht teil, jedoch ohne ein Wort zu sagen. Mehrere Wochen später ist der „Schulrat“ in Russland gefallen. Frau Krüger trug seitdem, wie es allgemein üblich war, schwarze Trauerkleidung. Die Sache aber hatte Jahrzehnte später noch ein Nachspiel, das mich ungemein erfreut hat. Hierzu muss ich jedoch weiter ausholen.

Heute reisen auch schon Grundschulkinder in ferne Länder. Umgekehrt dreht sich bei uns kein Mensch mehr um, wenn auf der Straße ein Farbiger zu sehen ist. Damals aber kamen Kinder – zumal auf dem Lande – aus ihrer engeren Umgebung kaum heraus. Auch gab es keinen Zugang zur „großen Welt“, kein Fernsehen und kaum Rundfunk; denn längst nicht alle Familien besaßen einen *Volksempfänger*. So wirkte das Fremde, gerade auch bei Kindern, besonders aufregend und provozierend. Es war wie in einem Hühnerstall: Wenn ein fremdes Huhn auftaucht und bewusst oder unbewusst ein ungewohntes Reaktionsmuster zeigt, sich also anders verhält, als in der Gruppe erwartet wird, kommt es in jeder Population zu Feindseligkeiten. Eine Schulklasse, die schon zu einer Gemeinschaft zusammengewachsen ist, verhält sich genauso in Abwehr gegenüber einem Fremden, ebenso wie eine Dorfgemeinschaft, in der „Flüchtlinge“ zuwandern. Dieser psycho-sozialen Gesetzmäßigkeit war auch ich ausgeliefert. In der Psychiatrie nennt man das *Xenophobie*. Zwar kam ich mit den einzelnen Klassenkameraden ganz gut aus, aber wehe, wenn diese Mitschüler als Meute auftraten. Das war besonders auf dem gemeinsamen Schulweg der Fall. Ich kam dann immer ziemlich zerzaust und oft mit zerrissener Kleidung nach Hause. Keiner der Erwachsenen dachte auch nur im Geringsten daran, mir beizustehen. „Wenn du mit denen nicht zurechtkommst, dann wird es ja wohl an dir liegen.“ So musste ich mir in heutiger Sprechweise wie ein Mitschüler mit *Migrationshintergrund* vorkommen. Die regelmäßigen Niederlagen führten dazu, dass sich die kalte Wut in mir ansammelte und aufstaute. Eines Nachmittags kam einer der Übeltäter an unserem Haus vorbei. Aber dieses Mal war er allein. Somit befand er sich schon rein psychologisch in der schlechteren Ausgangslage, denn die Meute war nicht anwesend. „So, Freundchen“, sagte ich, „jetzt habe ich dich einmal allein vor mir, jetzt wirst du mich kennen lernen.“ Ich ergriff den nächstbesten Stein und traf den Mitschüler empfindlich an der Schulter. Laut heulend rannte dieser nach Hause. Am anderen Morgen hatte ich riesige Bedenken, zur Schule zu gehen. „Die werden jetzt erst recht über mich herfallen“, dachte ich. Aber, nein: Die Botschaft war übergekommen: „Der kann sich auch wehren“. Mit den Hänseleien und aggressiven Tätlichkeiten war es nun vorbei, vielmehr begegnete man mir seitdem mit einem gewissen Respekt. Ich meine, ich hätte dabei auch bei den Mädchen an Ansehen gewonnen. So bewahrheitete sich hier die zwar traurige, aber immer wieder allzu wahre Weisheit: *Si vis pacem, para bellum* [Willst du den Frieden, so bereite den Krieg vor].

Gut sechs Jahrzehnte später kam es nach langer Zeit einmal wieder zu einem Besuch in jenem Dorf. Ich nächtigte – wie es auf österreichisch heißt – in einem Gasthaus. Mein Reisegefährte machte noch einen Spaziergang. Ich saß in der Nähe der Theke und trank ein Bier. Dort standen ein paar Männer und tranken ihr Feierabend-Bier. Einige hatten noch ihre Arbeitskleidung an. Sie sprachen miteinander, und ich hörte mit halbem Ohr zu. Beiläufig bekam ich mit, dass einer von ihnen zum Geburtsjahrgang 1935 gehörte. Ich spitzte die Ohren und mischte mich in das Gespräch ein: „Entschuldigen Sie, aber wenn Sie vom Geburtsjahrgang 1935 sind, dann müssten Sie doch eigentlich während des Schuljahrs 1943/44 in der 3. Klasse bei der Lehrerin Frau Krüger gewesen sein?“ „Ja, natürlich!“ antwortete der so Angesprochene. Er trug die Berufskleidung eines Anstreichers. Ich *outete* mich und sagte, dann seien wir ja alte Klassenkameraden. Er konnte sich nicht an mich erinnern und nannte seinen Namen: „Franz-Josef K.“. Und schon saß er bei mir am Tisch. Ich hatte den Mitschüler zwar auch nicht wieder erkannt, was nach 60 Jahren durchaus nicht verwunderlich ist, aber an den Namen erinnerte ich mich sofort, auch wie der ehemalige Mitschüler damals ausgesehen hatte: Ein schmales Kerlchen, etwas schüchtern, nicht gerade eine Führernatur. Mich stach der Hafer, und ich fragte ihn etwas provozierend: „Hör′ mal, Franz-Josef, du nimmst mir doch nicht mehr übel, dass ich im Sommer 1943 vor der Gastwirtschaft Schlösser einen Stein nach dir geworfen und dich getroffen habe?“ Er konnte sich daran nicht mehr erinnern, aber es kam dann doch noch zu einem langen Gespräch. Auffallend war, dass er über jene Zeit und die damaligen Geschehnisse exakt die gleiche Meinung hatte wie ich. Der überstrenge Rektor, unsere tüchtige Lehrerin, an die wir eigentlich nur erfreuliche Erinnerungen hatten, erfreuten sich unserer übereinstimmenden Beurteilung. Er erzählte mir, dass Frau Krüger bereits Viertklässler in den Zug gesetzt habe und mit den Kindern zwei oder drei Stationen in Richtung Bebra gefahren sei. Dann seien sie gemeinsam einen Tag lang durch das Hessische Bergland gewandert und abends total ermüdet, aber glücklich wieder in Obersuhl angekommen. Als wir uns verabschiedeten, sagte der ehemalige Klassenkamerad: „Ja, zu Wohlstand oder gar Reichtum habe ich es nicht gebracht, aber ich habe sechs Söhne in die Welt gesetzt und großgezogen“. Sie seien sein ganzer Stolz. Seine Ehefrau war bereits vor zwei Jahren gestorben. Ich gäbe was darum, diesem wackeren Mann irgendwann noch einmal zu begegnen.

Im August 1943 bekam unser Vater wieder einmal Heimaturlaub für eine oder zwei Wochen. Als ich in der Sommerhitze von Gerstungen aus nach Obersuhl marschierte, war er gerade mit der Bahn angekommen. Inzwischen war er zum Oberfeldwebel befördert worden und eine Art *Spieß* im Stab seines Luftwaffenregiments. Das Erste, das er tat, war, sich Dachlatten zu besorgen. Er hobelte sie beim Schreiner glatt und baute daraus Rahmen, die exakt in die Laibung unserer Fenster passten, die zur Straße hin zeigten. Ein dickes, dunkles Papier wurde mit großen Heftzwecken darauf befestigt. Die Rahmen wurden dann in die Fenster gestellt, so dass *verdunkelt* werden konnte. Zur Gartenseite hin gab es – damals noch – nur zwei kleine Mansardenfenster. Für deren Verdunkelung genügte dann ein Vorhang. Das Ganze wurde auch Zeit, denn im September fangen die Tage an, kürzer zu werden, und Verdunkelung musste sein. Darauf wurde genauestens geachtet, immerhin wohnte der Dorfgendarm auf derselben Straße, direkt schräg gegenüber.

An einem *bullheißen* Augustnachmittag wanderte Vater mit uns in die Berge. Irgendwo hatte er einen kleinen Rucksack aufgetrieben, in dem ein paar Butterbrote steckten, und den ich tragen durfte. Unterwegs auf dem Rückweg pflückte Vater eine Menge Heidekraut. Abends steckte er eine Kartoffel auf einen Stab. Mit einer Stricknadel wurde Loch um Loch in die Kartoffel gestochen und die dünnen Zweige des Heidekrauts hinein gesteckt. Dieser Strauß aus Heidekraut blieb dann bis Weihnachten frisch. Aus den Resten der Dachlatten wurde ein Abstellbrett gebaut, das dann vor dem Küchenfenster, ähnlich wie ein Blumenkasten, angebracht wurde. Dort konnte unsere Mutter einen Kochtopf oder Ähnliches im Freien abstellen, einen Keller hatten wir nämlich nicht und schon gar nicht einen Kühlschrank.

Der Schluss des Urlaubs wurde für meinen Vater sehr aufregend. Er hatte versehentlich einen verschlossenen braunen Umschlag mit einer *GeKoDoS* [geheime Kommando-Sache] in den Urlaub mitgenommen. Aber vom Bürgermeisteramt kam durch Boten die Nachricht, er müsse sich sofort bei seiner Einheit in Holland melden. Diese hatte das Bürgermeisteramt telefonisch erreichen können. Sich auf dem gleichen Wege bei seiner Einheit zu melden war entweder nicht möglich, oder es erschien nicht tunlich. Aber einen knappen Kilometer Luftlinie von unserem Haus entfernt befand sich auf einer Höhe eine Heeresfunkstelle. Vater, OFW [Oberfeldwebel] der Luftnachrichten, schnallte um und begab sich dort hin. Es gelang ihm tatsächlich, seinen Regimentsstab telefonisch zu erreichen. Den Herren dort fiel ein Stein vom Herzen, als sie erfuhren, dass das kostbare Geheimpapier noch vorhanden war. Vater nähte den braunen Umschlag, der ungeöffnet und nicht beschriftet war, in das Futter seiner Uniformjacke ein. Es war die typische Luftwaffen-Feldbluse, die er trug. Er brauchte seinen Urlaub nicht vorzeitig abzubrechen, wurde allerdings nach seiner Rückkehr eingehend befragt, mit wem er unterwegs zusammengetroffen sei, ob jemand Zugang zu dem Dokument hätte haben können und wo er den Umschlag während der Rückreise aufbewahrt habe. Als der Hauptmann hörte, dass das kostbare Stück in das Futter des *Waffenrocks* eingenäht gewesen sei, war er beruhigt. Es gab dann auch keine weiteren Scherereien.

So ging für uns im Frühherbst 1943 die Zeit in Obersuhl dahin. Schon ab Mitte September wurde es im Hessischen Bergland ungemütlich kalt. Der nur alle zwei Wochen mögliche Sonntagsgottesdienst wurde wegen der günstigeren Zugverbindungen für die Gläubigen auf den Nachmittag verlegt. Wir gingen zu Fuß nach Gerstungen und überquerten am Ortsrand die hessisch-thüringische Landesgrenze, die spätere Zonengrenze. Rechts von der „Landstraße" führt die „Hauptstraße" in den kleinen Ort Untersuhl. Dort steht ein riesiges, wehrhaftes Gemäuer. Hinein kamen wir nicht, weil die Türen abgeschlossen waren: Es handelt sich um die evangelische Dorfkirche. Es gab damals noch keine Pflasterung in diesem Ort, lediglich Sandwege. Erst nach der Wende 1990 hatte ich vor einigen Jahren Gelegenheit, dieses wirklich wertvolle Bauwerk von innen kennen zu lernen: Einen mehrstöckigen Rundbau, der aus der Ferne fast wie eine Windmühle aussieht und noch aus dem frühen Mittelalter stammt. Die Ausstattung rührt aus dem 18. und 19. Jahrhundert und ist zum großen Teil im Empire-Stil gehalten. Die Ausmalung erinnert mich an die Kunstrichtung der Nazarener. Das Ganze atmet eine pietistische Frömmigkeitsrichtung. Jetzt war es möglich, diese wirklich einmalige Kirche aufzusuchen. Bis dahin hatte man nur von Obersuhl aus den mächtigen Turm sehen können. Dieser wehrhafte Kirchenbau wird heute von vielen Wanderern und Touristen, die das Thüringer Land durchreisen, besichtigt.

In Gerstungen angekommen, gingen wir dann in die Bahnhofswirtschaft, aßen ein Brot, das wir mitgebracht hatten, und tranken dazu einen *Muckefuck*. Bis zur Zeit der Sonntagsmesse mussten wir warten. Einmal kam eine Gruppe HJ-Pimpfe mit ihrem Führer. Sie vertrieben sich und uns die Zeit, indem sie ein paar preußische Militärmärsche zum Besten gaben. Trotz der schwachen Besetzung – nur ein paar Holzbläser und eine Trommel – hörte sich das ganz gut an. Unter anderem spielten die Jungen den „Torgauer Marsch“. Auf den Refrain wusste unsere Anneliese sofort einen Spottvers:

Fritzchen Weber hat 'nen Fehler
an der Lunge, an der Zunge, an der Leber.

Vor der Messfeier hatte ein älterer Herr, der auch das Harmonium bediente und den Küsterdienst versah, einen Kanonenofen angeheizt, so dass es in der Kapelle einigermaßen warm war. Einmal gab es auf der Strecke Eisenach-Bebra eine größere Zugverspätung. Der Küster hielt eine Andacht. Schließlich kam der Kaplan, und dann ging alles in einem Affentempo – ruckzuck. Die Messe wurde abgekürzt und die Predigt nach der Messe gehalten, damit die Gläubigen, insoweit sie auf die Bahn angewiesen waren, ihren Zug noch erreichen konnten. In der ersten Bankreihe saß knapp ein Dutzend Kinder. Da ich vom Aufbau und dem Verlauf der Messfeier keine Ahnung hatte, vertrieb ich mir die Zeit, indem ich das Gebetbuch von vorn bis hinten durchlas. Die Predigt richtete sich an die Erwachsenen. Ich verstand davon überhaupt nichts. Nur von zweien dieser Predigten habe ich etwas in Erinnerung „Niemand kann zwei Herren dienen“. Meine Mutter hat mir das in etwa erklärt. Es konnte sich nur darum handeln, den Gläubigen die heilsnotwendige Wahl zwischen dem Reich Gottes und dem Reich des Bösen zu benennen. Inwieweit der Kaplan sich damit auf politisches Glatteis gewagt hat, weiß ich nicht, bin mir aber sicher, dass er deutliche Worte gefunden hat. Noch stärker wurde mir das bei einer anderen Predigt im Spätherbst 1944 bewusst. In der ärmlichen kleinen Kapelle war es mucksmäuschenstill. Man konnte das ergriffene Schweigen der Gläubigen förmlich hören. Ich habe von all dem nur dies in Erinnerung: Der Kaplan, der in Folge der räumlichen Enge dicht vor den Gläubigen stand, zog am Ende einen Zettel aus dem Ärmel seiner Albe heraus und las eines der Sonette von Reinhold Schneider vor, die während dieser dunklen Zeit im Geheimen von Hand zu Hand weitergereicht wurden. Er sagte wörtlich: „Und das Gedicht lautet“. Dann las er den Text vor:

Allein den Betern kann es noch gelingen,
Das Schwert ob unser'n Häuptern fernzuhalten,
Und diese Welt den richtenden Gewalten
Durch ein geheiligt' Leben abzuringen.

Denn Täter werden nie den Himmel zwingen:
Was sie vereinen, wird sich wieder spalten,
Was sie erneuern, über Nacht veralten,
Und was sie stiften, Not und Unheil bringen.

Jetzt ist die Zeit, da sich das Heil verbirgt,
Und Menschenhochmut auf dem Markte feiert,
Indem im Dom die Beter sich verhüllen,

Bis Gott aus unser'n Opfern Segen wirkt,
Und in den Tiefen, die kein Aug' entschleiert,
Die trock'nen Brunnen sich mit Leben füllen.

Dagegen gab es ein Gedicht, das anlässlich irgendwelcher Schulfeiern des Öfteren aufgesagt wurde, und in dem zwei Zeilen lauteten:

Wir brauchen nicht die Knie beugen,
die Hände falten zum Gebet ...

Meine Mutter sagte später, sie habe gezittert und befürchtet, die GeStaPo werde den Kaplan abholen.

Auch zum Religionsunterricht ging ich bei Wind und Wetter zweimal in der Woche zu Fuß nach Gerstungen. Für den Rückweg bekam ich 20 Reichspfennige in die Hand gedrückt und durfte die kurze Fahrstrecke mit dem Zug in der Dunkelheit allein nach Hause fahren; für einen Achtjährigen ein großartiges Erlebnis. Es gab übrigens noch ein kleines Heft für die Lieder und Gebete in der kleinen Kapelle zu Gerstungen. Dieses ärmlich auf Saugpost gedruckte Heft besitze ich heute noch. Es atmet die Not und Armut jener Tage. Naiv mutet es uns heute an, wenn dort auch für den Sieg *unserer Waffen* gebetet wird.

Wenn ein Gefallener oder sonst Verstorbener zu beklagen war, diente die Sonntagsmesse zugleich als Seelenamt. Eine Seelenmesse mit schwarzem Messgewand und den Texten des Requiems ließen die liturgischen Vorschriften an Sonn- und Feiertagen nicht zu. Der Kaplan befestigte zwei schwarze Trauerflore an den Altarkerzen, um zu zeigen, dass es ein *Seelenamt* war. Einmal, als der Großvater eines Jungen gestorben war, ließ der Kaplan der Familie seine Grüße und Teilnahme ausrichten. Er gab dem Jungen, der ungefähr mein Alter hatte, eine kleine Flasche mit Weihwasser auf den Weg, damit die Angehörigen das Grab des Großvaters auf dem evangelischen Friedhof segnen konnten. Dass ein Seelsorger seine Gläubigen in der weit gestreuten Diaspora hätte aufsuchen können, war nicht möglich. Im Altarraum war ein Schriftband auf einfachen Tannenholzbrettern angebracht. Der Text lautete: *Kommt zu mir alle, die ihr mühselig und beladen seid* und: *Kommt, ihr Gesegneten meines Vaters, und nehmet das Reich in Besitz*. Wenn ich im Gegensatz hierzu das oftmals anspruchsvolle, überhebliche und aufgeblasene Getue von heute bedenke, so kommt in mir zuweilen die kalte Wut hoch. Muss denn jede sonntägliche Messfeier ein *Event* sein?

Allmählich wurde es Winter. Es herrschte Bodenfrost und es hatte geregnet. Auf der einsam liegenden Autobahn hatte sich Blitzeis gebildet. Ein Klassenkamerad und ich konnten es nicht lassen, unseren schon etwas ältlichen Rodelschlitten auf ihr auszuprobieren. Die Sache war nicht ungefährlich; denn in der Nähe der Stelle, an der wir losfuhren, wohnte der Rektor. Aber unser Start verlief ungestört und ohne Feindberührung. Unser Schlitten schoss nur so dahin, die Autobahn hinunter, fast bis ins Werratal. Wäre der Schlitten aus der Bahn geraten, und wären wir gestürzt und verletzt liegen geblieben, so hätte uns kein Mensch finden können. Wir wären jämmerlich erfroren. Und wenn uns dazu noch der Rektor erwischt hätte ... Nicht auszudenken!

Wenn in Gerstungen kein Sonntagsgottesdienst war, sah der Sonntag etwa so aus: Unsere Mutter unterließ es fast nie, einen kurzen Hausgottesdienst abzuhalten. Er dauerte meistens weniger als zehn

Minuten. Nachmittags ging es dann fast immer ins Kino. Eine Gastwirtschaft im Oberdorf besaß einen ziemlich großen Saal, der bei Kinovorführungen dicht gedrängt voll war. Das Interessanteste für mich war die Wochenschau. Zuerst wurde von starken Lichtstrahlen umgeben der Hoheitsadler gezeigt, untermalt von fetziger erhabener Musik *(Capriccio ital.)*. Es folgten wie immer Aufnahmen von der Front. Die Befreiung des *Duce* durch Skorzeny im Gran Sasso habe ich somit fast im Maßstab 1:1 mitbekommen. Allerdings wirkte der Duce, als er aus dem *Fieseler Storch* stieg, wie ein alter Mann: Schwarzer Mantel, ziviler schwarzer Hut, gealtertes Gesicht. So hatte ich ihn mir eigentlich nicht vorgestellt. Er soll nach seiner Befreiung gesagt haben: „Das werde ich dem Führer nie vergessen." Ein *Spot*, der folgte, wird wohl öfter gezeigt worden sein, denn sonst hätte ich ihn nicht so genau in Erinnerung: Otto Gebühr, in der Maske Friedrichs des Großen. Der bekannte Schauspieler steht in der Uniform des Alten Fritz auf einem langen Flur, allerdings, wie ich mich erinnere, ohne Dreispitz und Perücke. Er schaut auf ein großes Gemälde und sagt: „Also, wir machen hier einen Film über Friedrich den Großen". Dann springt die Szene um, und man sieht den Alten Fritz in voller Adjustierung. Vor ihm eine Fülle von Menschen, die Korn mähen und die Ernte einbringen. Im Hintergrund drehen sich Windmühlen. Der Alte Fritz – dargestellt von Otto Gebühr – hat ja nach dem Siebenjährigen Krieg den Oderbruch urbar machen lassen, sitzt jetzt ergriffen auf seinem Gaul und weint. Dann springt die Szene wieder um, und Otto Gebühr kommt in voller Größe als Alter Fritz auf die Zuschauer zu, rappelt gewaltig mit der Sammelbüchse und erheischt in forschem Ton eine Spende für das WHW. Ich halte das Ganze keineswegs für Kitsch, sondern für gelungene Werbung – Werbung im Stil der damaligen Zeit. So etwas ging einem *anständigen* Deutschen in die Knochen!

Zwei andere Szenen aus der *Deutschen Wochenschau* habe ich noch in Erinnerung: Eine Gruppe in den Osten verschleppter Juden wird beim Straßenbau gezeigt. Der Kommentar: Diese Männer werden im Straßenbau für das Reich eingesetzt; wörtlich dann: *Die fau-*

len Juden! Die andere Szene: Ein Jude wird auf einem Dachboden in seinem Versteck aufgestöbert. Da heißt es dann: *Die feigen Juden*! Das Ganze im damals üblichen, schnarrigen Ton der Berichterstattung. Ich glaube allerdings, dass diese Szenen gestellt waren. Die Spielfilme selbst waren meist völlig harmloser Art. Drittklassige Streifen, oft mit Heinz Rühmann. Bei einem Film, etwa mit dem Titel: *Schwarz gegen Weiß*, ging es um eine Art Romeo-und-Julia-Geschichte: Die Tochter eines gut situierten Bäckermeisters verliebt sich in einen armen Schornsteinfegergesellen; und am Ende kriegen sie sich. Beeindruckt hat mich auch *Unser Fräulein Doktor*. Als dieser Film vor einiger Zeit im Fernsehen gezeigt wurde, habe ich tatsächlich einige Szenen wiedererkannt. Oft sah man auch eine Militärklamotte aus der K.u.K.-Zeit im Stil: *Wir sind vom K.u.K.-Infanterieregiment Nr. 4*. Allerdings habe ich fast nie auf Dialog und Handlung geachtet; da war ich überfordert. Die vielen interessanten Bilder genügten mir.

Nach dem Kino ging es dann zu einer der zahlreichen Familien, die mit unserer Mutter verwandt waren. Dort gab es erst einmal den Sonntagnachmittags-Kaffee – aber beileibe keinen Bohnenkaffee – mit Streuselkuchen, und meist gegen Abend noch ein Butterbrot mit Thüringer Wurst. Gesättigt und zufrieden ging es dann zurück in unsere Wohnung. Wir schliefen in den langen Winternächten dann dem Montagmorgen entgegen.

Schon im Oktober gab es erste Anzeichen dafür, dass wir von Obersuhl Abschied nehmen mussten. Am 10. Oktober 1943 war der verheerende große Bombenangriff auf Münster. Unsere Großmutter war an Leberkrebs erkrankt und in das Franziskus-Hospital eingeliefert worden. Dort kam es während des Bombardements zu Panik und ziemlichem Durcheinander. Man war der Meinung, dass durch die ausgelöste Aufregung Großmutters Erkrankung aktiviert worden sei. Ob diese Theorie medizinisch haltbar ist, möchte ich dahin gestellt lassen. Dass dies die Ärzte so gesagt haben sollen, glaube ich eher nicht. Bei dieser Gelegenheit aber erfuhr meine Mutter, dass Großmutter ihre Krankheit nicht mehr überleben würde.

In Tilbeck hatte das Franziskus-Hospital ein Ausweichkrankenhaus eingerichtet. Dorthin wurde auch unsere Großmutter verlegt. Dies war Anlass für meine Mutter, sich nach einem neuen Quartier für uns umzusehen. Sie ist deswegen Anfang Januar 1944 noch einmal nach Münster gefahren. Der weitere Grund für unseren Umzug ins Münsterland war, dass Webers Lieschen, die Tochter von Onkel Lüenz und Tante Ricke, mit ihren zwei Kindern unsere Wohnung beanspruchte. Ihr Mann war Beamter bei der Reichsbahn in Leipzig. Sie wohnte schon längst in ihrem Elternhaus, zusammen mit uns unter einem Dach. Der jüngste Sohn mit seinen vier Jahren schlief allein in einer Abstellkammer des Dachgeschosses und machte jeden Abend ein Heidenspektakel, wenn er zu Bett gebracht wurde.

Schließlich war es dann so weit. Unsere Tante kam aus dem zerbombten Münster, um uns während der Weihnachtsferien zu besuchen. Sie erzählte, dass es nicht möglich gewesen sei, in der St.-Mauritz-Pfarrkirche die Krippe aufzustellen. Pfarrer Berghaus habe daraufhin das Jesuskind auf dem Seitenaltar, dem Marienaltar, aufgestellt. Tante Margarete meinte, es wäre doch an der Zeit, dass ich Messdiener würde, und versuchte, mir das damalige lateinische Stufengebet einzutrichtern. Noch lebendiger aber ist mir das schöne Gedicht von Eduard Mörike im Gedächtnis geblieben, welches sie uns zum Jahreswechsel 1943/44 nahebrachte:

Gedicht zum Neuen Jahr

Wie heimlicher Weise
Ein Engelein leise
Mit rosigen Füßen
Die Erde betritt,
So nahte der Morgen.
Jauchzt ihm, ihr Frommen,
Ein heilig' Willkommen,
Ein heilig' Willkommen!
Herz, jauchze du mit!

In Ihm sei's begonnen,
Der Monde und Sonnen
An blauen Gezelten
Des Himmels bewegt.
Du, Vater, du rate!
Lenke du und wende!
Herr, Dir in die Hände
Sei Anfang und Ende,
Sei alles gelegt!

Bevor wir das schöne Obersuhl verließen, kam es aber noch zu einem mich beeindruckenden Ereignis: Ich hatte die Beobachtung gemacht, dass, wenn das Wort *Jude* fiel, die Erwachsenen immer sehr nervös reagierten, aber niemand etwas sagte. Eines trüben Winternachmittags spielte ich mit einem meiner Klassenkameraden auf dem Bahnhofsgelände, direkt hinter unserem Haus. Der einzige Bahnbeamte saß in der Fahrkartenausgabe hinter seinem Schalter und tat seinen Dienst – also nichts. Er scheuchte uns fort, was wohl seine Pflicht war. Mir passte das nicht, und ich rief ihm nach: „Du dreckiger Saujude!“ Gedacht habe ich mir nichts dabei. Der Mann bekam ein totenbleiches Gesicht. Er schloss den Schalter ab und machte sich an unsere Verfolgung. Natürlich waren wir schneller und entkamen mit Leichtigkeit. Die Sache aber sprach sich in Windeseile herum, zuerst natürlich in der Nähe des Bahnhofs, wo wir wohnten. Es herrschte große Aufregung, die ich natürlich nicht verstehen konnte. Meine Mutter empfing mich an der Haustür, packte mich am *Nackenfell* und schleppte mich zum nahe gelegenen Bahnhof. Ich musste mich bei dem Beamten entschuldigen. Inzwischen war ein zweiter Bahnbeamter aufgetaucht. Dieser machte mir nach allen Regeln der Kunst Vorhaltungen: Wie ich dazu käme? Was mir eigentlich einfiele? Ob ich überhaupt wisse, was ich da gesagt habe? Und dergleichen mehr. Ich verstand die ganze Aufregung überhaupt nicht und konnte sie auch nicht verstehen. Der Beamte hielt in seinen Ausführungen inne und erkannte wohl meine Ratlosigkeit. Vermutlich machte ich damals ein furchtbar dummes und verständnisloses Gesicht. Mir scheint, dass der Beamte dies erkannt hatte. Blitzartig langte er mit seiner rechten Hand durch die Schalterklappe, durch die sonst die Fahrkarten gereicht wurden, und knallte sie mir kräftig ins Gesicht, so dass ich alle Sterne vor den Augen tanzen sah. Dann durfte ich mit meiner Mutter nach Hause gehen, hatte dann aber noch immer nichts von der Judenfrage verstanden. Meine Mutter war sichtlich froh, dass die ganze Sache so glimpflich abgelaufen war, unterließ es jedoch, mich in irgendeiner Weise aufzuklären. Sie sagte nur: „Wie kannst du nur so etwas sagen!“

Später, nach Kriegsende, wurde mir etwas erzählt, das auch ein tröstliches Licht auf das Verhältnis der Dorfbewohner zu den Juden wirft: Im Nachbarhaus von Tante Marie und Onkel Kaspar hatte bis zu ihrem Abtransport eine jüdische Familie gewohnt. Das Haus steht heute noch. Die Hausgärten grenzten aneinander. Die Nachbarn verstanden sich eigentlich recht gut. Nur gab es da eine Schwierigkeit: Am Sabbat durfte nach dem Gesetz der *Thora* kein gläubiger Jude bestimmte Werke vollbringen, unter anderem kein Feuer anzünden. Der jüdische Hausvater – nennen wir ihn Levi – bemühte sich, in der Frühe des Sabbats einen Nachbarn zu finden, der das Feuer in seinem Ofen anzündete, so dass seine Kinder etwas Warmes zum Frühstück bekommen konnten. Oft geriet er dabei an Marthchen. Dieses damals noch junge Ding konnte es faustdick hinter den Ohren haben. Wenn der Jude Levi morgens am Gartenzaun stand und flehte: „Komm, Marthchen, mach mir Feuer, meine Kinder haben nichts Warmes!“, dann konnte sie sich stur stellen: „Ach, Levi, da stehst du ja schon wieder. Mach dein Feuer selbst an oder such‘ dir einen Anderen. Nein, jetzt habe ich keine Zeit, komm mal in einer halben Stunde wieder!“ Sie ließ den geplagten jüdischen Hausvater zappeln, bis sie sich schließlich erbarmte und dazu bequemte, das Feuer anzuzünden.

Das Ganze hatte wohl mit Antisemitismus nichts zu tun, es war vielmehr eine schalkhafte, eher gutmütige Fopperei, wie sie gerade unter menschlich ungetrübten Nachbarschaften nicht unüblich ist. Nach dem Krieg bedauerte man auch laut und deutlich, dass diese jüdische Familie nicht mehr zurückgekehrt war.

IV.

Einige Tage später, nach meiner ergebnislosen, handgreiflichen Belehrung in der Judenfrage, ging es mit der Deutschen Reichsbahn nach Münster zurück. Und jetzt passiert etwas für meine Begriffe Unerklärliches: Meine Erinnerung setzt fast gänzlich aus. Ich weiß nur noch, dass das Gepäck, das meine Mutter aufgegeben hatte, neben uns auf dem Bahnsteig stand und mit demselben Zug befördert wurde. Ich habe noch unseren großen, verschließbaren Wäschekorb vor Augen. Dann setzt die Erinnerung wieder völlig aus. In Altenbeken sagte unsere Mutter, dass wir jetzt in Altenbeken seien, und in Paderborn – schon war es dunkel – dies sei die erste westfälische Stadt, die wir erreichten. Keinerlei Erinnerung an die Ankunft in Münster und das Betreten unserer Wohnung. Mutter war auf einmal verschwunden, ich weiß auch nicht, wer uns während dieser wenigen Tage betreut hat. Wahrscheinlich war es unsere Anneliese, der einmalige und treue Haushaltslehrling. Das Mädchen war schon vor Weihnachten zu seinen Eltern nach Münster gefahren. Auf dem Papier absolvierte sie immer noch ihre hauswirtschaftliche Lehre bei meiner Mutter. Obwohl sie schon längst nicht mehr bei uns war, hat sie nach dem Krieg ihre Prüfung mit Erfolg abgelegt. Damals war eben noch so ziemlich alles möglich. Ich habe auch an die nachfolgenden wenigen Tage in Münster nicht mehr die geringste Erinnerung. Wo aber war unsere Mutter? Bei ihrer Freundin in Warendorf, um sich einmal auszusprechen? Im Franziskus-Hospital in Münster zu einer stationären Untersuchung? Letzteres möchte ich eher annehmen.

Eines Vormittags – es war ein sonniger Wintermorgen – erschien Tante N. in unserer Wohnung. N. wie *Nebelkrähe* oder *Nursery teacher* [Kindergärtnerin]. Sie war eine entfernte Bekannte unserer Mutter, etwa 50 Jahre alt, und hatte einen privaten Kindergarten geleitet. Ihr Gesicht zierte ein ausgeprägter Damenbart. Ihre Haare waren tief schwarz gefärbt. Fast immer trug sie einen Hut, der obendrein noch von einer großen, schwarzen Vogelfeder geziert war. In

Havixbeck hatte sie *vor den Bomben* ihre Zuflucht gefunden. Diese so beschriebene Person geleitete uns zum Bahnhof und bestieg mit uns den *Heidschnucken-Express* Richtung Coesfeld, Borken, Bocholt, der auf dieser eingleisigen Strecke verkehrte. In Tilbeck stiegen wir aus und marschierten auf der Landstraße durch die Bauerschaft am *Stift* vorbei bis kurz vor den Baumberg, wo am Höhenweg das Gedenkkreuz der *Meersche Tilbeck* steht und an eine Bluttat erinnert. Etwa 200 m vor dem Höhenweg lieferte uns Tante N. bei einem kleinen Kötterhaus ab. Wieder setzt meine Erinnerung aus. Irgendwann war Mutter wieder da, auch unser Großvater ließ sich sehen. Irgendwie hatte es unser Vater wieder einmal geschafft, für einige Tage Urlaub von seiner Einheit zu bekommen. Sein Luftnachrichten-Regiment war von Holland nach Frankreich verlegt worden. Das Quartier des Regiments-Stabes lag in der unmittelbaren Nähe des Schlosses Versailles. Dort hatten schon 1871 Moltke und Bismarck im Quartier gelegen. Er machte meiner Mutter Hoffnung, auch zu meiner Erstkommunion kommen zu können. Das aber gelang dann nicht. Bei Kötter K. bezogen wir zwei kleine Zimmer. Einige Sachen wurden aus unserer Wohnung in Münster herangeschafft. Ich weiß das alles nicht aus eigener Erinnerung, aber der übliche Weg war mit Bahnfracht von Münster nach Appelhülsen und dann mit einem Pferdegespann über Schapdetten nach Tilbeck. So richteten wir uns mehr oder weniger häuslich ein.

In Obersuhl hatte der Kaplan mit dem Erstbeicht- und Kommunionunterricht beginnen wollen. Dort wäre ich dann im Frühjahr mit vielleicht vier anderen Kindern zur Erstkommunion gegangen. Durch unseren Wohnungswechsel nach Tilbeck aber wurde daraus nichts. Meine Mutter versuchte, mich beim Ortspfarrer in Schapdetten zur Erstkommunion anzumelden, was aber nicht zum Erfolg führte. Der Pfarrer war ein überaus pflichtbewusster Mann, der seinen Pflichten gewissenhaft und voller Ernst nachging, eine Mischung aus preußischem Oberwachtmeister und tridentinisch erzogenem Priester. Er wies das Ansinnen meiner Mutter mit dem Hinweis zurück, ich hätte ja noch keinen Kommunionunterricht gehabt, und sein einheimischer Jahrgang sei in der Vorbereitung ja schon viel weiter. Die Kinder seien sogar schon zur Erstbeichte gegangen. Ich solle mit meinen nun bald neun Jahren noch ein Jahr warten und mich erst einmal in die neue Umgebung einleben. Das gefiel meinen Eltern überhaupt nicht. Unser Vater schnallte um, und mit der Wehrmachtspistole 08 am Koppel ging er selbst zum Pfarrer. Die Walther-PPK 21 war den Offizieren vorbehalten, aber die 08 – etwas spöttisch auch *Zimmer-FLAK* genannt – war größer und machte mehr Eindruck. Vater war aber nicht Offizier, obwohl sein Chef in Münster, Hauptmann Krümel, ihn gedrängt und für die Offizierslaufbahn vorgesehen hatte. Vater war fast zwei Meter groß und trug auf jeder Schulterklappe die zwei Sterne eines Oberfeldwebels der Luftwaffe. So wurde er beim Pfarrer vorstellig und wies ihn auf die ungewissen Zeiten hin. Ich sei ohnehin schon älter als die meisten Erstkommunikanten, und man wisse ja nicht, was der Krieg noch mit sich bringe, und wie es im nächsten Jahr aussehen werde. So etwas hätte leicht auf *Wehrkraftzersetzung* hinauslaufen können. Aber man einigte sich. Der Pfarrer besann sich darauf, dass es noch ein paar andere evakuierte Kinder im Dorf gab. Es kamen fünf Kinder zusammen, drei Mädchen und zwei Jungen. Diese Gruppe bekam dann zweimal in der Woche zusätzlichen Religionsunterricht im Pfarrhaus, um den Rückstand aufholen zu können. Als die Dorfkinder zum zweiten Mal beichteten, war das für unsere Gruppe die Erstbeichte. Es ging also doch, warum nicht gleich so?

Die Gefährdung durch die alliierten Flieger wurde im Laufe des Jahres 1944 immer bedrohlicher. Anfang Februar, als sich unser Vater noch während seines *Blitzurlaubs* bei uns aufhielt, kam die Neuigkeit, dass ein fünfzehnjähriges Mädchen bei Appelhülsen durch Tieffliegerbeschuss zu Tode gekommen war – mit Bordwaffen. Was aber waren Bordwaffen? Vater wusste es: „Das sind kleine Maschinenkanonen, die an Bord der Flugzeuge fest eingebaut sind, und mit denen auch Erdziele angegriffen werden können.“ – Meine Mutter zögerte, mich zur Schule zu schicken; die fast zwei Kilometer Fußweg an den *Sieben Quellen* vorbei seien zu weit. Außerdem sei das Wetter zu schlecht. Wahrscheinlich aber war es Trennungsangst.

Die Schulkinder aus der Bauerschaft kamen auf dem Rückweg von der Schule direkt an unserer Bleibe vorbei. Sie glotzten neugierig, aber auch mit einer gewissen Scheu zu uns herüber. Da waren Fremde, die sich überdies noch vom Schulbesuch ausschlossen. Schließlich ging ich aber doch zur Schule, nur habe ich den ersten Schultag in der neuen Umgebung und auch die Folgezeit völlig vergessen. Unsere Mutter war eines Tages wieder verschwunden, ebenso mein Bruder. Mutter lag mit einer langwierigen Nierenbeckenentzündung wohl an die sechs Wochen im Krankenhaus, näherhin im Stift Tilbeck, wo das Franziskus-Hospital ein Ausweichkrankenhaus eingerichtet hatte. Mein Bruder wurde wieder für diese Zeit nach Warendorf ausgelagert, zu der Studienfreundin meiner Mutter. Ich brachte also diese Wochen bis weit in den März hinein allein bei diesem alten Kötter-Ehepaar zu. Die Frau *was en trankielen Donner* [sie hatte einen streitsüchtigen Charakter], wie es auf Plattdeutsch heißt. Sie *schedderte* [mit schriller Stimme keifend] den ganzen Tag über herum. Franz, ihr Ehemann, dagegen war eine Seele von Mensch. Mit meiner Mutter lag die Hausherrin in ständigem Kriegszustand, was aber wohl auf beiden Seiten vorprogrammiert war. Diese Wochen, von Mitte Februar bis Ende März, waren für mich tief einsam, kein Buch zum Lesen, kein Rundfunk, keine Spielkameraden. Wie gesagt, ging ich irgendwann wieder zur Schule. Aber die Erinnerung daran ist völlig entschwunden. Nur an den zusätzlichen Katechismus-Unterricht im Pfarrhaus kann ich mich noch erinnern. Die Köttersfrau achtete auch peinlich darauf, dass ich meinen Katechismus lernte. Nur wie macht man das? Man liest den kurzen „Antworttext" ein- oder zweimal mit Verstand durch, guckt dann in die Luft und repetiert den Text. Das war der guten Köttersfrau noch nicht vorgekommen. „Wie willst du den Katechismus lernen, wenn du nicht einmal ins Buch schaust?" Sie fiel aus allen Wolken, als ich den fraglichen Text fehlerfrei hersagen konnte. Darüber war sie ziemlich perplex und wunderte sich gewaltig. Ich habe mich köstlich amüsiert, hütete mich aber, mir das anmerken zu lassen. Im Übrigen war die Frau sicherlich auch eine gute Familienmutter gewesen. Ihr ältester Sohn Franz war kurz zuvor in Russland als Kradmelder gefallen. Voll Trauer, aber auch mit einem gewissen Stolz zeigte sie mir das Eiserne Kreuz, welches ihr Sohn noch kurz vor seinem Heldentod verliehen bekommen hatte. Auch zeigte sie mir einen Wanderstock, den ein Russe geschnitzt hatte, und der dafür von dem jungen deutschen Soldaten ein Stück Brot bekommen hatte. Das Stänkern jedoch konnte sie nicht lassen. Einmal sagte sie voller Überheblichkeit: „Ach was, dein Vater ist ja bloß bei der Straßenbahn. Was bringt das denn schon. Wir hier auf dem Land arbeiten wirklich und sorgen dafür, dass ihr in der Stadt etwas zu essen habt.“ Das war eine plumpe Frechheit, die mich aber überhaupt nicht innerlich berührte. Da hatte ich mir schon ganz andere Sprüche anhören müssen.

Sonntags gingen die meisten Tilbecker zum *Stift*. Der Köttersmann aber zog es vor, das sonntägliche Hochamt im Dorf zu besuchen. Er war auch eifriger Sänger in der Choralschola. Die Post, die nur unregelmäßig zugestellt wurde, brachte er sonntags meiner Mutter von der Poststelle im Dorf mit. Er ging dann aber von der Gartenseite aus an unserer Wohnung vorbei und überreichte meiner Mutter die Briefe, was er seiner besseren Hälfte wohlweislich verschwieg. Wenn er meiner Mutter Holz klein hackte, so tat er es „in aller Herrgottsfrühe“, wie er sagte, damit es nicht auffiel. In solch einem Kötterhaus wurde früh aufgestanden. Meine Mutter konnte oft den ehelichen Streit mit anhören, der meistens mit dem Machtwort der Frau endete: *Swieg still, ick häff den Kotten metbracht* [halt den Mund, ich habe den Kotten mit in die Ehe gebracht]. Der zweite Sohn des Ehepaares hieß Ferdinand, auf platt: *Fennand*. Er musste wohl uk- [unabkömmlich]gestellt gewesen sein und hatte seine Arbeitsstelle auf dem *Stift* im dazu gehörigen großen landwirtschaftlichen Betrieb. Er hat dort wohl auch gewohnt; denn ich habe ihn in seinem Elternhaus selten gesehen. Dann gab es noch *Bendine*, die Haustochter, die ich öfter im Elternhaus sah. Sonntagmorgens, in aller Frühe, führte sie die einzige Kuh an die Straßenränder, wo das Tier sich satt fressen konnte. Die junge Hirtin trug dann auch den Straßenwärter-Uniformmantel ihres Vaters zum Schutz gegen die Morgenkälte und sah damit ganz respektierlich aus.

Ich weiß nicht, wie ich mir in diesen langen Winterwochen die Langeweile vertrieben habe Oft ging ich nachmittags zum *Stift*, um Mutter und Großmutter zu besuchen. Ich konnte mir das *Stift* in aller Ruhe von innen und außen ansehen. Keine Ordensschwester oder sonst jemand kamen auf den Gedanken, mich weg zu scheuchen. Das *Stift* war – wie sein Name schon sagt – gestiftet worden von jemandem, der keine Erben gehabt hatte. Das Ganze war in eine Stiftung eingebracht worden, die vom bischöflichen Stuhl in Münster heute noch verwaltet wird. Damals war es ein Langzeit-Krankenhaus für *fallsüchtige* Mädchen. Aber es gab auch Patientinnen aus der Allgemeinpsychiatrie. Im *Stift* wohnten und arbeiteten damals rund hundert Schwestern vom Orden des hl. Franziskus, die Mauritzer Franziskanerinnen. Die Zahl der Patientinnen aus der Allgemeinpsychiatrie betrug damals etwa fünfhundert. Hinzu kamen die Patienten des Franziskus-Hospitals in Münster. Dann war da noch der damals hochmoderne Trakt, ein Baukörper für sich auf der Nordseite nach Havixbeck hin. In ihm war ein Wehrmachts-Lazarett untergebracht. Nach einem größeren Luftangriff, etwa im Oktober 1944, kamen Sanitätsfahrzeuge, die die Verletzten nach Tilbeck brachten. Dr. Badde, ein junger Assistenzarzt, später ein bekannter Internist in Münster, stand an einem der Hintereingänge und sortierte die Verwundeten, indem er ihnen ihre Krankenbetten zuwies. Das habe ich im Oktober 1944 selbst gesehen; für mein Empfinden nahmen diese Krankentransporte kein Ende.

In der Zeitung stand eines Tages, dass Finnland kapituliert habe. Den Namen dieses Landes hatte ich noch nie gehört. Ich konnte mir das nicht anders vorstellen, als dass Finnland vor der Großdeutschen Wehrmacht kapituliert habe. Aber die Erwachsenen sagten achselzuckend nur: „Ja, Finnland ist ja auch nur ein kleines Land!"

Die Patientinnen aus der Psychiatrie arbeiteten in der Hauswirtschaft und Krankenpflege fleißig und aufopferungsvoll mit. Gelegentlich verschwand jemand von ihnen für einige Tage und war dann plötzlich wieder da. Sie hatten irgendeine Krise durchzustehen und mussten für eine gewisse Zeit isoliert werden, um besonders behandelt zu werden.

Einige Patientinnen zeichneten sich durch eine gewisse Originalität aus, die auch mir nicht verborgen blieb. Eine dieser schon etwas älteren Frauen hatte eine Meningitis durchgemacht, die nicht ohne Folgen geblieben war: Sie lebte in dem Wahn, ihre Puppe sei ihr Kind. Vor ihrem täglichen Arbeitsbeginn bettete sie die Puppe sorgfältig und liebevoll in einen kleinen Kinderkorb, den sie in einem Nebenraum abstellte. Zwischendurch sah sie regelmäßig nach ihrem „Kind". Man nahm dieses Verhalten zur Kenntnis, aber niemand kam auf die Idee, über diese Frau zu lachen, auch ich nicht.

Eine andere Patientin war Privatzahlerin und wurde nicht zur Arbeit herangezogen. Sie ging ständig in einem schicken grünen Kostüm spazieren, konnte sich wie ein Kurgast fühlen und ein sorgenfreies Leben führen. Nur lebte auch sie in einem Wahn: Sie glaubte, dass sie im Führerhauptquartier ein- und ausgegangen sei, die Offiziere sie umschwärmt, die Hacken zusammengeknallt und mit ihr getanzt hätten. Ihre Ausführungen beendete sie regelmäßig, indem sie den Arm erhob, mit den Worten: „Mit deutscher Haltung: Heil Hitler!" Wenn sie in Sichtweite kam, sagten wir respektlos: „Ach, da kommt die Deutsche Haltung." Als jedoch die Amerikaner im März 1945 einrückten, verschwand auch die „Deutsche Haltung" für einige Zeit. Die Schwestern hatten sie in eine Isolierzelle gesteckt; denn mit ihrem ewigen „in deutscher Haltung: Heil Hitler" hätte die „Deutsche Haltung" den ganzen Verein in Misskredit gebracht.

Nach dem Kriege wurde Folgendes bekannt: Das Euthanasie-Programm der Nazis machte auch vor diesen Kranken nicht halt. Die Ordensschwestern und viele der geisteskranken Patientinnen haben ganze Nächte hindurch in den Kellern gesessen und für die Wehrmacht gearbeitet: Socken stopfen und sonstige Kleidungsstücke instandsetzen. So ermöglichten sie es, durch diese zusätzliche aufopferungsvolle Arbeit das Soll der nicht arbeitsfähigen Patientinnen mit zu erfüllen, die als arbeitsfähig in den Listen geführt wurden und auf diese Weise vor dem mörderischen Tun der Euthanasiebetreiber gerettet werden konnten. Wahres Heldentum und so auch wahre Heiligkeit ereignen sich eben allermeistens in Stille und Verborgenheit.

Das Haus platzte aus allen Nähten. War jemand gestorben, so wurde der Leichnam in einer großen Holzkiste, nur mit einem Leinentuch bedeckt, von einigen Patientinnen durchs Treppenhaus hinuntergetragen. Die Leichenhalle war unter der Anstaltskirche neben dem Kartoffelkeller. Ob es irgendwo einen Lastenaufzug gab, weiß ich nicht.

Am 16. April 1944 war der Tag meiner Erstkommunion. Meine Mutter war fast zwei Wochen zuvor aus dem Krankenhaus entlassen worden. Mein Vater hatte, wie eigentlich erhofft, doch keinen Urlaub bekommen. Er schrieb aus Paris zwei Briefe, den einen an meine Mutter, den anderen an mich. Die Materialknappheit bei der *Großdeutschen* Wehrmacht muss schon beachtlich gewesen sein, denn die Briefumschläge hatte er sich aus dem festen Papier alter Generalstabskarten M 1:100.000 selbst zusammengeklebt. Die Kommunionfeier in der Schapdettener Dorfkirche begann um 7.00 Uhr. In der Predigt ging der Pfarrer auch auf die einzelnen Kinder ein: Fast alle Väter seien Soldaten und könnten an diesem großen Tag ihrer Kinder nicht teilnehmen. Vier Kinder müssten diesen Tag fern ihrer Heimatgemeinde begehen. Auf eines der Kommunionkinder träfe beides zu.

Nach der Messfeier traf ich vor der Kirche unsere Tante Margarete an. Sie war morgens in aller Frühe aufgestanden und mit dem ersten *Heidschnucken-Express* nach Tilbeck gefahren, die vier Kilometer bis zum Dorf zu Fuß gewandert und gerade noch rechtzeitig zur Messfeier erschienen. Es war Brauch, dass der Pfarrer alle Kommunionkinder nach der Messe zum Kaffee einlud. Streuselkuchen und Muckefuck, letzterer mit einem Hauch von Bohnenkaffee. Mehl und Fett für den Kuchen hatte er bei den Bauern zusammengehamstert. Ich hatte die Ehre, oben am Tisch neben dem Pfarrer zu sitzen. Vor Aufregung warf ich meine Tasse um, was mir einen tadelnden Blick eintrug. Dann ging es in unser Tilbecker Quartier, in dem sich neben unserer Tante noch zwei bekannte Frauen als Gäste eingefunden hatten. Für die damalige Zeit war der Gabentisch unglaublich reich gedeckt. Auf dem Tisch stand eine *Buttercreme-Torte* mit einer brennenden Kerze. Luise, die treue Seele, hatte ein Osterlämmchen aus Rodon-Kuchen gebacken, eine Spezialität von ihr, die immer zu Ostern auf den Tisch kam. Das Fell wurde durch irgendeine weiße Creme simuliert, die mit einem Spritzbeutel rundum auf das Tier gespritzt worden war. Dazu trug das Lamm noch eine Art Zahnstocher im Maul, an dem die österliche Siegesfahne aus Papier hing, die meine Tante gezeichnet hatte.

Auch die Geschenke für mich fielen königlich aus. Meine Tante, deren Wohnung in Münster nur fünf Monate später im Herbst des gleichen Jahres ausbrannte, schenkte mir das damals bekannte Werk von Hans Hümmler: *Helden und Heilige*. Ich habe trotz der ästhetisch anspruchsvollen Sprache, die weit über meinem Fassungsvermögen lag, darin gestöbert und es auch später noch als Nachschlagewerk nutzen können. Höhepunkt aber war ein Kinderfahrrad, geschenkt von meiner Patentante Maria. Ihr jüngster Sohn Paul war bereits auf der Mittelstufe des Gymnasiums. Sie hatte das kostbare Stück in der Schreibmaschinen-Werkstatt ihres Mannes von oben bis unten überholen und auch neu lackieren lassen. Leider habe ich mich dieses Fahrrades nur kurze Zeit erfreuen können; denn schon im März 1945 hat es ein Angehöriger der Waffen-SS zum Zwecke der schnelleren Flucht vor den Amerikanern mit sich gehen lassen. In Anbetracht der Tatsache, dass es sich bei diesem Fluchtfahrzeug um ein Knabenfahrrad handelte, hege ich noch heute die begründete Hoffnung, dass dieser Gefolgsmann des Führers bei seiner Absetzbewegung gen Osten sich einen gehörigen Muskelkater zugezogen hat. Das größte Wunder aber war ein nagelneuer *Kieler Anzug* der Firma Bleyle mit Matrosenkragen. Der gute alte Lademeister in Bösensell, dessen Tochter in ein gut gehendes Schuhgeschäft in Recklinghausen eingeheiratet hatte, hatte durch Tausch – *Kompensation* wie das damals hieß – gegen ein Paar Schuhe diesen Anzug ergattern können. Hut ab vor diesem biederen alten Lademeister Stenz, der einen solchen Apparat in Bewegung gesetzt hatte, weil ihm der Enkel seines früheren Kumpels, nämlich meines Großvaters, so viel wert war, dass er wohl alles daran setzte, dem Erstkommunionkind in Tilbeck diesen friedensmäßigen Anzug zu besorgen. Aber die arbeitende Bevölkerung, bei der ich ja eigentlich immer nur Ehrenmitglied war, hält eben zusammen. Über das weitere Schicksal dieses prächtigen Kommunionanzugs lohnt es sich noch zu berichten. Ich besitze noch ein Klassenfoto aus der Quarta im Jahre 1948. Dort bin ich in eben diesem Anzug zu sehen, habe ihn also sehr häufig als Schulanzug getragen. Dann hat mein Bruder ihn bekommen und längere Zeit genutzt. Dann ist er schließlich noch an einen anderen Jungen verschenkt worden. Das gute Stück hat es also etwa zehn Jahre lang getan, heute fast unglaublich. Schließlich gab es noch ein *Highlight*: Die übliche Uhr. Diese jedoch hatte ihre Tücken. Sie bestand aus einem stabilen Uhrwerk, aber ein passendes Gehäuse war wohl nicht aufzutreiben gewesen. Man hatte ein silbernes Gehäuse genommen, das offenbar zu einer anderen Uhr gehört hatte und zu groß war. Dies hatte zur Folge, dass das Uhrwerk im Gehäuse hin und her wackelte und sich nur nach Lust und Laune, je nach Lage im Gehäuse aufziehen ließ. Dieses gute Stück ist mir Ende der vierziger Jahre irgendwie abhandengekommen.

Dann machte Tante Margarete mit mir einen kleinen Spaziergang zur *Meersche Tilbeck*, einem Gedenkstein am Fuß des Baumberg-Höhenweges, der an einen Raubmord im 17. Jahrhundert erinnert. Noch viele Jahrzehnte hat der Baum gestanden, auf dem ich mich erkühnte, an einem solch hohen Festtag im nagelneuen Kommunionsanzug herumzuturnen. Tantchen ließ mich gewähren; das zeigt wohl, dass sie bei aller pädagogischen Impertinenz doch eine Weite besaß, die man bei anderen Menschen oft vermisst. Dann besuchten meine Tante und ich Großmutter an ihrem Krankenbett. Sie war sehr still, aber doch irgendwie glücklich, dass sie ihren ältesten Enkel noch als Erstkommunionkind erleben durfte.

In der Folgezeit gingen wir sonntags fast nur noch im *Stift* zur Kirche. Über dem Ganzen schwebte der geistliche Direktor, damals 56 Jahre alt. Ihm zur Seite stand ein etwas kränklich wirkender Kaplan. Meistens verstand ich es, auf der Orgelbühne einen Platz zu ergattern. Ich hatte dort einen großartigen Überblick. Die Messe verfolgte ich sorgfältig mit dem *Schott*-Messbuch in der lateinisch-deutschen Ausgabe. Aber immer kam ich dabei spätestens nach der Wandlung so ins Schleudern, dass ich entnervt aufgab. Mein Großvater hatte sich mit einer Kötterfamilie angefreundet, die ihr Anwesen nördlich des *Stifts* hatte. Wenn er von Bösensell nach Tilbeck gewandert war, um seine Frau zu besuchen, kehrte er regelmäßig bei diesen Leuten ein. Dort war eines Tages ein Herr untergekommen, der stets korrekt gekleidet in einem graubraunen Anzug steckte, mit Krawatte. Er saß so in der Junihitze auf einem Stuhl und las in einem Buch. Er hatte wohl durch meinen Großvater von meiner Lesewut gehört und hielt mir sein Buch unter die Nase, wobei er fragte: „Kannst du das auch lesen?“ Ich warf einen Blick auf den Text und sagte trocken: „Das ist ja Latein!“ Vom Latein verstand ich kein Wort, aber das Schriftbild war mir aus meiner sonntäglichen Beschäftigung mit dem *Schott*-Messbuch vertraut. In der Folgezeit ging ich dann regelmäßig zur Schule, wohlweislich zu Fuß; denn die Dorfkinder hätten mich um mein Fahrrad beneidet und dies auch mit hässlichen Worten und Tätlichkeiten zum Ausdruck gebracht.

In der Schule wurden drei Klassenräume genutzt: 1. und 2., 3., 4. und 5. Jahrgang, und schließlich noch die *Oberklasse*, bestehend aus dem 6., 7. und 8. Jahrgang waren jeweils zusammengefasst. Pflicht waren damals nur acht Volksschuljahre. Der Hauptlehrer, ein etwa dreißig Jahre alter ehemaliger Wehrmachtsoffizier, war in Frankreich verwundet worden. Man hatte ihm die Leitung dieser kleinen Dorfschule übertragen. Im Dienst trug er meistens einen graugrünen Anzug, gefertigt aus dem Stoff für Offiziersuniformen des Heeres. Er hielt sehr auf Ordnung, strahlte aber eine natürliche Autorität aus und genoss vollen Respekt. Dabei war er einem jeden Schüler gegenüber wohlgesonnen.

Ich war im 3. Jahrgang. Hier regierte eine junge Lehrerin. Sie war wohl noch nicht vollständig ausgebildet, genoss aber schon den vollen Respekt ihrer Schülerinnen und Schüler. Sie hatte nie Disziplinschwierigkeiten. In der Unterklasse unterrichtete eine schon alte Lehrkraft. Sie war wohl schon jenseits der Altersgrenze für Beamte und wohnte in Appelhülsen. Jeden Morgen holte der Posthalter, ein Gastwirt, der sein Lokal, wie es sich im Münsterland gehört, hinter der Kirche hatte, die Post von Appelhülsen. Dabei brachte er diese Dame mit seinem einstmals prächtigen *Opel*-Kapitän nach Schapdetten zum Schulunterricht. Der *Opel* hatte dort, wo sonst der Kofferraum ist, eine Holzgas-Anlage. Trockene Buchenspäne wurden wie bei einem Holzkohlen-Meiler in Brand gesetzt und das anfallende Kohlenmonoxyd im Motor zu Kohlendioxyd verbrannt. Man kann sich denken, dass die Energieausbeute sehr gering war. Aber damals fuhren zigtausend Kraftfahrzeuge mit Hilfe dieser Vorrichtung – sogar Lastwagen und Omnibusse. *Rotzkocher* nannten wir respektlos diese technische Vorrichtung. Für gewöhnlich wurden die schon angerauchten Tabakpfeifen der Männer so genannt.

Dieser Wirt und Posthalter hatte nicht nur Gastwirtschaft und Poststelle zu besorgen, er war auch zuständig für den Fliegeralarm. Wenn er Alarm geben musste, trat er aus seinem Haus am Kirchplatz, vor seinem an sich schon recht ansehnlichen Bauch eine Holzkiste mit einer Kurbel. Diese drehte er würdevoll und löste damit einen unglaublichen Lärm aus, der bis zum Ortsende zu hören war. In den Bauerschaften war das Geheul dieser *Sirene* nur schwach oder gar nicht zu hören, aber der Alarm sprach sich schnell herum.

Den Leistungsstand in unserer Klasse kann ich nur als ausgesprochen mager bezeichnen. Es gab Schüler, die kaum oder nur mit Mühe lesen konnten. Dativ und Genitiv wurden rein nach dem Zufallsprinzip gebraucht. Das kam daher, dass das Plattdeutsche, das in allen Familien – außer vielleicht beim Pastor – gesprochen wurde, keine unterschiedlichen Formen für den zweiten und dritten Fall kennt. Wenn ich meine, dass unser *Frollein* noch nicht die höheren Weihen der Didaktik und des Unterrichtens erhalten hatte, so schließe ich das daraus, dass der „Bildungsstand" sehr einseitig und wenig umfassend war. Es wurden zwar die Grundrechenarten behandelt, doch so richtig kann ich mich daran nicht mehr erinnern. Irgendwelche schriftlichen Klassenarbeiten wurden meiner Erinnerung nach nicht geschrieben. Dagegen war die Lehrerin stark im Durchnehmen von Gedichten, die aber beileibe nicht auswendig gelernt wurden. Das wäre sicherlich des Guten zu viel gewesen. Jedoch lernten wir eine Reihe von Gedichten kennen, fast immer mit einem heldenhaften Hintergrund: *In meiner Heimat grünen Talen ...*, *Nis Randers* bis hin zu dem etwas schnulzigen, aber doch höchst eindrucksvollen Gedicht von von Platen:

Nächtlich am Busento ...
... und am Ufer rauf und runter zieh'n die Schatten tapf'rer Goten,
die den Alarich beweinen, ihres Volkes großen Toten.

Dieses imponierende Opus wurde uns wohl an die zehnmal vorgelesen und mit Hingabe erklärt. Später nach 1945 verschwand es völlig aus den Lesebüchern.

Je mehr der Krieg seinen Fortgang nahm und die Ereignisse sich häuften, wurde die erste Unterrichtsstunde oder noch Zeit darüber hinaus genutzt, um diese zum Besten zu geben und ausführlich zu kommentieren. Oft gab es dann noch Fliegeralarm, und die Kinder wurden eilends nach Hause geschickt. Da ich anfangs der einzige *exotische* Schüler war, kam der Hauptlehrer in unsere Klasse, um mir auf den Zahn zu fühlen. Er wollte wohl wissen, was anderswo geleistet wurde. Er fragte mich, was ich von Westfalen wisse. Ich wusste nichts, denn ich war ja gerade aus dem hessisch-thüringischen Grenzgebiet „eingeflogen" worden. Schließlich raffte ich mich zu einer Antwort auf und sagte: „Der Überwasser-Kirchturm in Münster ist der schönste Kirchturm in Westfalen." Das hatte ich *Im schönen Münster*, einer Heimatzeitschrift, die mein Vater vor dem Krieg bezogen hatte, gelesen. Das Ganze war ein reiner Stichwortzusammenhang, wie die Literaturwissenschaftler es nennen. Der Hauptlehrer gab sein Vorhaben daraufhin entnervt auf. Manchmal kam er auch in unsere Klasse, um Rechnen und Raumlehre zu unterrichten. „Was ist ein Quadratmeter? Was ist ein Zentner bzw. Doppelzentner? Was ist ein Hektoliter?“ und dergleichen mehr. Diese Fragen behandelte er sehr anschaulich. Ich schließe daraus, dass unser *Frollein* eben nur eine Schmalspur-Ausbildung hatte. Das war damals üblich, denn die meisten Lehrer waren zum Kriegsdienst eingezogen, und die jungen Damen wurden in Schnellkursen für den Dienst in der Volksschule „abgerichtet“.

Irgendwann kam der erste Schnee. Unsere Lehrerin ordnete an, dass jeder, der einen Schlitten auftreiben könne, diesen am nächsten Tag mitzubringen habe. Es ging dann am nächsten Tag in Richtung Stevertal auf den Baumberg. Dort führte eine großartige Rodelstrecke – über Stock und Stein – hinunter. Auch ich brachte meinen *Davos*-Schlitten mit, und es ging dann mit Schwung in flotter Fahrt herunter. Dabei wechselte ich mich mit meinem Freund Tono ab. Aber er kam nicht zurück. Die anderen Kinder berichteten, Tono sei vom Weg abgekommen und gegen einen Baum gefahren. Er könne nicht laufen. Unsere resolute Lehrerin befahl mir, den Freund auf meinen Schlitten zu setzen und ihn nach Hause zu seiner Mutter in Tilbeck zu bringen. So war das Vergnügen für mich leider zu Ende. Ich zog ihn tapfer die knapp vier Kilometer lange Strecke bis zu seiner Mutter, die mit ihren vier Kindern am Stift Tilbeck wohnte. Das ging ganz gut, nur auf der Straße lag kein Schnee, und das machte die Sache dann doch deutlich schwieriger. Tonos Onkel war ein schon damals bekannter Chirurg in Münster. Er stellte fest, dass kein Knochen gebrochen war, jedoch eine gewaltige Prellung mit Bluterguss ins Kniegelenk hinein vorlag. Tono war mit der rechten Kniescheibe in voller Fahrt gegen den Baum gestoßen. Für heutige Verhältnisse hört sich das Ganze doch sehr archaisch an. Schnell kann auf dem Transport sich eine Embolie einstellen. Und dann? Übrigens hat Tono auf dem ganzen Weg nicht geweint, nur ab und zu still vor sich hin gestöhnt. Als ich den Freund einige Tage später besuchte, war das Knie noch stark angeschwollen und nicht schmerzfrei. Man hatte das Bein mit einer Schiene ruhig gestellt und einen riesigen Verband mit Mullbinden angelegt, der ständig mit medizinischem Alkohol (Methylalkohol bzw. Methanol) gekühlt werden musste. Tono musste noch eine gute Woche lang das Bett hüten, aber soweit ich weiß, lebt er heute noch. – Aber woher in drei Teufels Namen hätte man im Kriegswinter 1944 in der Einsamkeit der Baumberge einen Krankenwagen oder wenigstens einen PKW herholen können? Schon eine Schiebkarre wäre eine große Hilfe gewesen.

Wie schon berichtet, beschäftigte sich unsere noch jugendliche *Juffer* in den ersten Unterrichtsstunden immer ausführlich mit den Kriegsereignissen. Darin war sie unermüdlich Ein alliierter Bomber wurde einmal bei Nottuln von der FLAK getroffen, die Besatzung musste aussteigen und kam mit dem Fallschirm herunter. Einen dieser Amerikaner sah ich am Fallschirm hängend über dem Baumberg pendeln. Er kam, vom Nordwestwind getrieben, irgendwo zwischen Tilbeck und Schapdetten herunter, nicht unweit unseres Schulweges. Ein Soldat aus dem Lazarett schnappte sich ein Fahrrad und eilte, mit aller Kraft in die Pedalen tretend, auf die Stelle zu. So habe ich von der ganzen Sache nichts weiter mitbekommen und den Fallschirmspringer nicht wieder gesehen. Ein Fliegersoldat eines anderen Bombers war in der Gegend von Nottuln niedergekommen. Unsere Lehrerin gehörte zu den ersten, die diese Stelle erreichten. Der Mann hatte sich ein Bein gebrochen und fürchtete um sein Leben. Nicht selten nämlich geschah es, dass aufgebrachte Zivilisten an den feindlichen Fliegern Lynchjustiz übten, vor allem dann, wenn fanatische Parteifunktionäre zugegen waren. Bei der Gelegenheit erfuhren wir, dass unser *Frollein* Englisch sprechen konnte, was damals sehr selten war und mich ungemein beeindruckte. „Warum der Wehrmachtssoldat mit seinem Karabiner da stünde?“ fragte der verwundete und verängstigte amerikanische Flieger, und das wohl nicht ohne Grund. „Der steht da, um Sie zu bewachen und zu beschützen. Die Wehrmacht wird Sie abholen und zuerst in ein Lazarett und später dann in ein normales Kriegsgefangenenlager bringen.“ Es gelang unserer Lehrerin, wie sie selbst berichtete, diesen *Kameraden von der anderen Feldpostnummer* zu beruhigen. Das Ganze hört sich so leicht an, aber es ist vielfach zu dergleichen Übergriffen gekommen. So hatten bei einem Tagesangriff die amerikanischen Bomber im Geistviertel in Münster einige Schäden angerichtet. Einem angeschossenen Bomber gelang es, auf der Habichtshöhe notzulanden. Eine erregte Menschenmenge hatte sich angesammelt und machte sich daran, die feindlichen Flieger zu lynchen. Zum Glück aber war der Pfarrer von Heilig-Geist, Pfarrer Huskamp, wie schon erwähnt ein Patriarch in seiner Gemeinde, zugegen und baute sich in voller Größe vor der bedrohlichen Menschenmenge auf; wie damals üblich in voller Priesterkleidung: im schwarzen Anzug und mit römischem Priesterkragen. Er herrschte die Menge an: „Das kommt nicht in Frage. Nur über meine Leiche!" Da er eine bekannte und Autorität ausstrahlende Priesterpersönlichkeit war, konnte er sich durchsetzen und so die amerikanischen Soldaten vor dem Schlimmsten bewahren.

Zum Kommunionunterricht hatten wir nachmittags noch einmal zur Kirche kommen müssen. Jetzt aber gab es für die Älteren die *Seelsorgstunde*, die dann einmal in der Woche in der Kirche gehalten wurde, und zwar im Anschluss an den Schulunterricht. So brauchten wir den Schulweg nicht an einem Tag zweimal zu machen. Das war ein erweiterter Katechismusunterricht; Bischof Clemens August hatte eigens dafür ein Heft herausgegeben: *Katholische Glaubenslehre*. Manchmal saß dem Pfarrer der Schalk im Nacken: Wenn die Sprache auf die Unfehlbarkeit des Papstes kam, fragte er: „Wovon hat der Papst keine Ahnung?" Die Bauernkinder riefen mit Vergnügen im Chor: „Von Ackerbau und Viehzucht!" Diese Antwort konnte ihnen nur vom Pfarrer selbst beigebracht worden sein, denn er selbst lachte dann immer vergnügt in sich hinein, wobei die kleinen Äuglein hinter den goldumrandeten Brillengläsern leuchteten. Für die ganz frommen Seelen war das damals schon fast Abfall vom Glauben.

Die zumeist älteren Rüpel im Dorf hatten es auf die evakuierten Kinder besonders abgesehen. So machte ich mich nach dem Schulunterricht meistens schleunigst auf den Heimweg. Nach und nach kamen weitere Evakuierte nach Tilbeck, so dass wir bald auf dem Schulweg eine feste Gruppe bildeten. Wenn meine Mutter mich zu irgendwelchen Besorgungen ins Dorf schickte, machte ich mich immer mit meinem Fahrrad möglichst schnell wieder aus dem Staub. So bildeten sich mit den Dörflern keine Spielgemeinschaften und schon gar keine Freundschaften. Eigenartiger Weise wohnten die Stadtkinder – zumeist aus Münster – fast alle in der Nähe des *Stiftes*. Direkt an das *Stift* angrenzend war ein kleiner Bauernhof. Mittelpunkt der Familie war die Bäuerin, eine herzensgute Frau. Zum abendlichen Familiengebet versammelte sie ihre Kinder um sich. Sie selbst saß in einem Sessel, die Hauskatze auf dem Schoß. Die beiden älteren Kinder waren schon im Erwachsenenalter, die beiden jüngeren – Mädchen und Junge – noch im Grundschulalter. So immer sechs bis zehn *Blagen* spielten ständig auf dem Hof. Am beliebtesten war das Versteckspiel. Auch hierbei war der Krieg nicht ganz ohne Wirkung geblieben, denn der Vers, mit dem dieses beliebte Spiel eingeleitet wurde, lautete derzeit:

Achtung, Achtung ohne Ende.
Über'm Kuhstall sind Verbände,
über'm Schweinestall sind Jäger;
morgen kommt der Schornsteinfeger.
Ich komme!

In der Gegend nach Altenberge hin war einem kleinen Kötter die Ziege eingegangen. Die Dorfjugend sang daraufhin nach der Melodie eines damals noch bekannten Soldatenliedes aus den Freiheitskriegen von Wilhelm Hauff:

Morgenro-o-ot, Morgenro-o-ot,
Möllmanns Ziege, de is do-o-ot.

Die jüngste Tochter, Agnes, etwa neun Jahre alt, war beim Spiel unglaublich erfinderisch. Sie machte eine Gärtnerei auf. Aus Ziegelsteinen wurden kleine Gartenbeete angelegt und mit Sand gefüllt. Sodann wurden auf den Wiesen *Plaggen* ausgestochen, auf denen sich die sommerliche Blütenpracht entfaltet hatte. Sie wurden in der „Gärtnerei“ wieder eingepflanzt und fleißig mit Wasser begossen. Die Spielgefährten waren dann die Kunden; ich meine, wir hätten die Ware mit Kieselsteinen bezahlt. Dass nach spätestens zwei Tagen die ganze Blumenpracht dahin war, störte nicht, denn die nahen Wiesen standen ja in voller Blüte. Die kleine „Gärtnerin“ steigerte sich so in ihre Rolle hinein, dass sie ihre „Kunden“ auch abschlägig beschied. „Nein, diese Blumen kann ich Ihnen nicht abgeben. Wir haben noch eine Hochzeit.“ Gemeint war wohl, dass sie eine „Hochzeit“ beliefern müsse. Dieses Kind war dann auch ein Opfer des Krieges. Sie war dabei, als andere Kinder mit Munition spielten. Ein Feuerstrahl – vielleicht aus einer Stab-Brandbombe, die noch irgendwo herumlag – traf sie im Gesicht, so dass sie ihr Leben lang mit großen Brandnarben herumlaufen musste. Dennoch hat sie einen Mann gefunden und später *nach Havixbeck hin* geheiratet. Wie ich hörte, ist sie vor einigen Jahren gestorben.

Ein Ereignis muss noch unbedingt der Nachwelt erhalten bleiben. Ich bedauere heute noch, dass ich damals nicht dabei war: Es war November und abends schon recht kühl. Von der Straße zum Hof führte ein kleiner Fahrweg. Hinter einem maroden Weidezaun lag eine Wiese, die jedoch tiefer lag als der Weg. Ein Graben trennte Weg und Wiese, in den auch die Abwässer aus den Ställen des Hofes eingeleitet wurden. In diesen Novembertagen war dieser Graben bis an den Rand mit Wasser und Schlamm gefüllt. Jetzt kam jemand auf die Idee, vom höher gelegenen Weg über den mickrigen Weidezaun auf die Wiese zu springen. Mit Anlauf klappte das ganz gut. Aber das Bessere ist der Feind des Guten. Als das zu langweilig wurde, begann man nach ein paar Tagen, von der Wiese aus auf den höheren Weg zu springen. Mit verlängertem Anlauf gelang auch das. Jetzt sprang man also abwechselnd einmal in die eine und einmal in die andere Richtung. Der Zufall wollte es einmal, dass die beiden jüngsten Kinder des Bauern zugleich sprangen, das eine hin-, das andere herüber. Die »Luftaufsicht« versagte völlig, denn beide Kinder, Mädchen und Junge, stießen genau auf halber Strecke zusammen und plumpsten in die kalte, nasse und stinkende Brühe. Die Mutter, eine resolute Frau, nahm ihre beiden Sprösslinge und stellte sie wie Adam und Eva im Paradies unter die Pumpe, die auf der Tenne stand. Nachdem beide Kinder gründlich mit kaltem Wasser abgewaschen worden waren, wurden sie in ihre Betten gesteckt und waren am anderen Tag wieder wohlauf. Die Spielgefährten jenes Nachmittags und auch ich haben noch tagelang gelacht.

Also, auf dem kleinen Bauernhof war fast immer etwas los. Oft aber hatte ich keine Lust zu spielen und verkroch mich lieber hinter meinen Büchern. Immerhin gab es in der Schule eine kleine Schülerbücherei. Dort fand ich viel vaterländische Literatur und Kinderbücher, jedoch eigenartiger Weise keine Nazi-Literatur. Die hatte man in dem abgelegenen Dorf wohl vergessen anzuschaffen, oder der Hauptlehrer hatte diese Art von Lesestoff unauffällig verschwinden lassen, das wäre ihm zuzutrauen gewesen. Oft spielte ich auch mit meinem Bruder im *Busch*, der direkt am Kotten angrenzte und dem benachbarten Bauern gehörte. Dieser ließ uns großzügig gewähren, und wir durften sogar reichlich Leseholz mit nach Hause nehmen, das wir mit unserem alten Rodelschlitten beförderten, den wir auch im Sommer über den Waldboden zogen. Das war auch notwendig, denn unsere Mutter brauchte Brennholz. Es dauerte nur wenige Wochen, und in diesem Waldstück war der Boden wie leer gefegt.

Einmal bauten wir uns aus Stangenholz, das reichlich herumlag, ein *FLAK-Geschütz*. Der Standort mitten im Busch war hervorragend gewählt, denn wegen der dicht belaubten Baumkronen konnte uns ein feindlicher Flieger nicht ausmachen. Andererseits konnten wir umgekehrt auch kein Ziel fassen. Das aber störte uns nicht weiter, denn das Ding schoss ja sowieso nicht.

Abseits vom Schulweg, gegenüber den *Sieben Quellen*, lag ein Bauernhof. Dorthin hatte es einen Mitschüler verschlagen, der in Münster irgendwo im Geistviertel zu Hause war und allein bei der

Bauernfamilie lebte. Er war einen Kopf größer als ich, schon elf Jahre alt und bereits im 5. Jahrgang. Da wir ein Stück Schulweg gemeinsam hatten, gingen wir oft zusammen und freundeten uns an. Er erzählte, sein Vater sei von Beruf Chauffeur; von seiner Mutter sprach er nie. Chauffeur? Darunter stellte ich mir einen Busfahrer der Städtischen Verkehrsbetriebe in Münster vor, die meinem Vater unterstanden, vielleicht auch den Fahrer des Landeshauptmanns im Landeshaus am Mauritztor. Dieser hatte einen OPEL-Admiral mit Fahrer, dessen Sohn mit mir zusammen im ersten und zweiten Schuljahr gewesen war. Aber nein, der Vater des Jungen fuhr einen Lkw mit Kies und anderen Baustoffen beladen. Er war also auch ein Chauffeur – so erweiterte ich meinen Wortschatz. Der Junge erzählte mit einem gewissen Stolz, er sei schon gefirmt, und zwar von Weihbischof Roleff. Ich fragte zurück: „Warum nicht von Bischof Clemens August?“ Dieser Name war mir vertrauter. Der elfjährige Weggefährte dachte tief nach und sagte dann: „Ja, Clemens August ist ja auch kein Weihbischof.“ Ich stimmte dem zu. Ja, so ist es eben, oft ist eine Lösung genial, aber falsch, besonders bei Juristen.

Oft wurde ich in das *Stift* zur Großmutter geschickt, „... damit Oma nicht immer so allein ist“. Sie freute sich über die Besuche ihres Enkels, lag aber meistens still auf ihrem Krankenlager. Ich las die Zeitung von vorn bis hinten durch. Einmal schrieb mein Vater Großmutter einen Brief. Die Anrede lautete: „Liebe Mutter Nickel“. Auch hatte er einmal im Urlaub für sie eine Flasche Rotwein aus Frankreich mitgebracht. Das Sitzen am Krankenbett war mir auf die Dauer natürlich zu langweilig. Meistens entwischte ich für kurze Zeit und erforschte die langen und verwinkelten Flure des riesigen Gebäudes. Es kommt mir immer noch bemerkenswert vor – wie schon gesagt, dass kein Mensch auf die Idee kam, uns Kinder fortzuscheuchen – die Ordensschwestern schon gar nicht. Vielmehr fiel oft eine Essensportion ab, die nicht gebraucht wurde und von einem Krankenzimmer zurückkam.

Auf der Station, wo zumeist schwerkranke Patienten lagen, taten zwei Ordensschwestern ihren Dienst. Die eine war Schwester Rosata. Sie war eine kleine, etwas rundliche Person und hatte immer ein frohes Gesicht mit roten Bäckchen. Sie sprach nicht viel, aber wenn sie ins Krankenzimmer trat, strahlte sie mit ihrer Freundlichkeit die Patienten nur so an. Für viele der Schwerkranken war es, als sei ein Sonnenstrahl ins Zimmer gefallen. Sie wurde einfach geliebt. Bei der anderen Ordensschwester war das anders: Sie war von mittellanger Gestalt, dünn wie ein Hering, von leptosomem Körperbau. Wahrscheinlich war sie auch in den Wechseljahren und litt obendrein noch an einer Schilddrüsenüberfunktion. Die Folge war, dass sie ständig etwas zu nörgeln hatte, und wie ein *Rabattenteckel im Vorgarten* herumkläffte. Diese Schwester hieß mit ihrem Ordensnamen Schwester *Veriana.* So hatte sie bald ihren Spitznamen weg, man nannte sie – in Anlehnung an ihren Ordensnamen – die *wehrige Anna,* ein echter Gegensatz zu Schwester Rosata. Auch in den Ordensgemeinschaften gibt es – Gott sei Dank! – unterschiedliche Charaktertypen, die einer gewissen Notwendigkeit unterliegen, wie schon Goethe es richtig gesehen hat. Längst ruhen beide Ordensfrauen auf dem Klosterfriedhof in Gottes Frieden und haben das Ziel ihres irdischen Lebens nach jahrzehntelangem Dienen im Orden erreicht. Beide haben unsere uneingeschränkte Hochachtung und gewiss auch den Lohn des Himmels verdient.

Meine Tante – stets bedacht, zur Bildung ihrer Mitmenschen beizutragen – hatte Großmutter ein kleines Buch geschenkt: Rüdiger Syberberg *Ich komme in der Nacht.* Dieser Autor ist heute völlig in Vergessenheit geraten. Großmutter war eine schlichte, einfache Frau, die kein Verhältnis zu Büchern hatte. Ich habe sie nie mit einem Buch in der Hand gesehen. Jetzt auf ihrem Krankenlager war sie auch wohl zu schwach dazu. Dieses kleine Buch habe ich dann am Krankenbett gelesen. Zunächst, indem ich wahllos darin herumstöberte, später dann auch im Zusammenhang. Es handelt sich um die rein zufällige Begegnung verschiedener Personen; jede mit eigenem Charakter und besonderem Lebensschicksal. Es geht dabei um ganz persönliche Lebenswege, um Schuld und Läuterung. Ich ahnte nicht, dass ich ein eminent christliches Werk in der Hand hatte. Heute wundert man sich, dass eine solche Schrift im Jahre 1941 noch erscheinen durfte. Ich habe damals natürlich den Hintergrund der Handlung und Darstellung noch nicht begreifen können. Einige Szenen sind mir allerdings sehr lebendig in Erinnerung geblieben, so vor allem, wie ein aus der Bahn geratener Staatsanwalt einen Stoß von 1000-Reichsmark-Scheinen im Ofen verbrennt, und ein anderer – von Geldgier getrieben – davon noch retten will, was zu retten ist. Er greift in die Flammen und steht dann mit verrußter und verdreckter Kleidung fassungslos vor dem Ofen und starrt in die verglühende Asche. In den vergangenen 60 Jahren habe ich dieses kleine Buch immer wieder einmal – wohl mehr als zehnmal – gelesen.

Einmal packte mich das Heimweh, und ich wollte mit dem Fahrrad nach Münster fahren und unser Haus wieder sehen. Aber kurz vor Roxel in der Bauerschaft Altenroxel bei der Gärtnerei verließ mich der Mut, und ich kehrte mit meinem Fahrrad zurück nach Tilbeck. Niemand hatte meine Abwesenheit bemerkt, und ich habe auch nichts davon erzählt.

Ähnliches geschah im Frühwinter 1944. Es gab eine Zuteilung von vielleicht sechs Apfelsinen. Diese Kostbarkeiten aber waren nur in Appelhülsen erhältlich. Ich setzte mich auf mein Fahrrad und fuhr über Schapdetten auf der Landstraße in Richtung Appelhülsen. Dort, wo die Landstraße die Bundesstraße nach Appelhülsen erreicht, verließ mich der Mut. Eine dunkle schwarze Wolkenwand und dichtes Schneetreiben nahmen mir fast die ganze Sicht. Ich drehte um und fuhr durch dies dicke Schneegestöber entmutigt nach Tilbeck zurück. Die uns zustehenden Apfelsinen hat dann eine Nachbarsfrau für uns von Appelhülsen mitgebracht.

Zwar hatten wir zu Anfang des Krieges noch gelegentlich Apfelsinen zu Gesicht bekommen, aber diese Apfelsinen waren für uns Ende 1944 eine ungeahnte Köstlichkeit, die wir mit Genuss aßen. Aber wohin mit der Schale? Mein Bruder und ich sahen die einzig sinnvolle Lösung darin, diese auch noch aufzuessen. Man warf eben nichts weg.

V.

Aber nun ist es wohl an der Zeit, zu den Kriegsereignissen zurückzukehren. Im Frühsommer 1944 kam die Nachricht, dass unser Vetter Fritz, der schneidige U-Boot-Offizier, vermisst war. Der letzte Funkspruch des U-Boot-Kommandanten lautete etwa: „Werden von feindlichen Fliegern und Zerstörern angegriffen.“ Es folgten für seine Mutter, unsere Tante Maria, lange Monate der Ungewissheit. Vetter Fritz hat uns nach seiner Heimkehr aus amerikanischer Gefangenschaft ausführlich berichtet. Das U-Boot operierte im Atlantik westlich von Afrika. Fast die gesamte Besatzung war an Deck und mit Reinigungs- und Instandsetzungsarbeiten beschäftigt. Plötzlich rief einer der Posten im Ausguck: „Flieger!“ Die amerikanischen Flieger waren „aus der Sonne kommend“ angeflogen und daher nur spät ausgemacht worden. Sie griffen das U-Boot mit ihren Bordwaffen an. Es gab einige Verwundete, von denen einer noch während der Nacht starb. Die feindlichen Flieger griffen erneut an. Aber da hatte sich die Besatzung schon in einem Affentempo unter Deck begeben können und ebenso die Verwundeten erst einmal gerettet. Der Tauchvorgang wurde eingeleitet, und beim zweiten Anflug konnten die Amerikaner nicht mehr viel mit ihren Bordwaffen ausrichten. Wasserbomben konnten sie offenbar nicht einsetzen. Das U-Boot tauchte ab und wurde tagelang von feindlichen Zerstörern und Fliegern gejagt. Immer, wenn man ihnen entkommen war, waren es wieder die Flugzeuge eines Flugzeugträgers, die das deutsche U-Boot sichteten und wieder angriffen. Als dem Kommandanten klar wurde, dass es wohl kein Entkommen mehr gab, befahl er aufzutauchen. Sofort begannen die feindlichen Zerstörer mit dem Feuer und versuchten, sich auf das Boot einzuschießen. Zum Glück aber waren die Maschinen des U-Boots unbeschädigt, und es konnte mit voller Kraft einen großräumigen Zick-Zack-Kurs fahren. Der Kommandant befahl seiner Besatzung, das Boot unter Mitnahme der Verwundeten zu verlassen. Vetter Fritz stand auf der Zentrale des Boots neben dem Kommandanten. Dieser befahl ihm, jetzt von Bord zu gehen.

Vetter Fritz machte einen Hechtsprung ins Wasser. Nur wenige Augenblicke später gab es einen Volltreffer auf die Zentrale. Sie wurde zerstört, und die sich auf ihr befindlichen Seeleute wurden mit ihrem Kommandanten getötet. Dies berichteten die U-Boot-Fahrer, die dann aus dem Inneren des Schiffs kamen und ebenfalls ins Wasser sprangen. Das deutsche U-Boot ist dann führerlos mit voller Kraft und ohne Besatzung weiter gefahren. Ob es dann gesunken ist oder von den Amerikanern aufgebracht wurde, ist nicht bekannt geworden. Jedenfalls hatte die Besatzung die Flagge nicht gestrichen. Vetter Fritz war der einzige Offizier des U-Bootes, der von den Zerstörern aufgefischt wurde und in Gefangenschaft geriet. Er wurde sofort von den übrigen Dienstgraden getrennt, bekam trockene Kleidung und eine komfortable Einzelkabine mit Bad und WC zugewiesen. Dann stellte man ihn auf die Brücke des Zerstörers, drückte ihm ein Marineglas in die Hand mit dem Auftrag, nach etwaigen schiffbrüchigen Kameraden Ausschau zu halten. Dabei hatte er aber keinen Erfolg. Man muss wohl die selbstverständliche Solidarität und Fairness unter Seeleuten hervorheben, wie sie bei der Marine überall geübt wurden. Wenn es um Rettung ging, gab es gegenüber den Kameraden von der anderen Feldpostnummer keine trennenden Grenzen. Vetter Fritz kam erst im Jahre 1949 aus amerikanischer Kriegsgefangenschaft zurück. Er betonte immer, wie fair und ordentlich man ihn behandelt und gerade auch als Offizier respektiert habe.

Sein ältester Bruder Hans war bei der FLAK gewesen und hatte es zum Oberleutnant und Batterie-Chef gebracht. Er war in Russland im Erdeinsatz gewesen und erlebte das Kriegsende unter höchst gefährlichen Umständen in der Nähe von Hamburg. Er machte den Engländern weis, er sei Brauerei-Eleve und gehöre so einem der Landwirtschaft nahe stehenden Beruf an. So wurde er vorzeitig entlassen. Nie war es im Verlauf des Krieges dazu gekommen, dass die beiden Brüder Hans und Fritz zur gleichen Zeit Heimaturlaub hatten. So haben sie sich zehn Jahre lang nicht gesehen.

Im Oktober 1944 kam nach langen Monaten der Ungewissheit über das SCHWEIZERISCHE ROTE KREUZ die Nachricht, dass Vetter Fritz in amerikanischer Gefangenschaft sei und lebe. Fast zeitgleich waren die verheerenden Bombenangriffe in Münster gewesen. Das prächtige großbürgerliche Elternhaus sowie das Geschäftshaus am Drubbel waren vollständig zerstört worden. Tante Maria sagte damals zu ihrer Schwester, unserer Tante Margarete, sie habe deswegen nicht eine Träne weinen können, so glücklich und dankbar war sie darüber, dass sie die Gewissheit hatte, dass ihr zweiter Sohn Fritz am Leben sei und nach menschlichem Ermessen den Krieg heil überleben würde. – Aber der Krieg fand für meinen Bruder und mich ja nicht irgendwo in der weiten Welt oder auf dem großen Meer, sondern in der kleinen, übersichtlichen Bauerschaft Tilbeck statt.

So um den 1. Juli herum bekam unser Vater zum letzten Male „normalen Urlaub". Er interessierte sich mehr als mir lieb war für meine Schularbeiten, die mich nach Lage der Dinge kaum interessierten. Sie waren mir einfach zu *labberig*. Vater war *not amused* und ich infolgedessen auch nicht. Dann kam der 20. Juli 1944. Ich erfuhr nur das, was mir meine Mutter aus der Zeitung vorlas, und ein- oder zwei Tage später vom Scheitern des Anschlags: „... eine Clique feiger, verbrecherischer und ehrloser Offiziere ...", so oder so ähnlich lautete der Originalton Hitlers. Sonst habe ich damals nichts von der ganzen Angelegenheit mitbekommen. Wir lebten ja alleine wie auf einer Insel in der weiten abgelegenen Bauernschaft Tilbeck. Was die Leute dazu sagten, weiß ich nicht, ich habe den Eindruck, das Ganze sei tot geschwiegen worden. Auch in der Schule hörte ich nichts davon, vielleicht weil gerade Ferien waren.

Noch konnten wir im Hochsommer unbeschwert und unbefangen spielen. Es gab in der Nähe von Rehers am Abzweig nach Bösensell einen Abflussgraben, der auch im August noch voll Wasser war. Dort planschten wir quietschlebendig herum. Einmal gab es Alarm, und ein Wehrmachtssoldat, der auf einem Fahrrad vorbei kam, scheuchte uns in das nächste Bauernhaus. Dabei kam mein Freund Tono in ziemliche Gewissensnöte, denn er hatte von seiner Mutter, sowie dem gestrengen Onkel – einem in Münster sehr bekanntem Facharzt für Chirurgie – den strengen Befehl, bei Fliegeralarm sofort nach Hause zu kommen. Dieser Chirurg war ein Kartellbruder des Direktors, und es war ihm gelungen, für sich und seine Familie sowie die Familie seiner Schwester – es gab dort vier heranwachsende Kinder, zwei Jungen und zwei Mädchen, mit denen ich mich bald anfreundete – ein Quartier zu finden. Der Vater dieser Kinder hatte in Pluggendorf in der Nähe des Aasees eine Gärtnerei. Er war Unteroffizier bei der Luftwaffe und hatte seine Dienststelle offenbar in Münster, denn regelmäßig hatte er am Wochenende dienstfrei und konnte seine Familie in Tilbeck besuchen. Er nahm dann jedes Mal in voller Uniform an der Sonntagsmesse im Stift teil und hatte ebenso wie ich seinen festen Platz auf der Orgelbühne.

Im Spätsommer 1944 begann die Front langsam, aber unaufhörlich, näher zu rücken. Man entschloss sich, die riesigen Dachflächen des Stifts mit dem Roten Kreuz auf weißem Grund zu versehen. An einem herrlichen Septembermorgen fingen der Schlossermeister des Stifts, der ruhige, allzeit besonnene Herr Reher, und der Kaplan des Stifts mit den Arbeiten an. Herr Reher trug seinen Arbeitsanzug, den so genannten Blaumann. Der Kaplan aber turnte mit Farbeimer und Pinsel auf dem Dach herum, angetan mit der hochoffiziellen Soutanelle, damals die übliche Kleidung für die Geistlichkeit. Ein eigenartiges Bild. Herr Reher trug die Farbe des Roten Kreuzes auf, der Kaplan die weiß anzulegende Fläche.

Die Bedrohung durch die Luftangriffe der Alliierten nahm ständig zu. Die Geschwader flogen dicht an dicht über uns weg. Es waren tagsüber die Amerikaner. Die Engländer wurden nachts aktiv. Es ist nicht übertrieben, wenn gesagt wird, der Himmel sei schwarz gewesen wegen der massiert anfliegenden Verbände. Es war ein kerniges, lautes Brummen in der Luft, das von einzelnen aufheulenden Motoren überlagert wurde. Ich meine, es hätte sich gar nicht schlecht angehört und habe es noch heute in den Ohren. Die Angriffe, die geflogen wurden, richteten sich beileibe nicht immer gegen Münster. Auch bei Tagesangriffen auf Berlin oder auf Ziele in Süddeutschland lagen wir mitten in der Einflugschneise. Ein britischer Flieger erzählte nach dem Krieg, der hochliegende Kirchturm von Altenberge habe als Orientierungspunkt für die einfliegenden Verbände gedient. Diese wurden begleitet durch die *Jabos*, Jagdbomber, die in großer Höhe als Jagdschutz mitflogen.

Die deutschen Jäger waren nicht untätig, aber zahlenmäßig schwach. Die He 219 war als Nachtjäger von den feindlichen Fliegern gefürchtet. Diese Maschine hatte auch im Heck eine Bordkanone (Kaliber 3,7), mit der der Heckschütze nach hinten schießen konnte. Wenn die feindlichen Bomberverbände nach Berlin oder nach dem Süden weiterflogen, konnten die *Jabos* nicht mithalten. Sie konnten nur bis zu einer Linie Wiehengebirge oder Teutoburger Wald mitfliegen, dann war wegen der begrenzten Treibstoffreserve der *Point of no return* erreicht. Sie mussten umkehren, um mit dem restlichen Treibstoff ihre Basis in Holland oder England wieder zu erreichen. Dann kehrten sie um und suchten dabei ihre letzten Bomben und ihre Munition loszuwerden. Deshalb schossen sie auf alles, was sich bewegte, auch auf Zivilisten, zum Beispiel Bauern bei der Feldarbeit. Besonders beliebtes Ziel waren die Bahnstrecken. Von der Anhöhe bei den *Sieben Quellen* auf unserem Schulweg konnte man diese Angriffe gut beobachten. Die Züge – ausschließlich mit Dampf betrieben – waren auch von unserem Beobachtungspunkt gut erkennbar; wurden sie von den feindlichen *Jabos* ausgemacht, so griffen diese an. Es war ein Panorama, wie auf dem Exerzierplatz. Meistens waren es zwei Maschinen, die angriffen. Sie drehten sich beim Anflug so, dass eine Tragfläche nach oben und die andere nach unten zeigte. So konnten sie beide Bordkanonen gleichzeitig ins Ziel bringen. Nach ein- bis zwei Anflügen brannte der Zug. Man sah es tagsüber an den Rauchwolken. Diesen Vorgang habe ich des Öfteren beobachtet. Einmal sah ich in der kalten Abenddämmerung, wie ein Zug, der lichterloh brannte, abgeschleppt wurde. Ein schauriger Anblick in der beginnenden Dunkelheit am winterlichen Himmel.

Dort, wo die Landstraße nach Havixbeck die Bahn kreuzt, hatte die Luftwaffe eine Scheinwerferbatterie installiert. Die Soldaten waren jedoch bald abgezogen und durch einen Trupp Luftwaffenhelferinnen ersetzt worden. Diese trugen einen Mantel aus khakibraunem Uniformstoff, dazu einen luftwaffengrau angestrichenen Stahlhelm. Nahte sich ein Flugzeug, so kamen sofort zwei *Mann*, mit einem Fernglas bewaffnet, und notierten die Anzahl der Flieger und die geschätzte Höhe sowie den Kurs. Diese Angaben wurden dann per Telefon weitergegeben. Das Kommando führte ein etwas älterer Feldwebel, dem man die jungen Damen anvertraut hatte.

Hierhin gehört auch die Begebenheit, die für mich nicht ohne Gefahr war. Es war ein herrlicher sonniger Oktobertag. Meine Mutter schickte mich mit ein paar Fleischmarken versehen nach Havixbeck, um Leberwurst einzukaufen. Der Metzger aus dem Dorf Schapdetten war als Soldat eingezogen, sein Geschäft war geschlossen. Auf der sechs Kilometer langen Strecke nach Havixbeck muss mir wohl jemand gesagt haben, dass Fliegeralarm war. Ich radelte mit meinem Fahrrädchen durch die helle Oktobersonne. Die feindlichen Flieger ließen nicht auf sich warten. Ich erreichte dann die Stelle, an der die Bahnstrecke Münster-Coesfeld-Bocholt die Landstraße kreuzte. Genau da hatte die Luftwaffe eine Scheinwerferbatterie installiert. Bahnstrecke? In der Schule war uns einiges *eingeimpft* worden, und ich empfand das ganze so, dass die Bahnstrecke wohl eine besondere Gefahrensituation darstellen müsse. Der Himmel war inzwischen schwarz von den feindlichen Maschinen. Ich hielt also vorsichtshalber an und traute mich nicht, das Gleis zu überqueren. Dann kam plötzlich aus Richtung Münster ein Riesenlärm. Ich ließ mein Fahrrad fliegen und warf mich in den Straßengraben. Dabei war es nur eine größere Lokomotive, die mit Volldampf über die Strecke raste, um wohl irgendwo in den Baumbergen Deckung zu suchen. Es war ein fürchterlicher Lärm. Ich reagierte, wie man es uns in der Schule beigebracht hatte: sofort Deckung nehmen. Das hieß, dass ich mein Fahrrad fallen ließ und mit einem Sprung in den Straßengraben flüchtete. Die Lokomotive war vorbeigerast, und es wurde wieder ruhig. Vorsichtig wagte ich mich aus dem Graben heraus und war schon im Begriff, mit meinem Kinderrädchen weiter zu fahren, als ein Riesenkrach los ging. Die feindlichen Flieger hatten die Bahnstrecke entdeckt, und die *Jabos*, in großer Höhe fliegend, warfen ihre leichten Fliegerbomben. Wegen ihrer großen Flughöhe – etwa 6000 Meter – war das Ziel zu treffen nicht einfach. Wohl ein Dutzend Bomben fielen in der Nähe der Bahnstrecke und explodierten einige 100 Meter von mir entfernt. Es war ein unheimlicher ohrenbetäubender Krach. Die Bahnstrecke wurde nicht getroffen. Nur der Stall eines Bauern in der Nähe geriet in Brand. Als der Höllenlärm vorbei war, hielt ich Ausschau. Mir war nichts passiert und meinem kleinen Fahrrad auch nicht. Munter fuhr ich die restliche Strecke nach Havixbeck, um die Leberwurst zu bekommen. Aber es war Fliegeralarm und alle Geschäfte waren geschlossen, und ich musste eine geschlagene Stunde warten, bis ich in der beginnenden Abenddämmerung meine kleine Portion Leberwurst erstanden hatte und durch die Dunkelheit zurückfahren konnte. Bevor ich zu unserer Behausung kam, machte ich noch einen kurzen Besuch bei der Großmutter an ihrem Krankenlager im Stift. Meine Mutter hatte verständlicherweise Not und Sorge ausgestanden. Hier ist nun die Frage angebracht, die öfter gestellt wird: „Hast du bei derartigen Erlebnissen nicht Angst gehabt?“ Die ehrliche Antwort heißt: „Nein.“ Dabei ist zu bedenken, was ich im Alter von fünf Jahren im nächtlichen Luftschutzkeller schon erlebte. Ich konnte sehen, wie Häuser brannten, und das Getöse, welches vor allem die FLAK-Batterien verursachten, hören. Ein gutes Polizeipferd wird ja in der Ausbildung bereits mit dem Lärm einer *Bigband* vertraut gemacht, so dass es im Ernstfall nicht auf die Idee kommt, zu scheuen und auszubrechen, wenn es plötzlichem Lärm ausgesetzt ist, etwa bei Demonstrationen und Karnevalsumzügen. Einmal allerdings gingen die Nerven bei mir durch. Auf dem Heimweg von der Schule wehte der Wind aus Richtung Buldern. So erreichte mich der heftige Kanonendonner einer FLAK-Batterie. Ich weiß nicht, ob es Ernstfall oder ein Übungsschießen war, da wir aber vorzeitig schulfrei bekommen hatten, wird es wohl Fliegeralarm und somit auch ernst gewesen sein. Jedenfalls war es ein unheimliches und schreckliches

Donnern. Ich hatte wohl einen schlechten Tag, denn ich geriet in Panik und rannte auf der Straße völlig sinnlos hin und her, bis ich mich wieder gefangen hatte und eiligst nach Hause lief. Aber sonst im „Normalfall“ haben dergleichen Ereignisse keine Angstgefühle in mir ausgelöst.

Übrigens sind damals Tausende von Kindern in solche Situationen geraten. Einer meiner späteren Freunde hatte auch ein sehr aufregendes Erlebnis: Er war im Alter von sieben Jahren evakuiert. Seine Schule war in der Nähe des Bahnhofs Westbevern-Vadrup. Als es Fliegeralarm gab, wurden die Kinder nach Hause geschickt. Der kleine Klaus machte sich auf den Heimweg und überquerte eine Wiese, um den Schulweg abzukürzen. Ein einzelner Tiefflieger suchte ein Ziel und schoss. Nun hatte man in der Schule den Kindern beigebracht, sich richtig zu verhalten: Wenn die Motoren laut aufheulten, dann drehte der Flieger im Steilflug ab. Wenn das Motorengeräusch leiser wurde, war die feindliche Maschine im Anflug, und es hieß, sofort in Deckung zu gehen. Klaus hatte seine Lektion gut gelernt, ließ seine Holzschuhe fahren und warf sich in den Graben am Rand der Wiese. So war er einigermaßen sicher, nicht aber die Kuh, die auf der Weide graste. Diese hatte wohl die Schule geschwänzt und kannte sich deswegen nicht so richtig aus. Der Tiefflieger fegte über die Wiese, eine Salve aus seiner Bordkanone schießend, und die erwischte die Kuh. Sie fiel und lag quer über dem Graben, genau an der Stelle, an der Kläuschen Schutz gesucht hatte. Dieser hörte noch minutenlang das Todesröcheln und sah in die weit aufgerissenen Augen des sterbenden Tieres. Als die Gefahr vorbei zu sein schien, kam der siebenjährige Grundschüler unter der Kuh hervor, suchte seine Holzschuhe und lief nach Hause. Heutzutage würde sicher ein ganzes Aufgebot an Psychologen und Therapeuten auf den kleinen Kerl losgelassen. Aber bei meinem Freund Klaus hat auch dieses Erlebnis keine feststellbaren Schäden hinterlassen.

Es ist eine offene Frage, ob ein Mitschüler oder der bekannte Reiter-Champion Dr. Reiner Klimke der größte Flegel des Abitur-Jahrgangs 1955 am Ratsgymnasium war: Beide brachten manche Lehrer durch ständiges freches Grinsen aus der Fassung – aber Grinsen ist ja schließlich nicht verboten. Der erstgenannte Mitschüler war der Sohn jenes Bahnbeamten, mit dem mein Großvater seinerzeit aneinander geraten war. Der Vater war als Kriegsbeschädigter aus dem 1. Weltkrieg heimgekehrt und war jahrzehntelang bei der Bahnauskunft tätig. Dieser Mitschüler war im Jahre 1944 nach Telgte gekommen, wo er bei Verwandten Zuflucht gefunden hatte. Die Nachtangriffe wurden von der *Royal Air Force* (RAF) geflogen, die es eines Nachts auf die Kanalüberführung (als *KÜ* bekannt) abgesehen hatte. Die Führungsmaschine setzte die Lichtzeichen, *Christbäume* genannt, um das Ziel zu markieren. Aber durch den Westwind wurden diese *Christbäume* in das Gebiet Telgte-Westbevern abgetrieben. Die Bomber warfen ihre Last ab, der Bauer erkannte die Gefahr und jagte mit einem energischen „Raus hier, aber schnell!" seine Familie ins Freie. Dort fand man hinter einer Strohmiete vermeintlichen Schutz. Denn wenn das zumeist aus Fachwerk bestehende Haus getroffen worden wäre, hätte es daraus kein Entkommen gegeben. Der kleine Günter sah, wie die Bombenklappen sich öffneten, die Bomben zuerst taumelnd herausfielen, dann aber durch das eigene Leitwerk auf die rechte Bahn gebracht wurden und am Boden explodierten. Dieser spätere Mitschüler – alles andere als ein ängstlicher Charakter – gab bei unserem 50-jährigen Abitur-Treffen dieses Erlebnis zum Besten und bekannte freimütig, dass er mit seinen neun Jahren eine Höllen-Angst ausgestanden habe und ihm der Schreck gehörig in die Glieder und der Rest in die Hose gefahren sei. Wäre das Haus getroffen worden, so hätten die Bewohner kaum eine Chance gehabt zu überleben.

In Havixbeck stand in Bahnhofsnähe eine Vierlings-FLAK. Dies war eine 2-cm-Luftabwehrkanone mit vier Rohren. Eine Batterie bestand normalerweise aus drei Geschützen. So ein Vierer-Geschütz hatte eine unglaubliche Feuerkraft: 385 Schuss pro Minute. Dies war aber rein theoretisch, denn das Wechseln der Magazine und der Rohre, die zwischendurch gekühlt werden mussten, kostete Zeit. Für tieffliegende Flugzeuge ergab das ein ungeheures Abwehrfeuer, welches besonders in der Höhe zwischen 1000 m und 2000 m mörderisch war. Diese Kenntnisse verdanke ich einem etwas älteren Studienkollegen, der es als Luftwaffenhelfer bis zum Oberflakhelfer gebracht hatte, und der am Ostrand von Münster, nämlich an der Schleuse, mit seiner 2-cm-Kanone den Dortmund-Ems-Kanal tapfer verteidigt hat. Von der unglaublichen Feuerkraft einer Vierer-FLAK konnte ich mich eines Sonntagvormittags persönlich überzeugen. Bei herrlichem Oktobersonnenwetter kam ich aus der Sonntagsmesse im Stift und marschierte zu unserer Bleibe kurz vor dem Baumberg. Von Süden – aus der Richtung Buldern kommend – flogen in niedriger Flughöhe zwei mir bis dahin unbekannte Maschinen an. Vielleicht waren es Kuriermaschinen oder Schulungsflugzeuge der Luftwaffe. Sie flogen einen geraden Kurs in einem aufreizend langsamen Tempo in Richtung Havixbeck. Auf diese lahmen Flugenten begann die Vierer-FLAK vom Bahnhof Havixbeck aus zu feuern. Es müssen wenigstens zwei Geschütze gewesen sein, denn die Salven lagen einmal mehr links, dann wieder mehr rechts von den Maschinen. Die Geschosse explodierten mit einem lauten, hellen Knallen. Man sah einen Wald von weiß-gelblich explodierenden Geschossen, die in der Nähe der Flugzeuge aufblitzten. Die beiden Piloten jedoch flogen in aller *Bier-Ruhe* ihren Kurs geradeaus und machten keinerlei Anstalten, dem FLAK-Feuer auszuweichen: Keine Änderung der Flugrichtung, keine Änderung der Flughöhe, ein stures, langsames Geradeausfliegen, anscheinend ohne Ausweichmanöver direkt in die aus allen Mündungen feuernden FLAK-Geschütze hinein. Es war ein mächtiges Feuerwerk am klaren Oktoberhimmel. Ich muss heute wohl annehmen, dass es eine Schießübung der FLAK-Batterie in Havixbeck war, denn mein Studienfreund und Kollege bestätigte mir, dass es auch für die 2-cm-FLAK Übungsmunition gegeben habe. Das Ganze war für mich ein unvergessliches Erlebnis.

Wenn irgendwo in der Umgebung die schwere FLAK – etwa die 8,8 oder gar die 10,5 – aus Richtung Dülmen schoss, mussten wir sofort das Haus aufsuchen. Das hatte unser Vater uns beigebracht. „Es dauert ungefähr eine Viertelstunde, bis die FLAK-Splitter auf dem Erdboden angekommen sind. Dann können diese keine Schäden mehr anrichten“, sagte er. Unser Großvater drückte sich drastischer aus: „Glaubt ihr vielleicht, ich wollte in drei Tagen mit dem Zylinder hinter euch hergehen?“ Was das heißen sollte, war nicht schwer zu erraten; man lebte eben mehr oder weniger ständig in Lebensgefahr.

An einem klaren Herbsttag im Oktober 1944 gab es wieder einen der großen Bombenangriffe auf Münster. Man konnte die feindlichen Geschwader von der Höhe des Baumbergs aus beobachten. Überall über der Stadt sah man schwarze Rauchwolken. Am Tag darauf fanden sich auf den Äckern und Wiesen Mengen von angekohlten Akten und Aktenstücken. Die Feuersbrunst hatte einen gewaltigen Sog verursacht und das Papier in die Höhe getrieben. Es muss wohl Ostwind geherrscht haben, denn es kamen Berge von Papier und dergleichen in Tilbeck herunter, vor allem auf den Äckern an der Ostseite des Baumbergs. Viele Schriftstücke konnte man noch gut lesen.

Bei einem dieser Angriffe wurde auch unser Anwesen in Münster zerstört. Wahrscheinlich durch ein Ehepaar, das in Münster in unserer Nachbarschaft gewohnt hatte und jetzt ebenfalls in Tilbeck evakuiert war, haben wir davon erfahren. Der Mann war Bezirksrevisor bei der Sparkasse gewesen, ein würdiger Herr, der Autorität ausstrahlte. Meine Mutter machte sich auf den Weg in die Stadt, wie, weiß ich nicht, vielleicht mit dem Fahrrad, und kam zurück, „... da sei nichts mehr zu retten gewesen, im zerstörten Keller habe nur noch der Rest eines Kohlevorrats geglüht“.

Weil wir nun *ausgebombt* waren, bekam unser Vater trotz der allgemein geltenden Urlaubssperre *Bomben-Urlaub*. Von Tante Helene aus Würzburg kam auch ein *Lebenszeichen*. Dieses Wort war in knallroten Buchstaben auf eine Postkarte gedruckt, die von der Reichspost portofrei versandt wurde. Man konnte auch eine kurze Nachricht, etwa eine neue Anschrift, mitteilen; oder man half sich, indem man an die Wände der zerstörten Häuser mit Kreide eine Nachricht für die Angehörigen hinterließ.

Vater hatte also *Bomben-Urlaub* bekommen. Nach der Invasion musste das Luftnachrichten-Regiment den Rückzug nach Osten *heim ins Reich* antreten. Ein Teil der Strecke wurde mit der Eisenbahn zurückgelegt. Schon Moltke hatte die strategische Bedeutung der Eisenbahnen erkannt und so den Sieg über Österreich 1866 errungen. Als die Österreicher noch auf dem Anmarsch waren, waren die Preußen schon ausgeruht und gut positioniert auf dem Schlachtfeld von Königgrätz. *Getrennt marschieren und vereint schlagen!*

Der Güterzug mit dem Stab des Luftnachrichten-Regiments geriet irgendwo in Frankreich in einen nächtlichen Bombenangriff der Alliierten. Der Waggon, in dem unser Vater *gehaust* hatte, brannte vollständig aus. Vater verlor seine ganze Habe, darunter seine private ERIKA-Schreibmaschine, die sein ganzer Stolz gewesen war. Später, nach dem Krieg, musste er sich bei dringenden Schreibarbeiten von unserem Metzger eine Schreibmaschine ausleihen, was ihm auf die Dauer peinlich war.

Nebenbei: Da wir völlig ausgebombt waren, besaß Vater später auch keinen Zylinder. Dieses Stück Kopfbedeckung war bei gewissen Anlässen wie Hochzeiten, Beerdigungen noch bis Anfang der 60-er Jahre ein *Muss*. Vater war dann gezwungen, sich irgendwo so ein gutes Stück auszuleihen. Noch im Jahre 1962 trug er anlässlich einer Familienfeier einen Zylinder. Über einen solchen Zwang seitens der *Bourgeoisie* lacht heutzutage fast jedermann.

Was die Schreibmaschine anbetrifft, gelang es unserer Tante Margarete zu Weihnachten 1950 über Schwager Willi eine Olympia-Kofferschreibmaschine zu erstehen, Neuwert etwa 200 DM. Die gab es schon längst wieder zu kaufen, aber unser Vater hatte einfach nicht das Geld für eine solche Anschaffung. Tante Margarete hatte dieses kostbare Stück nicht nur besorgt, sondern auch wohl mitfinanziert. Vater war zutiefst erschüttert und konnte der Tränen nicht Herr werden. Das hatte er nicht erwartet. Er blieb aber dabei ein Mann des praktischen Alltags und sagte zu mir: „Du kannst gerne die Maschine benutzen; aber vorher lernst du das 10-Finger-System.“ Er besorgte mir ein Heft mit praktischen Übungen, und nach gut zwei Monaten konnte ich 10-Finger-Schreibmaschine-Schreiben.

Doch mit dem Verlust seiner Habe war es in jener Bombennacht in Frankreich nicht getan, es bestand auch höchste Lebensgefahr: Auf einem Nachbargleis war ein Munitionszug in Brand geschossen worden. Ein Waggon mit Munition nach dem anderen flog in die Luft, dabei fing auch der nächste Waggon Feuer und setzte dann seinerseits den folgenden in Brand. Also: Die brennenden Waggons unter Lebensgefahr abkoppeln! Aber wie? Offenbar kannte sich einer in der Bahntechnik aus. Auch unser Vater hatte in der Zeit des Ruhrkampfes als Mitglied der *Technischen Nothilfe* in Hagen bei der Eisenbahn seinen Dienst versehen. Also: Bremsschläuche schließen, den Waggon abkoppeln, und dann mit gemeinsamer Anstrengung den brennenden Waggon wegschieben! Mit mehreren beherzten Männern gelang das schließlich.

Eine weitere Etappe des Rückzugs geschah mit Kraftfahrzeugen. Vater als Oberfeldwebel musste auf dem Kotflügel eines Wehrmachts-LKWs sitzen und nach Tieffliegern Ausschau halten. Er zog sich dabei einen Blasenkatarrh zu und musste sich beim Arzt vorstellen, der ihm dann *Prontosil* verschrieb. *Prontosil* war ein synthetisches Antibiotikum. Bahnbrechend in der Entwicklung der Sulfonamide war der münsterische Professor Domagk. Dieses Medikament war nach dem Aspirin (Acetylsalicylsäure) wohl das verbreitetste Mittel gegen Infekte aller Art und gehörte zur Standardausrüstung eines jeden Sanitätsgefreiten. Auch wir Kinder bekamen es bei irgendwelchen Infekten verabreicht. Es färbte den Urin tiefrot, so dass wir damit in den Schnee Männekes malen konnten, was unserer Mutter gar nicht behagte. Später stellte sich heraus, dass bei längerem Gebrauch dieses Medikamentes sich Leberschäden entwickeln konnten. Es ist dann auch sehr bald zurückgezogen worden, aber es bleibt ein gewichtiger Meilenstein auf dem Weg der Entwicklung der Sulfonamide, ja sogar der späteren synthetischen Antibiotika. Immer, wenn ich eine Tasse Hagebuttentee vor mir sehe, der ja auch bei Infektionen der Blase oder der Nieren hilfreich sein soll, muss ich an *Prontosil* denken.

Auf seinem Rückzug von der Westfront kam Vater schließlich nach Würzburg. Dort konnte er seine Schwester, unsere Tante Helene, ausgiebig besuchen. Er hatte sein Quartier in einer Kaserne am Stadtrand – auf Staatskosten, versteht sich – und erlebte dort den verheerenden und völlig sinnlosen Bombenangriff auf Würzburg. Er als altgedienter *Troupier* wusste natürlich, was kommen musste: Jedermann wurde zum Räumen der Trümmer und Bergung der Toten und Verletzten herangezogen. Er überhörte geflissentlich den Befehl, *verdünnisierte* sich in eine Dachkammer der Kaserne und schlief sich gründlich aus. Da keiner den gerade angekommenen Oberfeldwebel kannte, vermisste ihn auch keiner, und es fiel auch nicht auf, dass er am anderen Morgen wieder da war.

Dort in Würzburg erreichte ihn die Nachricht, dass unser Anwesen in Münster zerstört war, und er bekam sofort *Bomben-Urlaub*, seinen letzten Heimat-Urlaub. Wahrscheinlich war der große Viadukt bei Altenbeken noch nicht zerstört; Vater kam also wohlbehalten bei uns in Tilbeck an. Auch Tante Margarete fand sich ein. Sie brachte einige Blaupausen mit, die Grundrisse und Bauzeichnungen unseres Anwesens, die erhalten geblieben waren. Die drei Erwachsenen, Vater, Mutter und Tante Margarete, saßen nachmittags auf engem Raum zusammen, aber im Grunde gab es wohl nicht viel zu besprechen. Man trank einen Tee, und Vater hatte irgendwo ein Fläschchen mit hochprozentigem Trink-Alkohol aufgetrieben. Dieser wurde teelöffelweise dem Getränk als *Frostschutzmittel* zugefügt, was bei der Oktoberkälte auch angebracht schien. Ich meinte, dass die Zerstörung unseres Hauses doch eigentlich eine Katastrophe sein müsse, und wunderte mich über die Ruhe, mit der die Erwachsenen ihren Tee tranken. Tante Margarete gelang es dann, Münster zu verlassen und im schönen Albersloh eine Bleibe zu finden. Sie fertigte von ihrem Quartier eine kleine, aber gekonnt kolorierte Bleistiftzeichnung an. Die paar Tage, die noch verblieben, nutzte mein Vater, um sich um mich zu kümmern und an einem herbstlichen Sonntagnachmittag über den Höhenweg des Baumbergs in die Bauerschaft Stevern zu wandern. Natürlich konnte er es nicht lassen, mich zu fragen, was in der Schule so getrieben wurde. Ich erzählte ihm, dass wir das auch nach dem Krieg noch bekannte Lied von Walter Flex gelernt hätten:

Wildgänse rauschen durch die Nacht
mit schrillem Schrei nach Norden.
Unstete Fahrt, habt acht, habt acht,
die Welt ist voller Morden.

Vater wurde ganz still und sagte, in sich gekehrt: *Ja, die Welt ist voller Morden!* Später, nach dem Krieg, kam Vater damit heraus, was ihn so sehr bewegt hatte. Ein Offizier in seiner Umgebung, ein Major, hatte einem Offizierskameraden einen Brief geschrieben. Dieser war in den Verdacht geraten, mit den Ereignissen des 20. Juli zu tun gehabt zu haben. So wurde auch der Major, dessen Brief von der GeStaPo gefunden worden war, zu dem Kreis der Verdächtigen gezählt. Eines Morgens erschien ein Kommando der SS. Der Major wurde kurzerhand in den nächsten Wald geführt und dort ohne weiteres erschossen.

Vater machte bei diesem Spaziergang einen kurzen Besuch bei der Familie eines kleinen Kötters. Bei diesen einfachen Leuten hatte er in den 20-er Jahren – der Zeit der Arbeitslosigkeit – im Quartier gelegen. Er war als gelernter Maschinenbau-Ingenieur arbeitslos gewesen und gezwungen, jede Art von Beschäftigung anzunehmen. So hatte er bei der VEW gearbeitet und half mit, dort im schönen Stevertal Freileitungen zu bauen: Löcher in den Boden graben, Masten aufrichten und die Drähte anspannen. Diesen einfachen braven Leuten, bei denen er als junger Mann im Quartier gelegen hatte, blieb er bis zu seinem Lebensende verbunden. Mein Bruder, der auch tatkräftig in der Landwirtschaft mithalf, hat dort noch bis in die 50-er Jahre manche Ferientage verbracht.

Vater hatte bei diesem Spaziergang beabsichtigt, mit mir die Sonntagnachmittagsandacht in der Dorfkirche zu Schapdetten zu besuchen. Bei dem Besuch seiner früheren Quartiersleute erfuhren wir, dass Alarm gegeben sei, und dass deswegen die Andacht ausfiele. Darüber freute ich mich heimlich, denn ich hatte keine große Lust. Es ging dann – Andacht hin, Andacht her – zu Fuß über Schapdetten an den *Sieben Quellen* vorbei zurück in die Bauerschaft Tilbeck.

Dass Vater im Kriegsgeschehen noch einmal Urlaub bekommen könnte, damit war nicht zu rechnen gewesen. Auch konnte man nicht übersehen, dass das Ende des Krieges – und damit die Niederlage Deutschlands – immer näher rückte.

Wie aber sich verhalten, wenn die Front der Alliierten näher rückte? Vater war schon vom 1. Weltkrieg her ein erfahrener *Troupier*. Er gab uns folgende Weisungen:

1. Nur dann die Bleibe verlassen, wenn es von der SS oder der Wehrmacht ausdrücklich angeordnet wird.
2. Nur das mitnehmen, was auch getragen werden kann, und was die Kinder im Schultornister mitnehmen können.
3. Falls die Besatzer – Engländer oder Amerikaner – unsere beiden Räume als Quartier in Beschlag nehmen wollten, vorher ein nicht ganz geleertes Nachtgeschirr, den P.-Pott, auf den Ofen stellen, ein zwar anrüchiges, aber bombensicheres und offenbar erprobtes Rezept.

Hört sich heute makaber an, dürfte aber seine Wirkung nicht verfehlt haben. Diese Ratschläge waren unter den damaligen Umständen durchaus lebensnah und sind von uns keineswegs in den Wind geschlagen worden.

Im Laufe des Sommers war in Havixbeck auf der Höhe des Baumbergs – nicht allzu weit von der damaligen Jugendherberge – eine V2-Abschuss-Stellung installiert worden. In den letzten Tagen *Bomben-Urlaubs* meines Vaters ballerte abends schon in der Dunkelheit die V2 los. Er selbst hatte – obgleich Oberfeldwebel bei der Luftwaffe – so etwas noch nicht gesehen. Wenn die V2 tagsüber auf die Reise ging, sah man eigentlich nichts. Man hörte ein donnerndes

Grollen, und am Himmel erschien ein wolkiges Gebilde von Kondensstreifen. Nachts in der Dunkelheit war es umgekehrt; man sah einen roten Feuerball – die glühenden Abgase der Rakete, die sich mit großer Geschwindigkeit lautlos und unheimlich am Himmel bewegte. Dann erst kam das Donnergrollen.

Noch heute sind auf dem Höhenweg Reste der Anlagen zu finden. Der Treibstoff für die V2-Raketen wurde von der Reichsbahn mit Kesselwagen herbeigebracht, und der Bahnhof in Havixbeck wurde deshalb besonders bewacht. Oft mussten „genesende“ Soldaten aus dem Wehrmachtslazarett in Tilbeck den Wachdienst versehen. Einer dieser Soldaten kam bei einem Fliegerangriff zu Tode. Wenn die Soldaten dienstfrei hatten, liefen sie oft in Havixbeck herum, dabei fiel mir auf einmal auf, dass sie nicht mehr das übliche Koppel aus Leder trugen, sondern einen aus Textilien hergestellten Gürtel, so wie ich diese später bei den Amerikanern und Engländern sehen konnte.

Auch etwas anderes fiel mir auf: Die alliierten Flieger warfen die leergeschossenen Patronenhülsen einfach ab. Das Messing der Hülsen hatte einen beachtlichen Materialwert, man konnte sie einsammeln, kostbares Messing, manchmal ganze Patronengurte. Die deutsche Wehrmacht war längst dazu übergegangen, für die Karabiner- und Maschinengewehrmunition Patronen zu verwenden, die aus einer Eisen-Legierung bestanden und graugrün gestrichen waren. Der V2-Stellung bei Havixbeck habe ich es auch zu verdanken, dass ich einmal einen richtigen Wehrmachtsgeneral aus der Nähe sehen konnte; der einzige deutsche General, den ich während des ganzen Krieges je zu Gesicht bekommen habe. An einem trüben November-Nachmittag nahte von Havixbeck her ein VW-Käfer der Wehrmacht, in Tarnfarbe feldgrau gestrichen. Wohlgemerkt, ein Käfer, nicht das übliche KFZ1 auf VW-Fahrgestell. Dieser kleine VW mit seinen 23 PS bog in die Straße Richtung Schapdetten ein und hielt vor dem ersten Bauernhof. Ihm entstieg ein kleiner gesetzter und etwas rundlicher Herr in Stiefeln und Wehrmachtsmantel. Die Mantelaufschläge waren rot, so dass ich sofort wusste, „das ist ein General!“. Das

Aussteigen vom Beifahrersitz des kleinen VW bereitete dem hohen Offizier einige Mühe. Er war wohl komfortablere Fahrzeuge gewöhnt. Er stieg also aus und warf einen missmutigen Blick in die Runde. Einige Minuten folgten seine Blicke dem Verlauf des Baumbergs nach Norden. Dann kletterte der uniformierte hohe Herr wieder in seinen VW-Käfer und entschwand in Richtung Havixbeck.

An einem frostig-kalten Herbsttag fuhr eine große Limousine vom Stift aus nach Havixbeck Darin saß ein verwundeter Soldat mit Krückstöcken. Am Steuer saß der Fahrer, auf dem Trittbrett stand ein Offizier, schon gealtert, in seinem Offiziersmantel mit einem großen Pelzkragen, offenbar ein Arzt. Seine Aufgabe war es, vom Trittbrett aus als Flugbeobachter nach Tieffliegern Ausschau zu halten, denn die *Jabos* waren verdammt schnell, und oft war es dann zu spät für einen Sprung in den rettenden Graben.

Auf dem Bahngleis nicht weit vom Schloss der Adelsfamilie von Twickel stand an einem trüben Novembernachmittag auch ein Lazarettzug. Ich nehme an, dass er Verwundete für das Wehrmachtslazarett im Stift Tilbeck gebracht hatte, und jetzt darauf wartete, im Schutz der Dunkelheit zurückzufahren.

Die schönen Sommertage waren dahin. Es wurde nasskalt, auch in unserer Bleibe: Die Außenwände waren nur schlecht isoliert, und das Haus hatte noch keinen elektrischen Anschluss. Für die Beleuchtung wurde uns nur ein Viertel Liter Petroleum monatlich zugeteilt, das bald verbraucht war. Es reichte eigentlich nur für eine klägliche Beleuchtung beim Abendessen. Manchmal behalfen wir uns mit nur einer Kerze, oder wir ließen die Ofenklappe geöffnet, so dass etwas Licht in den Raum fiel. Nach dem Abendessen blieb uns nichts anderes übrig, als das Bett aufzusuchen. Auch war kaum Heizmaterial vorhanden. Da wuchs unsere Mutter einmal zu einer unglaublichen Größe auf. Sie hatte vom Wirtschaftsamt auf völlig legalem Wege ihren Bezugschein für Kohle erhalten. Aber der Kohlenhändler in Havixbeck dachte nicht daran, sie zu beliefern. Sie fuhr einige Male mit dem Fahrrad dorthin und wurde bei dem Händler vorstellig. Doch die Kohle kam nicht. Was dann geschah, hätte ich unserer

Mutter nie zugetraut. Der Kohlenhändler hatte neben seiner Kohlenhandlung noch einen kleinen landwirtschaftlichen Betrieb und beschäftigte einen russischen Kriegsgefangenen. Der fuhr auch mit einem Pferdegespann zu den Kunden. Als er wieder einmal nach Tilbeck kam, fing meine Mutter ihn ab und lotste den Russen, der übrigens einen ziemlich unterbelichteten Eindruck auf mich machte, zu unserer Bleibe. Er bekam dort von unserer Mutter eine riesige Schüssel irgendeines Eintopfes vorgesetzt, darin eine große Menge Speckschwarten, die bereits zuvor schon einmal ausgekocht worden waren. Der Russe schaufelte diese unverhoffte Mahlzeit genüsslich in sich hinein, und die Kohle blieb bei uns und wurde hinter dem Haus in einer Ecke gelagert. Es mögen so etwa drei Zentner gewesen sein, aber allerbeste Anthrazit-Kohle. Der etwas dümmlich wirkende Russe machte sich mit seinem Gaul und seinem Gefährt auf den Heimweg. Aber dann kam es, wie es kommen musste. Es dauerte nicht lange, und der Kohlenhändler stand persönlich vor der Tür. Er kam auf einem Damenfahrrad, trug einen grünen Lodenmantel mit Hut und schnaubte sichtlich, als er von seinem Rad stieg. Er wollte „seine" Kohle wieder haben. Meine Mutter ließ ihn gar nicht erst richtig zu Wort kommen. Was ihm, dem Herrn, denn eigentlich einfiele? Sie säße da mit zwei kleinen Kindern in zwei nassen, kalten Räumen zu frieren. Er bilde sich wohl eine Menge zu viel ein. Schließlich habe sie ordnungsgemäß ihren Bezugschein vorgelegt, sei bis dato aber immer vertröstet worden. Die Kohle bliebe dort, wo sie jetzt sei. Und wenn der Herr keine Ruhe geben wolle, würde sie sich an die *Partei* wenden. Schließlich sei ja hinreichend bekannt, dass er seine Bauern bevorzugt beliefere und dafür die dicken Speckseiten nach Hause trage. Sie aber säße mit ihren Kindern in der Kälte, es mangele an der notwendigsten Kleidung und Bettwäsche – was übrigens stimmte – und wenn er nicht sofort verschwände, dann würde er sein blaues Wunder erleben. Meine Mutter hat wahrscheinlich wohl dabei stark übertrieben. Aber angesichts ihrer geballten Angriffswut zog der beklagenswerte Mann, der übrigens ein ehrenwerter Bürger in Havixbeck war und sich eines durchaus guten Rufes erfreute, es vor, das Feld zu räumen. Er stieg mit hochrotem Kopf und schnaubend auf sein Damenfahrrad und fuhr dahin. Er war, wie schon gesagt, ein durchaus rechtschaffener Mann, aber mit der *Partei* wollte in jenen Tagen schließlich niemand etwas zu tun haben.

Ich weiß nicht, ob der Kohlevorrat bis Weihnachten gereicht hat. Jedenfalls war es zum Fest in der Wohnung nasskalt und ungemütlich. Einen Trick hatte uns Vater in seinem letzten Urlaub noch beigebracht: Aus einem Stück Kiefernholz wurden lange Späne gewonnen, Fidibusse genannt. Diese konnte man anzünden und in eine Flasche stecken. Das gab etwas Licht, aber für das Lesen langte es nicht; doch wenn auf dem Ofen hantiert werden musste, reichte es.

Im Frühherbst waren die Jungen des 5. Jahrgangs aufgefordert worden, sich bei der *Hitler-Jugend* (HJ) zu melden, um sich ins *Jungvolk* aufnehmen zu lassen. Eine Gruppe fuhr mit dem Fahrrad – oder sonst irgendwie – nach Nottuln. Am folgenden Morgen sollten die 10- bis 11-jährigen Schüler dann berichten. Sie wussten nicht viel zu erzählen: „Ja, und dann sonst noch?" – „?" – „Dann mussten wir noch unterschreiben." – „Ja, was denn?" – Keine Antwort! Das einzig brauchbare Ergebnis dieser ganzen Aktion war, dass unser *Frollein* ihre Schüler aufklärte: „Niemals etwas unterschreiben, wenn du nicht weißt, was du unterschreibst. Das kann böse Folgen haben!" Immerhin ein Fortschritt in Staatsbürgerkunde.

Die Alliierten hatten begonnen, graue Pappschachteln mit einer Art Silberpapier – dünne Alufolie – abzuwerfen. Wir hielten diese Schachteln zuerst für geleerte Schokoladenpackungen. Aber unser Vater konnte uns in seinem letzten Urlaub – dem Bombenurlaub – aufklären. Die Streifen aus Leichtmetall, die sich langsam auf den Boden hin bewegten, störten die deutschen Ortungsgeräte. Das Wort „RADAR" war unbekannt, aber die Deutschen hatten schon einigermaßen brauchbare Anlagen entwickelt, zuerst das Gerät *Freya*, dann das weiter entwickelte Gerät *Würzburg*. Die Feuerleitstellen der deutschen Luftabwehr sahen dann auf ihren Bildschirmen nur eine Art Schneegestöber und konnten so kein Ziel fassen. Die schwere FLAK musste untätig bleiben.

Ende November wurden die Tage merklich kürzer, und meine Mutter verbot mir bald darauf den Schulbesuch. Es sei zu gefährlich. Ich war nicht so ganz damit einverstanden, denn ich konnte dann ja auch nicht mehr in der Schülerbücherei stöbern. Meine Mutter ging zum Hauptlehrer. Dieser hatte Verständnis, und ich blieb fortan zu Hause. Der ganze Schulbetrieb lief ohnehin nur auf Sparflamme. So habe ich ein ganzes Jahr lang – bis Ende Oktober 1945 – keine Schule von innen gesehen. Auch flatterte in jenen Tagen noch eine Vorinformation über das *Jungvolk* ins Haus. Ich verstand nicht, was Mutter dagegen hatte, aber das ganze verlief dann sowieso im Sande.

Meiner Erinnerung nach war es im November 1944, als die Abende schon früh im Dunkel lagen. Die Chronik des Stiftes Tilbeck jedoch weist aus, dass es in den allerersten Märztagen des Jahres 1945 geschah, also kurz vor dem Einmarsch der Amerikaner, denn schon am 2. Ostertag 1945 nahmen diese die zerstörte Stadt Münster ein. Wir waren schon zu Bett gegangen, als am späten Abend ein feurigroter leuchtender Lichtschein in unser Schlafzimmerfenster fiel. Ein viermotoriger amerikanischer Bomber, eine Lancaster, war in Brand geraten und flog aus Richtung Westen niedrig und brennend mit langsam laufenden Motoren über unser Haus hinweg. Für ein oder zwei Augenblicke war unser Zimmer von hellrotem Licht erfüllt. Der Bomber hat gerade noch die Gebäude des Stifts überfliegen können und ist dann nur 300 m weiter in der Nähe des Anstaltsfriedhofs abgestürzt. Man hat dann die toten feindlichen Flieger geborgen, es waren sechs an der Zahl. Die Ordensschwestern wuschen die stark verstümmelten Leichen und bahrten sie auf. – Wäre der feindliche Bomber nur wenige Sekunden früher abgestürzt und auf das Dach des Stifts gefallen, so wären die Folgen angesichts der altmodischen hölzernen Dachkonstruktion und der Überbelegung des Hauses unvorstellbar gewesen.

Daran schließt sich für mich eine Art von Erkenntnis von etwas, was ich schon lange ahnte. Der Sohn unserer Wirtsleute, Ferdinand, auf Plattdeutsch *Fennand*, war bisher *uk* gestellt worden und arbeitete in der ausgedehnten Landwirtschaft des Stifts. Aber er bekam dann doch noch in jenen Tagen kurz vor dem Ende seinen Gestellungsbefehl, und ist übrigens heil aus dem Krieg zurückgekehrt. Dieser biedere, wohl schon über 30-jährige Köttersohn kam eines Tages, an einem verregneten Sonntagnachmittag, in unsere Behausung, um sich zu verabschieden. Er trug dabei seinen besten Sonntagsanzug. Er sprach mit meiner Mutter und kam sehr bald auf den Absturz dieses amerikanischen Bombers zu sprechen. Es seien sechs Besatzungsmitglieder gewesen, alle seien tot. Sein Bedauern war nicht zu überhören. Er sagte: „Diese jungen Kerle, da haben sie gerade ihr Studium zu Ende gebracht und müssen eines solchen Todes sterben!" Es fehlte nicht viel daran, und die Augen wären ihm feucht geworden. Danach war ich dann kaum noch in der Lage, in den Engländern oder Amerikanern unsere Feinde zu sehen. Jedenfalls hat mich dieses Gespräch, welches ich mitbekommen hatte, noch lange beschäftigt.

Auch hinsichtlich der Russen veranlasste mich ein Erlebnis, in die gleiche Richtung zu denken. Es war Ende Oktober; als *Ausgebombte*, die wir ja waren, stand uns ein *Bombenschein* zu. Darauf konnte man sich ein paar Haushaltsgegenstände holen. Ich wurde also mit meinem Fahrrad ins Dorf geschickt und erstand im *Kaufhaus* Rütering ein paar Artikel: eine große Wolldecke, die allerdings zu wenigstens 50 Prozent aus Holzspänen bestand, ein paar Blechtassen, die notdürftig dunkelbraun emailliert waren, und – wie ich meine – ein paar dickwandige Porzellantassen, echte Kriegsware, seien auch dabei gewesen. Die Verkäuferin packte alles liebevoll zusammen und verstaute es auf meinem Gepäckträger. Im allerletzten *Büchsenlicht* fuhr ich nach Tilbeck zurück. Doch noch war der Ausgang nicht gewonnen. Kurz vor dem Ortsausgang stehen heute noch ein paar Siedlungshäuser. Dort wohnte ein Mitschüler aus der Oberklasse. Ich weiß heute noch seinen Namen, und habe sein dümmlichnichtssagendes Gesicht vor Augen. Oft trug er eine schwarze Schirmmütze, wie die Schiffer sie tragen, damals *Kippe* genannt. Er kam aus der Haustür geschossen, überquerte die Straße und versetzte mir einen gewaltigen Stoß, so dass ich vom Fahrrad fiel und in den Straßengraben flog. Es war die Zeit der Stoppelrübenernte, und das Wasser im Graben war aufgestaut worden, um die Stoppelrüben zu wässern. In diesen bis an den Rand gefüllten Graben fiel ich voll hinein. Ich muss wohl einige Sekunden völlig aus der Fassung gewesen sein, denn die nächste Erinnerung ist, dass mich jemand herausfischte. Es war ein kriegsgefangener Russe. Er stellte mich und mein Fahrrad wieder auf die Beine und suchte meine Brocken, die auf der Straße verstreut lagen, wieder zusammen. Den Übeltäter machte er regelrecht herunter: „Du sitzt bei Vater und Mutter zu Hause, hast eine Wohnung und genug zu essen.“ Ich aber sei nicht in meiner Heimat, das Elternhaus sei zerstört, und der Vater sei im Krieg. Ich wundere mich heute, dass dieser Russe so gut deutsch sprach und mich offenbar irgendwie kannte. Aber in so einem *Kaff* ist eben alles möglich. Seitdem verstehe ich nicht, wieso man von vornherein etwas gegen Russen oder andere Ausländer haben kann.

Im Frühwinter hatte ein Jagdbomber am Ortseingang in Schapdetten ein Haus in Brand geschossen. Es war schon Schnee gefallen, und wir kamen auf dem Schulweg an dieser Stelle vorbei. Die Außenmauern, die aus Baumberger Bruchsteinen bestanden, waren noch erhalten, aber innen war das Haus bis auf den Grund niedergebrannt. Der Rauch hatte das Außenmauerwerk an vielen Stellen schwarz gefärbt. Die Schulkinder, die aus Tilbeck des Weges kamen, standen betreten und staunend mit offenem Mund davor und sagten kein Wort. Ich dachte bloß: „Ihr Anfänger!“

Nach den langen und dunklen Wochen nahte der Heilige Abend. Wann kommt das Christkind, und wann ist Bescherung? Als die Dunkelheit schon eingebrochen war, war es so weit. Mein Bruder und ich verdrückten uns ins Schlafzimmer, das nass und ungeheizt war, und meine Mutter hantierte im Nebenraum. Eine richtige Krippe gab es nicht, wohl aber ein paar kleine Krippenfiguren aus Keramik. Eine kleine Kerze brannte. Den kleinen Kerzenständer aus Messing besitze ich noch heute. Auf dem Weihnachtsteller lagen ein paar schrumpelige Äpfel und Walnüsse. Außerdem gab es noch einen Schreibblock oder ein Heft aus – kriegsbedingt schlechtem – Holzpapier und ein paar Buntstifte. Sie sahen äußerlich aus wie Schreiner-Bleistifte, waren aber aus schlechtem Kiefernholz, welches beim Anspitzen splitterte. Diese Stifte waren auch bald hinüber.

Wie königlich dagegen war der Gabentisch noch bei meiner Erstkommunion acht Monate zuvor gewesen. Meine Mutter machte – wie ich heute sicher bin – einen deutlichen depressiven und erstarrten Eindruck. Zu einem Gebet oder Lied konnte sie sich nicht aufraffen. Als die einzige kleine Kerze abgebrannt war, verzogen wir uns in unsere nasskalten Betten und schliefen dem Weihnachtsmorgen entgegen.

Am anderen Morgen war Weihnachten. Wir gingen bei nicht unfreundlicher Witterung in das Stift zum Weihnachtshochamt. Wieder hatte ich meinen Stammplatz auf der Orgelbühne direkt neben dem kleinen Weihnachtschor, der ausschließlich aus Patientinnen bestand. Diese sangen die gängigen und bekannten Weihnachtslieder, aber im Chor zu vier Stimmen. Diese – auch jungen – Frauen waren mit Begeisterung und voller Hingabe dabei. Ich habe noch eine Patientin vor Augen, die mit ihrer Alt-Stimme das *Venite, Adoremus* des bekannten Weihnachtsliedes zusammen mit den anderen Sängerinnen hingebungsvoll vortrug. So ging es wohl allen Sängerinnen.

Man halte sich die Lage der geistesgestörten und kranken Patientinnen vor Augen. Sie hatten doch so gut wie nichts vom Leben gehabt. Ihre Krankheit oder Behinderung machte sie schon sehr früh zu Außenseitern. Tagtäglich mussten sie mit ihrer Behinderung leben, jahrelang oder das ganze Leben in einer Anstalt zubringen. Manche waren auch durch das Euthanasieprogramm der Nationalsozialisten bedroht. Und dann dieses Erlebnis, in diesem kleinen Weihnachtschor mitsingen zu dürfen! Wie musikalisch perfekt der Chor sang, kann ich nicht beurteilen. Aber es ist meine feste Überzeugung, dass das Gotteskind in der Krippe, die Hirten und die himmlischen Heerscharen auf den Fluren Bethlehems und nicht zuletzt der Vater im Himmel mehr Freude an diesen leidenden und vom Schicksal „betrogenen“ Sängerinnen an den letzten Kriegs-Weihnachten im Jahre 1944 gehabt haben, als wenn von der Leitung des Hauses ein Sinfonie-Orchester engagiert worden wäre, das etwa Mozarts Krönungsmesse „aufgeführt“ hätte. Aber dabei natürlich nichts gegen Mozart!

In den Tagen bis Neujahr ist wohl nichts Besonderes geschehen, denn ich habe keine Erinnerung. Ich weiß es einfach nicht mehr. Jedenfalls haben wir von Silvester nicht das geringste gemerkt, kein abendliches Beisammensein, kein Radio, keine Knallerei – dafür war ja im letzten Kriegsjahr schon mehr als reichlich gesorgt worden. So begann das Jahr 1945, welches bald das Ende des Krieges und damit des *Großdeutschen* Reiches bringen sollte.

VI.

Auch an den Neujahrstag 1945 habe ich keine Erinnerung, wir sind aber mit Sicherheit zum Hochamt in die Kirche des Stifts gegangen. Ich meine, dass der kleine Chor der Patientinnen noch einmal die Weihnachtslieder gesungen hat.

An einem Winterabend war meine Mutter bei der Bäuerin jenes Hofes, der im Sommer so oft unser Spielparadies gewesen war. Die Front rückte schon deutlich näher. Da sagte diese schlichte Frau: „Nur eine Bombe aufs Führerhauptquartier, dann wäre auf einmal alles vorbei!“ Meine Mutter pflichtete dem bei, ich sagte: „Wenn das jemand weitererzählt und meldet ...!“ Die beiden Frauen schwiegen betreten.

In unserem Quartier wurde es sehr ungemütlich: Die Nässe und Kälte kroch bis in den letzten Winkel. Unsere Mutter zeigte immer noch Anzeichen eines deutlichen Verstimmungszustandes. Irgendwann hieß es: Wir gehen nach Bösensell zum Großvater. Dieser hatte – vermutlich durch Vermittlung seines alten Freundes, des Lademeisters Stenz – auf einem Schultenhof ein Quartier beziehen können. Wir saßen in der Dämmerung am Tisch und froren. Mutter zögerte, es war wohl so eine Art Trennungsangst, die sie zögern ließ, vielleicht aber auch die Angst vor etwaigen Tieffliegern. Bei dem nebligen, trüben Winterwetter war aber eigentlich damit weniger zu rechnen. Wir liefen also schon in der Dunkelheit los, nur mit dem nötigsten Gepäck versehen. Es lag Schnee, der dann in der Mittagssonne aufgetaut und danach wieder gefroren war. Das Weiterkommen auf dem glatten verharschten Grund war mühsam. Einmal rutschte ich aus und fiel hart auf den Boden. Aber schließlich kamen wir durchgefroren – ich mit blau gefrorenen Händen – beim Großvater an. Dieser bewohnte zwei Kammern über einem Wirtschaftsgebäude. Immerhin war ein Kamin vorhanden, es konnte geheizt werden. Der Bauer, ein Schulte, war nicht geizig und stellte reichlich Brennholz zur Verfügung. Wir kletterten also über eine Stiege in die kleine Wohnung, und es empfing uns eine wohltuende Wärme. Hinter dem einfachen Holztisch stand ein uraltes Sofa. In der wohligen Wärme sitzend schlief ich bald tief ein. In den ersten Tagen war ich nicht aus dem Haus zu bekommen, ich genoss die Wärme in unserem Quartier, die wir so lange entbehrt hatten. Großvater, der – jedenfalls nach eigenen Angaben – zur Schicht des gehobenen Bildungsbürgertums gehörte, hatte einige Bücher herumliegen: Eine volkstümlich gehaltene Erzählung, wie ein junges Paar in Paris zusammenlebt und die Schrecken der Revolution erleben muss. Es war das erste Mal, dass ich von diesem Weltereignis des Jahres 1789 erfuhr. Auch begriff ich sofort, dass *Assignaten* wohl Geldscheine gewesen sein mussten, und dass die Monate ganz andere Namen hatten: So bedeutete z. B. *Brumaire* November. Ein anderes Buch waren die *Geschichten des Grauens* von Edgar Allan Poe. Ich las die gruseligen Geschichten eine nach der anderen – ohne rechtes Verständnis – und ahnte dabei nicht, dass ich ein Werk der Weltliteratur in den Händen hatte.

Hungern brauchten wir nicht, es stand immer ein Eintopf mit reichlich Speck auf dem Mittagstisch, abends gab es dann immer Bratkartoffeln.

Unser Aufenthalt in Bösensell mag vielleicht zwei Wochen gedauert haben. Einmal ging Großvater mit mir hinaus. Schon in der Dunkelheit nahm uns bei frostiger Witterung der Pferdeschlitten eines Bauern ein Stück Weges mit. Der Kutscher war ein russischer Kriegsgefangener, der Nikolai hieß. Als wir ausstiegen, schenkte Großvater ihm eine Zigarre, natürlich echte Kriegsware: Marke *Handgranate – anzünden und wegwerfen*! Eine andere Tabaksorte hieß *Eisenbahndamm-Spätlese*.

Wir sind dann Ende Februar noch einmal nach Bösensell gegangen, diesmal war die Jahreszeit schon weiter fortgeschritten, es gab schon die ersten Frühlingstage. Als wir einmal sonntags aus der Kirche kamen, drehte ein Flugzeug am Frühlingshimmel seine Runden. Es war die ME 206. Diese Maschine sah eigenartig aus, man sah keinen Propeller. Den Ausdruck *Düsenjäger* gab es noch nicht, einige Sachkundige waren sofort mit der Bezeichnung *Turbinenjäger* bei der Hand.

Da das Wetter frühlingshaft war, kamen wir auch öfter vor die Tür. Dabei flogen auch immer wieder Bombergeschwader Richtung Osten über uns dahin. In einer Wallhecke stand einmal ein Motorrad mit Beiwagen, dabei zwei Luftwaffen-Dienstgrade mit ihren Schirmmützen, offenbar ein Offizier und ein Feldwebel. Sie hatten sich in den Sichtschutz der Wallhecke begeben und warteten auf das Ende der unmittelbaren Gefahr.

Großvater wurde einmal wieder „vom Koller gepackt" und nahm mich mit zur Gemeindeverwaltung in Bösensell. Dort fanden wir einen alten Bekannten: nämlich – in einem einfachen Büroraum sitzend – jenen Herrn, den ich im Frühjahr 1942 für den Ortsgruppenleiter gehalten hatte; vielleicht war er es auch, jetzt aber kam er mir eher wie eine Art Kommunalbeamter vor. Er war etwas älter und im Gesicht etwas schmaler geworden, trug aber noch denselben unauffälligen graubraunen Zivilanzug. Großvater plusterte sich gewaltig auf und machte dem eigentlich recht freundlichen Herrn ein Riesen-Theater: Die Zustände seien einfach unerträglich, die Unterbringung – die so schlecht ja eigentlich auch nicht war – und die mangelnde Verpflegung usw. usw., seine Tochter säße mit ihren beiden Kindern in der Kälte, und die beiden Kinder hätten trotz des Winters nichts Gescheites anzuziehen. Das Ganze sei eine Sauerei, und die Partei habe gefälligst für Abhilfe zu sorgen. Er als *deutscher Staatsbürger* habe das Recht usw. usw. – ich weiß nicht mehr, was er alles im Einzelnen von sich gegeben hat, aber der *deutsche Staatsbürger* war sicher der Höhepunkt und beeindruckte mich außerordentlich. Für die Zukunft hatte er seinen Namen weg: *Staatsbürger Felix*.

Bemerkenswert war die Reaktion des Gesprächspartners: Er sagte fast nichts, zwischendurch mal ein verlegenes „Ja, ja". Es wäre ein leichtes gewesen, diesen aufdringlichen Volksgenossen und *Staatsbürger* erst einmal hinter Gitter zu bringen. Aber es steht bei weitem nicht fest, dass damals jeder Funktionsträger ein Vollblutnazi war. Auch rückte die Front näher, und wer wollte noch kurz vor Schluss sich mit den dann neuen Herren Ärger einhandeln – jedenfalls verließ Großvater mit mir an der Hand hoch erhobenen Hauptes die Dienststelle. Noch im Februar hatte er laut und deutlich in Anwesenheit mehrerer Zuhörer verkündet: „Kopf hoch, Leute, in gut einem Monat essen wir alle den fetten amerikanischen Speck“! Das hätte für ein Todesurteil wegen Wehrkraftzersetzung und Defaitismus gereicht. Dann ging es in den ersten Märztagen zurück zu unserer Bleibe in Tilbeck.

Auf Coesfeld hatte es schon mehrere große Bombenangriffe gegeben. Einen von diesen mussten wir eindrucksvoll miterleben. Ich habe in meiner Erinnerung keinerlei Anhaltspunkte, wann genau das gewesen ist, aber gehe der Einfachheit halber einmal davon aus, dass es der verheerende Angriff am 21. März 1945 gewesen sein muss. Es war ein trüber, regnerischer Vorfrühlingstag. Wir waren im Haus, als plötzlich ein unglaublicher Lärm zu uns drang, verursacht von den Bombenteppichen der Amerikaner auf Coesfeld. Es herrschte Westwind, und nur so lässt es sich erklären, dass der fürchterliche Lärm der Bombenteppiche 20 km weit zu hören war. Wir stürmten aus dem Haus und duckten uns direkt hinter eine Wallhecke am nahen Waldrand. Dieses Verhalten wäre im Falle eines Bombenangriffs völlig richtig gewesen, denn ein Bombentreffer auf ein kleines Kötterhaus hätte wahrscheinlich den sicheren Tod bedeutet. Aber Coesfeld – wir erfuhren erst später, dass diese Stadt das Angriffsziel gewesen war – lag doch ca. 20 km Luftlinie von uns entfernt, und der Lärm der Detonationen war unglaublich und Furcht erregend. Man hätte durchaus Angst bekommen können. Unsere Mutter konnte das nicht länger aushalten. Sie sprang plötzlich auf und rannte ziellos und sinnlos hin und her, warf die Arme in die Höhe und schrie laut. Mein Bruder und ich standen ratlos und fassungslos davor. Aber:

Ist die Gefahr erst da, nahet die Hilfe bald!
(Hölderlin)

Der Chefarzt des psychiatrischen Krankenhauses im Stift war Dr. Steggemann, Facharzt für Psychiatrie. Er war von kleiner, unscheinbarer Gestalt und lief ständig in einem rötlich-braunen Regenmantel herum. Er genoss hohes Ansehen und hat noch jahrelang nach dem Krieg seinen Dienst im Stift getan. Er fuhr ein kleines 98-er Motorrad, welches respektlos *Fratt-Fratt* genannt wurde. Er muss wohl öfter in Schapdetten oder Nottuln zu tun gehabt haben, denn er kam oft in der frühen Mittagszeit an unserem Haus vorbeigefahren. Wenn er – von Schapdetten kommend – in der Nähe des Ortsausgangs die Höhe erreicht hatte, drehte er den Benzinhahn, der am Benzintank angebracht war, während der Fahrt zu und fuhr im Leerlauf an den *Sieben Quellen* bergab vorbei. So kam er herunter bis fast zum Stift – Benzin musste eben gespart werden.

Die Bombenteppiche auf Coesfeld nahmen kein Ende, und der wirklich fürchterliche Lärm hörte nicht auf. Aber gerade als unsere Mutter ihre Panikattacke erlitt, kam Dr. Steggemann auf seinem *Fratt-Fratt* vorbei. Er hat uns wohl nicht von der Straße aus sehen können, aber da er ja ohne Motor fuhr, hat er sicher das Schreien unserer Mutter gehört und war sofort zur Stelle. Er kam auf uns zu und suchte meine Mutter zu beruhigen. Er fasste sie an den Armen und redete eindringlich und suggestiv auf sie ein. Dabei drückte er sie mit den Armen nach hinten, so dass sie immer wieder ein oder zwei Schritte nach hinten gehen musste. Es kostete ihn – den Facharzt für Psychiatrie – einige Mühe, bis es ihm gelang, unsere Mutter einigermaßen zu beruhigen.

Eine fachärztliche Kostenrechnung hat uns übrigens bis heute nicht erreicht, aber der Lohn dieses wackeren Mannes und Arztes aus Berufung wird *groß sein im Himmel* (vgl. Mt. 5,12).

In der zweiten Märzhälfte herrschte durchweg freundliches, helles Wetter. Ich fand direkt am Rand des Baumbergs Flugblätter der Alliierten, welche der Wind dorthin geweht hatte. Auf einem stand zu lesen, welche militärischen Erfolge die Alliierten in der letzten Zeit erzielt hatten, so z. B. *Westwall durchbrochen*, auf einem anderen Blatt beklagten sich unsere Kriegsgegner, dass in Lazarettzügen und

Sanitätsfahrzeugen oft Munition an die Front gebracht würde. Auch würden oft normale Güterwaggons an die Verwundetentransporte einfach angehängt. Schließlich berichtete ein feindliches Flugblatt von den Predigten unseres Bischofs Clemens August Graf von Galen. Eine hässliche Fotomontage zeigte den Bischof im schwarzen Mantel mit einem riesigen schwarzen Hut auf dem Kopf, der dazu noch tief ins Gesicht gezogen war, kein Mensch konnte dabei das Gesicht des Bischofs erkennen.

Jetzt aber ist es an der Zeit, von der heldenhaften Verteidigung Tilbecks gegen die Amerikaner zu berichten. Es begann damit, dass ein Unteroffizier auftauchte, der im Nachbarhaus Quartier bezog. Als ich ihn an einem Sonntagmittag zum ersten Mal zu Gesicht bekam, lag er in der kleinen Wohnstube auf dem Sofa und war dabei, sich gründlich auszuschlafen. Zwischendurch machte er der Tochter des Hauses schöne Augen, aber in allen Ehren. Schließlich machte er mit zwei Männern einen Rundgang und erklärte, welche Weidezäune abgerissen werden müssten, und welche stehen bleiben dürften. Schon am nächsten Tage machten sich einige Männer um die Häuser herum zu schaffen. In Erinnerung ist mir ein Russe, der den Auftrag hatte, ein *Ein-Mann-Loch* zu bauen – gut hundert Meter vom beginnenden Höhenweg bei der *Meersche Tilbeck* entfernt. Der Russe war gerade dabei die Faschinen zwecks Abstützung herzurichten. Ich half, indem ich ihm die bereitliegenden Äste und Zweige anreichte. Das war mein Beitrag zur Verteidigung Tilbecks.

Das nächste muss wohl über Nacht geschehen sein, denn ein vielleicht 200 m langer Schützengraben war entstanden, in der Mitte eine Art Kanzel, man hätte dort ein SMG-42 in Stellung bringen können. Dieser Graben ist aber nie benutzt worden. Der Bauer hat ihn hinterher einfach wieder zugeschüttet. Auf den Äckern grünte schon die neue Saat, aber darauf nahm die Wehrmacht keine Rücksicht. „Jetzt habe ich alles gesät, aber die da machen alles wieder kaputt!“ so knurrte der Bauer – mit Spitznamen hieß er *Leisink* – resigniert vor sich hin.

Dann kamen ein oder zwei Tage lang deutsche Truppen auf dem Rückzug durch. „Die kommen von der Front", sagte unsere Mutter. Die Soldaten kamen zu Fuß oder auch auf Pferdefuhrwerken, die Uniformen sahen alles andere als neu aus, die Männer erschienen abgemagert und erschöpft.

Eines Vormittags wimmelte es in den Gärten und Nachbargrundstücken von Soldaten der Wehrmacht, es herrschte ein geschäftiges Treiben. Stacheldrähte wurden gezogen sowie Hecken und Sträucher entfernt. Meine Mutter fragte besorgt einen Feldwebel: „Ihr wollt hier doch nicht kämpfen?" Der antwortete: „Keine Angst, junge Frau, hier fällt kein Schuss!" Unsere Mutter war einigermaßen beruhigt.

Dann tauchte plötzlich unser Großvater auf, er wollte wohl weniger einen Gegenbesuch bei uns machen, als bei Gefahr den Schutz des Stiftes in Anspruch nehmen.

Auf einmal war da eine Batterie der Artillerie. Die Geschütze bezogen in dem Gelände östlich des Schützengrabens Stellung. Die Artilleriesoldaten lagen auf jenem kleinen Bauernhof des Stifts im Quartier, auf dem wir so oft gespielt hatten. Es mögen so etwa 20 Soldaten gewesen sein. Den Batteriechef habe ich nicht zu Gesicht bekommen, aber im Feld trugen die Offiziere nicht die silbernen Achselstücke, sondern solche, die dunkel gehalten waren. Da sie oftmals auch in Tarnjacken herumliefen, waren sie nicht ohne weiteres als Offiziere zu erkennen.

Nachmittags das Kommando: „An die Geschütze!" Nicht mit besonderer Eile und deutlich offener Unlust machten sich die Artilleristen mit Stahlhelm auf den vielleicht 300 m langen Weg zu den Geschützen. Wir Kinder beobachteten, dass die Geschützrohre sich bewegten, aber kein Schuss verließ das Rohr. Von der anderen Seite des Schützengrabens, also von Westen her, war plötzlich heftiger Gefechtslärm zu hören. Zwei alliierte Flugzeuge – wohl Jäger – flogen gelassen ein paar Kreise. Sie hatten offenbar den Auftrag, das Gelände und insbesondere die Artilleriestellung auszukundschaften. Ob diese Maschinen geschossen haben – beide hatten jeweils zwei respektable Bordkanonen an den Tragflächen – weiß ich nicht. Aber im Vorfeld des Schützengrabens hinter einer Bodenwelle lagen wenigstens zwei SMG42, die ein wildes Feuer auf die feindlichen Späher eröffneten. Der Gefechtslärm, den die MG-Salven verursachten, war beachtlich. Wir hatten die MG-Stellungen bislang nicht wahrnehmen können, weil die Bodenwelle uns die Sicht verlegte. Die deutschen MG schossen wie wild, aber die beiden Aufklärer drehten ab, sie hatten offenbar ihren Kundschafter-Auftrag erfüllt.

Es muss dann wohl in der folgenden Nacht gewesen sein, dass wir uns in den Schutz des Stiftes begaben. Wir lagen auf unserem Lager und lauschten dem sich nähernden Artilleriefeuer von der Front. Auf einmal erhob sich Großvater und kommandierte: „Jetzt wird aber gegangen!“ Unser armseliges Gepäck muss wohl vorbereitet gewesen sein, denn wir marschierten sofort durch die Dunkelheit und die morgendliche Kälte zum Stift. Wir klingelten an der Hauptpforte, die sonst fast nie genutzt wurde. Nach geraumer Zeit kam eine Ordensschwester, sie empfing uns freundlich und geleitete uns in ein Sprechzimmer. Auf einem Sofa versuchte ich weiterzuschlafen, allerdings hatte ich keine Decke und fror jämmerlich in der Morgenkälte. Die freundliche Ordensschwester brachte uns dann noch frühmorgens eine Kanne *Muckefuck* zum Aufwärmen. Aber danach waren wir uns selbst überlassen. In den weiträumigen Kellergängen fanden wir schließlich irgendwo einen Platz. Es standen immerhin Bänke an der Wand, aber sonst eigentlich nichts. Großvater, meine Mutter und mein Bruder waren plötzlich für lange Zeit verschwunden, vermutlich weilten sie bei Großmutter an ihrem Krankenlager. Man hatte mich zurückgelassen, um auf unser Gepäck aufzupassen. Irgendwann vertrat ich mir die Beine und setzte mich in dem langen Kellerflur irgendwo auf eine Bank. Dort saß ich gelangweilt herum. Da brachte mir eine der Patientinnen – also eine Geisteskranke – einen Emailleteller, bis an den Rand gefüllt mit einer dicken Linsensuppe, die ich dankbar aufaß. Berührungsängste mit Geisteskranken und gestörten Menschen habe ich infolgedessen nie entwickelt.

Die Keller waren überfüllt mit Leuten, aber eigentlich nur den *Evakuierten*. Die Landbevölkerung zog es vor, auf den Hofstellen zu bleiben und dort den *Endsieg* abzuwarten. Es waren wohl zwei Gründe, warum man sich für den Fall von Kampfhandlungen in den Schutz des Stiftes begeben hatte: Einmal boten die dicken Mauern des Stifts einen gewissen, aber wohl nur vermeintlichen Schutz. Realistischer war wohl die Einschätzung, dass das Stift, da die Dächer mit dem weithin sichtbaren aufgemalten roten Kreuz versehen waren, von den Angreifern – mit Rücksicht auf die Genfer Konvention – verschont werden würde.

Die Enge in den weitläufigen Kellerfluren des Stifts war bedrückend. Wie und in welcher Ecke ich die Nacht verbrachte, weiß ich nicht mehr und auch nicht, ob wir etwas zu essen bekamen. Am nächsten Morgen stahl ich mich aus dem Keller an die frische Luft. Die Artilleriestellung war über Nacht geräumt worden. Da die Amerikaner die Stellung durch ihre beiden Aufklärungsflugzeuge ausgespäht hatten, war das auch wohl besser, denn ihre Taktik war, Orte oder Widerstandsnester durch Bombenangriffe oder Artillerie erst einmal gründlich zu zerstören und auszuschalten, um dann ihre Infanterie einigermaßen ungefährdet nachstoßen zu lassen.

Es muss sich bei der vorgenannten Artillerieeinheit um die Batterie gehandelt haben, die den Befehl hatte, sich in Mecklenbeck am Stadtrand von Münster festzusetzen und dort von den Amerikanern vernichtend geschlagen wurde. Noch Jahre später haben Kinder in der Nähe der alten, jetzt abgebrochenen St.-Anna-Kirche Ausrüstungsgegenstände wie Stahlhelme, Gasmasken und dergleichen gefunden.

Direkt am Stift vor der Gastwirtschaft Scharlau hatte sich eine Nachhut der Wehrmacht festgesetzt, auf dem Vormarsch wäre das eine Infanteriespitze gewesen. Ungefähr ein Dutzend Landser standen übermüdet und lustlos herum. Außerdem stand da noch ein mir bis dahin unbekanntes kleineres Kettenfahrzeug. Es war ohne jegliche Bewaffnung. So konnte ich mir lange Zeit keinen Vers darauf machen. Erst vor kurzer Zeit erfuhr ich, dass dieses Gerät von den

Landsern liebevoll *Maultier* genannt wurde und dazu diente, Lasten in unwegsamem Gelände zu transportieren, etwa um Munition zu den Geschützstellungen zu bringen. Ein Feldwebel hatte das Kommando, ein Landser mit Stahlhelm und geschultertem Sturmgewehr, dem SG44, stand an der Hausecke und blickte *feindwärts*. Diese Waffe sah aus wie ein Karabiner, jedoch mit langem, gebogenen Magazin, so dass man auch Dauerfeuer schießen konnte. Als letztes Fahrzeug aus dem Westen kam ein Pferdefuhrwerk. Der Gaul trottete gleichmütig an uns vorbei, und der Soldat auf dem Gespann warf seinen Kameraden ein paar Kommissbrote zu, die diese mit geübter Hand auffingen.

Ich schlich mich dann ins Stift zurück, in der Hoffnung, etwas zu essen zu bekommen. Wie ich den Nachmittag verbrachte, weiß ich nicht mehr. Auf einmal hieß es, die Amerikaner sind da. Wieder gelang es mir, aus dem Keller herauszukommen. Wo meine Mutter und mein Bruder steckten, weiß ich nicht. Draußen wimmelte es von Menschen in weißer Berufskleidung, Ärzte, Ärztinnen und Pflegepersonal. Jedermann trug eine Rote-Kreuz-Binde. Eine junge Ärztin habe ich noch vor Augen, wie sie mit ihrer Armbinde auf der Treppe steht. Auch ihr taten die Amerikaner nichts. Das einzige, was von den Amerikanern zu sehen war, war eine Gruppe von GIs, die mit ihren Schnellfeuergewehren an einer Ecke standen und sich so gut wie gar nicht bewegten.

Unser Großvater wäre nicht *Staatsbürger Felix* gewesen, wenn er nicht die Ereignisse persönlich überwacht hätte. Während wir im Keller saßen, machte er sich auf den Weg, um in unserer Bleibe nach dem Rechten zu sehen. Dort in der kleinen Diele des Hauses bekam Großvater mit, wie ein SS-Dienstgrad noch in letzter Minute verkündete: „Zum Eisernen Kreuz wird vorgeschlagen ...“ – Einerseits ärgerte er sich über den Unsinn in letzter Minute, zum anderen aber hat er sich darüber mit seinem galligen Humor lustig gemacht. Dann zogen die SS-Leute ab, und einer nahm – wie schon erwähnt – mein schönes Fahrrad mit.

Als nun auch das Stift von den Amerikanern eingenommen war, nahm Großvater seine Inspektionsgänge wieder auf. Dabei fiel er irgendwie auf. Die Dunkelheit war schon eingebrochen. Man rief hinter ihm her, aber er nahm die Beine unter den Arm und machte sich aus dem Staub. Er verschwand in der Dunkelheit in den Hausgärten hinter den Wirtschaftsgebäuden des Stifts. Die Amerikaner, vorsichtig wie immer, trauten sich wohl nicht in das dunkle und unübersichtliche Gelände. Es dauerte etwas, bis eine Streife sich daran machte, die Gegend zu durchsuchen. Da aber hatte Großvater sich schon längst in das kleine Bauernhaus – wo wir so oft gespielt hatten – geflüchtet. Er ließ seinen Hut verschwinden, zog seine Jacke aus und setzte sich in aller Bierruhe und in Hosenträgern mit an den Familientisch, wo gerade das Abendessen eingenommen wurde. Er saß da und verzehrte seelenruhig seinen Eintopf oder vielleicht auch einen Speckpfannkuchen, als die Amerikaner eintraten. Ob hier jemand gewesen sei? – Nein, hier sei keiner gewesen, sagte Großvater mit Unschuldsmiene und in aller Seelenruhe. Das war nicht einmal gelogen, denn er war ja noch da. Die GIs zogen dann unverrichteter Dinge wieder ab. Am nächsten Tag begaben wir uns mittags wieder in unsere Bleibe, dem kleinen Haus am Fuße des Baumbergs. Unsere Mutter blieb wohl noch an Großmutters Krankenlager zurück. Großvater hatte einen zweirädrigen Karren aufgetrieben, auf dem unsere Habe, etwas Bettzeug und Ähnliches, transportiert werden konnte. Ich schob den Karren, mein Bruder ging an der Spitze voran und Großvater als Unteroffizier hinterher. Aber kaum waren wir auf der Landstraße, als uns die Amerikaner entgegenkamen, wohl ein ganzes Bataillon oder wenigstens eine kriegsstarke Kompanie. Im Unterschied zu unseren Soldaten sahen die GIs wohlgenährt und gepflegt aus. Sie trugen Stahlhelm und Gewehr, ihre olivfarbenen Kampfuniformen waren sauber und sahen wie neu aus. Sie marschierten, wie in Feindesland üblich, in zwei langen Reihen links und rechts am Straßenrand entlang. Wir aber drückten uns mit unserer kleinen Karre hart am Straßengraben an der marschierenden Truppe vorbei.

Mein Bruder mit seinen damals noch nicht sieben Jahren war völlig verdattert und hob im Gehen beide Hände hoch. Die zumeist baumlangen Amerikaner lachten. Einer von etwas kleinerer Gestalt trat aus dem Glied und drückte meinem Bruder, dem verunsicherten Kind, liebevoll die Arme herunter. Und dabei hatte man uns doch beigebracht, dass die Amis unsere Feinde seien – kaum zu glauben!

In den folgenden Tagen zogen dann unglaubliche Mengen amerikanischer Truppen an unserem Haus vorbei, fast alle motorisiert: Lastkraftwagen mit Anhängern mit schweren MG, die fast schon wie Maschinenkanonen aussahen, Haubitzen und andere Geschütze, die an die Lkw angehängt waren. Auf manchen Lkw waren Geschütze mit vier Rohren montiert, die mich stark an unsere Vierer-FLAK erinnerten, nur kamen sie mir größer vor. Vielleicht kamen sie aus dem gleichen Stall. Die Schweizer Maschinenfabrik Oerlikon belieferte alle kriegführenden Mächte mit Geschützen – besonders auch Schiffsgeschützen – und die Schweizer verdienten durch ihre Lizenzen ein Schweinegeld damit. Ebenso machten es die neutralen Schweden mit ihrem Eisenerz.

In dem kleinen Vorgarten unseres Hauses drückten sich ständig amerikanische Soldaten mit Gewehr und Stahlhelm herum. Dazu trugen sie einen feldgrau gestrichenen Radioapparat mit sich herum, etwa so groß wie zwei große Zigarrenkisten, aus denen ständig Musik erscholl. Zwischendurch kamen irgendwelche Durchsagen, Befehle oder Informationen für ihre Einheiten. Soweit ich es beobachten konnte, waren sie aber nicht in der Lage, von sich aus mit ihrer Befehlsstelle zu sprechen, es fehlte also die Gegensprechanlage. Nach ein paar Tagen waren die Truppen durchgezogen, und auch die Soldaten mit den tragbaren Radioempfängern waren verschwunden.

Dafür kamen eines Mittags zwei Russen. Sie waren keineswegs aufdringlich oder aggressiv und baten lediglich um etwas zu essen. Meine Mutter reichte ihnen zwei Schüsseln mit Eintopf, wahrscheinlich Kartoffeln mit Speck und Kohl, durch das Fenster, und die Russen schaufelten diese Mahlzeit – heute würde man sagen: *Schlan-*

genfraß – in sich hinein. Auch bekamen sie eine Schachtel Streichhölzer, um die sie gebeten hatten.

Eines Morgens, mein Bruder und ich lagen noch im Bett, standen plötzlich zwei Amis mit Stahlhelm und bewaffnet in der Wohnung. Besonders beeindruckten mich die riesigen Taschenlampen, die jeweils am Koppel baumelten. Sie hatten offenbar den Auftrag, nach untergetauchten deutschen Soldaten zu suchen. Meiner Mutter rutschte das Herz gewaltig in die Hose. Sie hatte vor ihrer Heirat angefangen, die Fächer Englisch, Deutsch und Geschichte zu studieren, und konnte auf Englisch antworten. Aufgeregt antwortete sie auf die Fragen der beiden GIs: „My husband is a soldier in Norwich" oder: „... Norwege". Richtig hätte es natürlich „Norway" heißen müssen, aber das wusste ich damals noch nicht. Die beiden *feindlichen* Soldaten waren sichtlich erfreut, dass sie mit meiner Mutter in ihrer Sprache sich verständigen konnten. Sie warfen noch einen prüfenden Blick in beide Zimmer, grüßten freundlich und gingen. – Ja, und so soll man sich seine Feinde vorstellen!

Weniger glimpflich ging es in der Familie meines Freundes Tono zu. Der Vater, Unteroffizier bei einer Dienststelle der Luftwaffe in Münster, hatte es verstanden, sich abzusetzen und zu seiner Frau und zu seinen Kindern zu gelangen. Er saß frühmorgens mit seiner Frau am Kaffeetisch, als die amerikanische Streife auch ihn beehrte. Es gab nun wirklich keinen Ausweg, die Amerikaner mussten den feindlichen Soldaten und Familienvater mitnehmen. Die vier Kinder waren außer sich, weinten laut und waren nicht zu beruhigen, obwohl der Sergeant ihnen reichlich Schokolade schenkte, um sie zu trösten. Aber das gelang nicht, der Vater musste mit in den Jeep klettern, und die Kinder weinten laut hinter ihm her. Da aber der frisch gebackene Kriegsgefangene von Beruf Gärtner war, und somit einem der Landwirtschaft nahe stehenden Beruf angehörte, ist er schon im Sommer 1945 entlassen worden und konnte in seine Heimat zurückkehren. Sofort begann der unermüdliche Gärtnermeister mit dem Wiederaufbau seines zerstörten Hauses im Aaseeviertel, der Schutt wurde beiseite geräumt und über dem Keller ein behelfsmäßiges Dach aus gebrauchten Dielenbrettern errichtet. So saß die Familie zwar im Keller, aber man hatte wenigstens ein Dach über dem Kopf. Auch mit dem Wiederaufbau des Erdgeschosses wurde unverzüglich begonnen, so dass die Familie – zwar äußerst primitiv – schon im Herbst 1946 bald wieder eine Wohnung besaß. Aber dieser Fleiß wurde schlecht belohnt, denn wer sein Haus – wenn auch primitiv und mit schlechtem Material gebaut – vor dem Jahr 1948 bezogen hatte, bekam später keinen Pfennig aus dem Lastenausgleich ausbezahlt.

Die Tage wurden immer freundlicher. Die Bauern hatten ihre Äcker schon bestellt. An einem Frühlingsabend war ich an der Straße nach Bösensell bei jenem Bauern, wo wir im Sommer mit Vergnügen im Bach geplantscht hatten. Auf einmal stand an der Straße ein Jeep, die amerikanische Abkürzung für *General Purpose War Truck*. Der Fahrer war allein, er war ausgestiegen, um sich die Beine zu vertreten. Er rauchte eine CAMEL, war ziemlich lang, er war ein – Neger. Ich war überrascht. Doch der *schwarze Mann* grinste freundlich, rauchte seine CAMEL weiter und sagte dabei kein Wort. Aber sein *Negerisch* hätte ich sowieso nicht verstanden. Als der immer noch freundlich grinsende *negerische* Zeitgenosse seinen Jeep bestiegen und in Richtung Schapdetten verschwunden war, brauchte ich einige Minuten, um dieses neue Erlebnis zu verarbeiten. Jedoch dann fiel mir mit Schrecken ein: Es war ja Ausgangssperre – *Curfew* nannten das die Engländer. Dieses Wort leitet sich ab aus dem Französischen *Couvrez feux* – „Bedeckt die Feuer" – ein Kommando der Marine bei Sonnenuntergang, etwa gleich bedeutend dem preußischen *Zapfenstreich*. Da ich mir keine Scherereien mit der Besatzungsmacht einhandeln wollte, schlich ich mich zunächst auf das weitläufige Gelände des Stifts, wo ich mich einigermaßen sicher glaubte. Dann überquerte ich vorsichtig die Landstraße nach Havixbeck, und über zwei Bauernhöfe erreichte ich schließlich den kleinen Teich, der direkt an dem Wäldchen lag, an das unsere Behausung grenzte. Das ganze Manöver war sicher völlig überflüssig, denn weit und breit war kein Mensch zu sehen. Niemand hätte mir ein Haar gekrümmt, wenn ich den direkten Weg über die Landstraße gewählt hätte.

Unsere Mutter drängte es mit Macht nach Münster zurück. Es war sicher der Drang in die heimatliche Umgebung. Aber sie sagte auch: „Hier gibt es doch keine vernünftige Schule, und du gehst ja bald zum Gymnasium!“ Aber im Nachhinein erscheint dieser Entschluss doch irgendwie vernünftig, denn sehr bald brauchte man eine Zuzugsgenehmigung, die sehr begehrt und nur sehr schwer zu bekommen war. Noch in den 50-er Jahren mussten manche Lehrer außerhalb von Münster wohnen und täglich mit Bahn oder Bus oder sogar mit dem Fahrrad zum Unterricht erscheinen. Was also tun? Wieder war es unser Großvater, der Bewegung in die Sache brachte. Er war in seiner Wohnung auf der Gallitzinstraße ausgebombt worden. Er hatte dann ein oder zwei Zimmer auf der Erphostraße gefunden in einem Haus, welches einmal hochherrschaftlich gewesen war. Der Eigentümer war ein Anstreichermeister, der sich aber am Ende des Krieges mit seiner Frau aufs Land abgesetzt hatte. Da hauste Großvater nun und hatte eine aus Polen stammende Haushaltshilfe angestellt. Aber wie sich später herausstellte, war diese junge Frau wohl nicht ganz richtig im Kopf. Als Großvater dann nach Bösensell zog, stellte diese Perle ihm ständig nach, beehrte auch uns dann häufiger, als uns lieb war, mit ihrer Anwesenheit. Als Großvater nun auf der Erphostraße in dem riesigen Haus wohnte, geriet dieses bei einem Luftangriff in höchste Gefahr. Zusammen mit einem anderen Bewohner kletterte er auf das Dach, wo es ihm gelang, die Brandnester, verursacht von den Stabbrandbomben der Engländer, zu löschen und das Haus vor dem Schlimmsten zu bewahren. Hätte dieses erst einmal richtig Feuer gefangen, so wäre nichts mehr zu retten gewesen, denn die Decken und Innenwände waren aus Fachwerk. Natürlich war der Hauseigentümer irgendwie dankbar, und Großvater – der sich bei dem Ganzen auch noch einige Brandverletzungen zugezogen hatte – konnte die riesige Wohnung im ersten Obergeschoss in Beschlag nehmen. Nur – wie kam man nach Münster? Hinter dem Stift wohnte ein kleiner Kötter, mit dem Großvater freundschaftliche

Beziehungen angeknüpft hatte, und wo er so oft eingekehrt war, wenn er seine Frau an ihrem Krankenlager besuchte. Der Mann zögerte und zierte sich. „Wenn ich nach Münster komme, spannen mir die Engländer mein Pferd aus!“ Aber Großvater ließ nicht locker, legte einen Reichsmarkschein nach dem anderen auf den Tisch und bekam schließlich die Zusage. Dann konnten wir unseren Hausrat zusammenpacken, auf das Gefährt laden und nach Münster abfahren. Das Ganze war sowieso nicht viel wert, aber wir hatten ja sonst nichts. Wir saßen also auf dem Gefährt, und der Gaul zuckelte los. Als wir am Stift vorbeifuhren, hielt ich Ausschau nach meinem Freund Tono und seinen Geschwistern, aber keines der Kinder ließ sich blicken. – Wir kamen an der Kirche in Roxel vorbei und rollten gemächlich auf der noch kaum ausgebauten Landstraße in Richtung Münster. Kurz vor der Aabrücke fiel ein Matratzenteil vom Wagen, das Gefährt musste anhalten, mein Bruder und ich liefen etwa 30 m zurück, um das kostbare Stück zu bergen. Sodann erreichten wir den Stadtrand von Münster am Coesfelder Kreuz. Über die Wilhelmstraße ging es dann in Richtung Kreuzkirche, über die Maximilianstraße, Gartenstraße, Hörsterplatz, Stolbergstraße zur Erphostraße. Das waren alles Gebiete, die ich selbst als Münsteraner noch nie oder kaum jemals gesehen hatte. Die paar Möbelstücke samt Hausrat waren schnell in die erste Etage gebracht. Die Wohnung war sehr geräumig, die Decken waren noch reichlich mit Stuck versehen, der aber zum großen Teil auf dem Boden lag. Es gab kein Wasser, kein Licht und auch kein Gas. Die Fenster jedoch waren einigermaßen in Ordnung. Vielleicht war es der Hauseigentümer, der Anstreicher- und Glasermeister, der die schlimmsten Schäden bereits behoben hatte.

Am 25. April 1945 wurde ich zehn Jahre alt, bis dahin hatte trockenes Frühjahrswetter geherrscht, doch dann gab es einige Tage lang Regenschauer. Das Dach des Hauses war noch nicht wieder instand gesetzt, der Regen versickerte auf dem Dachboden und suchte sich seinen Weg durch die Decken, die aus Holzbalken und Dielen bestanden. Als ich an meinem Geburtstag morgens erwachte, ergoss sich von der Zimmerdecke ein beachtliches Rinnsal in mein Bett. Ich stand auf, schob mein Bett ein Stück weiter und schlief sofort wieder ein.

Der Zustand in der Stadt war kaum zu beschreiben: Überall Trümmer und Schutt, Bombentrichter auf den Straßen, Schutt, Glassplitter und Unrat auf den Gehwegen. Dazwischen jede Menge Zigarettenkippen, die bis zu drei Fingerbreiten lang waren, das wunderte uns; denn unsere Landser waren es gewohnt, Zigaretten bis auf den letzten Rest aufzurauchen, und selbst davon die letzte Kippe noch zu verwerten. Die Deutschen bückten sich, sammelten die kostbaren Reste ein und machten daraus neue Zigaretten, notfalls unter Zuhilfenahme von Zeitungspapier.

Selbstverständlich herrschte abends strenges Ausgangsverbot. Die Engländer demonstrierten Wachsamkeit, indem sie jeden Abend mit ihren Maschinenpistolen mal auf dieser, mal auf jener Straße herumballerten. Daran hatten wir uns sehr bald gewöhnt, aber eines Abends im Mai nahm das Schießen kein Ende. Das Feuer wurde immer heftiger und hörte nicht auf, sodass mein Bruder und ich unsere Betten verließen und uns in die Küche flüchteten. Aber auch dort mussten wir zusehen, wie die Knallerei immer heftiger wurde. Leuchtkugeln stiegen hoch, und was sonst noch an Munition hochging, lässt sich nicht beschreiben.

Am anderen Morgen, als Großvater von seinem Inspektionsgang zurückkehrte, brachte er die Nachricht mit: „Der Krieg ist aus!" Meine Mutter konnte ihrer Tränen nicht Herr werden. Am Vorabend hatten uns die Engländer mit einem großartigen und für uns kostenlosen Feuerwerk erfreut. Aber niemand war auf den Gedanken gekommen, dass das mit dem Ende des Krieges etwas zu tun haben könnte.

VII.

So hatte die bedingungslose Kapitulation – *unconditional surrender* – zwar das Ende des Krieges, aber keineswegs einen Friedensschluss mit sich gebracht. Doch das war uns eigentlich ziemlich egal. – Es war übrigens erstaunlich, wie schnell die Engländer es verstanden, eine einigermaßen funktionierende Verwaltung in Gang zu setzen.

In diese Tage fiel der Tod unserer Großmutter, der erste Todesfall in meiner nächsten Umgebung, den ich erlebte. Wohl mehr als vier Wochen hatten wir von ihr nichts mehr gehört Es gab keine Post, kein Telefon, keine Bahn- oder Busverbindung, geschweige denn Rundfunk oder ähnliches. Die Todesnachricht erreichte uns über irgendjemand, der auch in Tilbeck evakuiert gewesen war. Großvater erfuhr dies also, als er zufällig diese bekannte Person in der Stadt traf. Unsere Mutter machte sich per Fahrrad auf den 15 km langen Weg nach Tilbeck. Sie fand dort ihre Mutter, die schon einige Tage tot war. Aber woher einen Sarg bekommen? Auch die waren damals Mangelware. Aber die Ordensschwester in Tilbeck sagte zu meiner Mutter: „Ja für Ihre Mutter habe ich wohl noch einen Sarg übrig, wo sie doch so lange bei uns war!“

Das war keineswegs selbstverständlich; denn in Anstalten und Wehrmachtslazaretten wie Tilbeck wurden damals die vielen Toten meistens in einem Sarg bestattet, der öfter genutzt wurde. Wenn die Trauergemeinde den Friedhof verlassen hatte, wurde der Boden entriegelt und der Sarg wieder hochgezogen für die nächste Bestattung. Der Tote konnte froh sein, wenn er in einem Papiersack – wie bei der Wehrmacht üblich – seine letzte Ruhe fand.

Auch ein Leichenwagen fand sich, gezogen von einem Pferd. Unser Großvater war nicht mit nach Tilbeck gekommen, wie hätte das auch möglich sein sollen? – Aber wahrscheinlich hat er sich zu Fuß auf den Weg gemacht und ist seiner toten Frau auf der Roxeler Straße ein Stück weit entgegengegangen. Er erzählte, dass die Engländer am Coesfelder Kreuz einen Kontrollposten eingerichtet hatten. Er war sichtlich bewegt, als er berichtete, die jungen britischen Soldaten hätten beim Herannahen des Leichenwagens ihre Helme abgenommen und dieses traurige Gefährt mit der Toten schweigend vorüberfahren lassen. Der eine oder andere dieser jungen Männer wird dabei auch wohl ein stilles Gebet zum Himmel geschickt haben.

Am Nachmittag kam dann der Wagen in Münster an und hielt vor unserer Wohnung auf der Erphostraße. Hinter dem Sarg hatte noch das Fahrrad, mit dem unsere Mutter nach Tilbeck gekommen war, seinen Platz gefunden. Mutter saß bleich und in sich zusammengesunken neben dem Kutscher auf dem Bock. Sie trug ihre braune Felljacke; diese hatte ihr unser Vater noch 1939 kurz vor dem Krieg gekauft. „Es gibt doch jetzt Krieg, und man weiß nicht, was noch werden wird!“ hatte er dabei gesagt. Mutter trug ein buntes Kopftuch und hatte dabei ein erstarrtes, fahles Gesicht. Sie hat kaum ein Wort gesagt. Dann fuhr der Leichenwagen weiter zum Franziskus-Hospital, wo der Sarg in der halb zerstörten Leichenhalle aufgestellt wurde. Ein Dach war dort nicht mehr vorhanden, und die Särge mit den Toten waren Wind und Wetter ausgesetzt.

Auch fand sich niemand, das Grab auszuheben. Großvater machte sich an die Arbeit, dabei stieß er auf starke Wurzeln der umstehenden Bäume. Ein Beil musste herbeigeschafft werden, um die armdicken Hölzer abzutrennen. Bei dieser traurigen Verrichtung wie auch bei ähnlichen Arbeiten schien mir Großvater als ehemaliger Bergmann ganz in seinem Element zu sein.

Dann kam der Tag der Beerdigung: Es war *rattenkaltes* Maiwetter. In der Frühe war das Seelenamt in der ziemlich stark beschädigten Mauritzkirche. Dann ging es zur Leichenhalle, wo der Sarg mit unserer Großmutter mehr oder weniger im Regen stand. Der Kaplan kam, um die Einsegnung vorzunehmen. Statt eines Messdieners brachte er einen Behinderten mit, der unter dem Namen *Jöppe* allgemein bekannt war. Dieser hatte wohl eine perinatale Erkrankung durchlitten, war debil und lebte mit seiner – auch schon hinfälligen – Mutter in einer ärmlichen Bleibe hinter der Kirche. Er fegte regelmäßig den Kirchplatz und wurde auch zu kleineren Handreichungen herbeigezogen.

Der Sarg wurde auf einen vierrädrigen Handkarren gestellt, wie sie auf den Bahnhöfen verwendet wurden. Dabei werden wohl der Kaplan, Großvater und *Jöppe* mit Hand angelegt haben, denn sonst war ja kein Mann in Sichtweite. Da *Jöppe*, angetan mit Talar und Chorhemd – der Messdienerkleidung – den Karren ziehen musste, drückte der Kaplan mir, dem späteren Messdiener, das Vortragekreuz in die Hand, und durch die Schafskälte ging es dann zum alten Mauritzfriedhof. Ich stand mit dem Vortragekreuz am Kopfende des Grabes und fror in meinem Kieler-Matrosen-Anzug – mit der kurzen Hose und Kniestrümpfen – jämmerlich. Wohl war es auch die Aufregung, die mich zittern ließ: Ich schaute unentwegt auf den Sarg.

Der Kaplan sprach die vorgeschriebenen Gebete und machte sich dann mit *Jöppe* und dem Gefährt auf den Rückweg. Wir gingen in unsere Wohnung zurück. Einen *Beerdigungskaffee* gab es nicht; es waren ja auch außer uns nur zwei irgendwie bekannte Frauen bei der Beisetzung zugegen gewesen. Es war die erste Beerdigung, die ich als Beteiligter aus der Nähe erlebte.

Über *Jöppe* muss noch einiges berichtet werden: Als Mitte der fünfziger Jahre seine Mutter starb, hat dieser inzwischen nicht mehr junge Mann bitterlich geweint. Aber unser Dechant Berghaus war nicht nur auf allen Ebenen ein Diplomat, sondern auch ein verständnisvoller Seelsorger. Er ließ *Jöppe* kommen und sagte: „Ach Jöppe, was willst du jetzt bloß machen? Du bist doch jetzt ganz allein, deine Mutter ist im Himmel, und Du hast ja keinen Menschen mehr. Aber weißt Du, ich will versuchen, dass ich eine schöne Stelle bei Schwestern für Dich finden kann, wo Du es gut hast. Ich will mal sehen." – Die Stelle fand sich, und *Jöppe* wurde als Patient in die psychiatrische Anstalt *Marienthal* gebracht. Dort hat er noch lange Jahre bis zu seinem Tode die Anlagen in Ordnung gehalten und sich gefreut, dass er eine so schöne Stelle bei Schwestern hatte und so gut versorgt wurde. Er ahnte nicht, dass er aufgrund seiner Debilität

Dauerpatient war. Im Harken der Anlagen war er jedenfalls nicht zu schlagen.

Auch der Lohn dieses armen und vom Leben betrogenen Menschen wird „groß sein im Himmel!“ Die Nazis hätten ihn im Rahmen ihres Euthanasie-Programms sehr wahrscheinlich umgebracht. Ich kann mir gut vorstellen, dass Dechant Berghaus, der alte Fuchs, der auch in der Stadt Münster viele Verbindungen hatte, seinem debilen Pfarrkind einen Arbeitsvertrag gegeben hat und *Jöppe* so vor dem Zugriff der *Euthanasie* gerettet hat.

Als Ende Mai das Wetter freundlicher wurde, wagte ich mich wieder öfter aus dem Haus. Zu dieser Zeit sah es in Münster noch ziemlich wüst aus. Überall lagen Schutt und Trümmer herum. Wenn man vom Bahnhofsvorplatz aus die Windthorststraße hinaufblickte, konnte man die Türme des zerstörten Domes sehen.

Auch militärische Ausrüstungsgegenstände waren überall zu finden. Auf der Burchardstraße fand ich in einem Bombentrichter neben einem abgerissenen Majorsachselstück ein komplettes leichtes Maschinengewehr, das LMG 42. Munitionsreste und Sprengkörper sowie sonstiges gefährliches Zeug fanden sich auch überall. Ein Klassenkamerad aus der gemeinsamen Volksschulzeit in Münster kam beim Hantieren mit einem Sprengkörper ums Leben. Das Unglück ereignete sich auf den Gleisen der Reichsbahn zwischen Niedersachsenring und der Erphokirche. Beide Arme waren zerfetzt worden, der Junge starb dann an Blutverlust im Krankenhaus.

Die Stadtwerke bemühten sich, die Bevölkerung mit Wasser zu versorgen. Pferdefuhrwerke fuhren mit großen Wassertanks zweimal in der Woche durch die Straßen, um das notwendigste Wasser anzuliefern. Jedermann rannte mit Kochtöpfen oder Eimern auf die Straße, um das kostbare Nass zu bekommen. Aber die Wasserrationen wurden von den städtischen Arbeitern sparsam zugeteilt, schließlich mussten ja auch andere Bewohner versorgt werden. Eines Nachmittags rutschte ein Fuhrwerk – obwohl es sogar Gummibereifung hatte, mit dem Hinterrad in einen Bombentrichter. Die beiden Zugpferde – es waren zwei stämmige *Belgier* – schafften es nicht, die kostbare Fuhre wieder flott zu bekommen. So verteilte der Gespannführer großzügig das Wasser an jedermann, der Rest wurde dann einfach in den Bombentrichter abgelassen. So gelang es schließlich, das Gefährt wieder flott zu machen. Die Bewohner der Straßen, für die das Wasser eigentlich bestimmt gewesen war, hatten das Nachsehen. Das Wasser, das man ergattern konnte, wurde als Koch- und Trinkwasser gebraucht, sowie, soweit noch vorhanden, zum Putzen. Der Rest wurde beileibe nicht weggegossen, sondern in der Badewanne gesammelt und zum Spülen der Toilette genutzt.

Die Franziskanermönche im *Klösterchen*, deren schöner und im franziskanischen Geiste hervorragend gelungener Neubau aus den fünfziger Jahren inzwischen auch schon wieder abgebrochen ist, hatten einen riesigen Garten mit einem Brunnen. Die Söhne des heiligen Franziskus waren nicht kleinlich, und jedermann konnte sich dort mit Wasser eindecken. Das mussten auch wir ein paar Mal machen: Wir bekamen kostbares frisches Brunnenwasser, das wir dann wohl fast eine Stunde lang in Eimern oder einer Kanne zu unserer Wohnung schleppen mussten. Aber im Spätsommer 1945 war auch diese Plackerei zu Ende, und es gab wieder Leitungswasser von den Stadtwerken. Doch erst Ende September, als die Tage schon kürzer wurden, gab es wieder elektrischen Strom. Die Versorgung mit Gas ließ allerdings noch lange auf sich warten.

Aber trotz der schlechten Versorgungslage – fast alle Kinder hatten Untergewicht, und es fehlte an allem – waren es doch schöne, unbeschwerte Sommertage. Wir spielten draußen, es fanden sich auch nach und nach etliche Nachbarskinder wieder ein und wir spielten eifrig auf den Trümmergrundstücken, was im Grunde nicht gern gesehen wurde. Einmal fanden wir eine verloren gegangene Fahrradpedale. „Das ist der Anfang für ein neues Fahrrad!“, so lautete unsere einhellige Meinung. Später schloss ich mich einem Indianerstamm an, ich bekam vom Häuptling – dem Sohn des bekannten Chefarztes im Franziskushospital – den Kriegsnamen *Stoßender Adler* zugeteilt.

Die englischen Besatzer bestimmten das Stadtbild. Auf der Kreuzung Warendorfer Straße-Hohenzollernring an der Oberfinanzdirektion stand ein englischer Militärpolizist mit roter Schirmmütze und regelte den Verkehr, der fast ausschließlich aus englischen Militärfahrzeugen bestand. Ein deutscher Polizist stand an der Ecke und durfte zuschauen. Manchmal sah man auch Streifen, die aber offensichtlich vorwiegend optischen Zwecken dienen sollten. Sie bestanden aus einem englischen Militärpolizisten, einem englischen Soldaten mit Gewehr, und einem deutschen Polizisten, der, versehen mit weißer Armbinde, mitlaufen durfte. Einmal konnte ich aus nächster Nähe an der Warendorfer Straße miterleben, wie eine solche *Streife* einen Russen *filzte*. Den hatte man irgendwo aufgetrieben und mitgebracht. Vor dem Gebäude der Lebensversicherung, ganz in der Nähe meines zerstörten Elternhauses, musste der *Russki* mit hoch erhobenen Händen stehen. Der englische Soldat hielt das Gewehr im Anschlag auf den früheren Waffengefährten, der Militärpolizist führte die Aufsicht und nahm gemeinsam mit dem deutschen Polizisten die allerdings nicht sehr gründliche Untersuchung des *Gefangenen* vor. Ich kann mir das Ganze nur so erklären, dass es demonstrativ gewollt war und zur Beruhigung der Zivilbevölkerung dienen sollte. Vermutlich wurde das ganze Theater an der übernächsten Straßenecke wiederholt. Die Russen und die Fremdarbeiter aus dem Osten waren eine Plage, es kam ständig zu Plünderungen, wobei auch mancher Deutsche, vor allem auf dem Lande, bei diesen Raubzügen sein Leben verloren hat. Die Engländer versorgten diese ehemaligen Kriegsgefangenen zwar irgendwie mit Lebensmitteln, kümmerten sich aber so gut wie gar nicht weiter um diesen Personenkreis, auch wenn es zu ernsthaften Übergriffen auf die deutsche Zivilbevölkerung kam. Auch hat das Motiv Rache in sehr vielen Fällen eine bedeutende Rolle gespielt.

Aber neben unseren ausgedehnten Spielaktivitäten gab es ernsthafte Beschäftigungen für uns Kinder. Kohlen gab es nicht, aber es lag ja Holz genug in den Trümmern herum. Besonders beliebt waren die Dachlatten, die ließen sich leicht transportieren und zu Brennholz verarbeiten. Die Engländer brachten die im Ruhrgebiet geförderte Kohle mit der Eisenbahn nach Emden, wo diese dann nach England verschifft wurde. Oft ließen die Lokomotivführer die Züge irgendwo auf der Umgehungsbahn halten. Die Militärpolizei konnte nicht überall sein, und die Deutschen konnten sich mit der heiß begehrten Kohle bedienen. Den Deutschen wurde – wenn überhaupt – die so genannte *Schlammkohle* zugeteilt: Diese bestand aus flüchtigem Kohlenstaub und musste erst mit Wasser durchnässt werden, damit sich Klumpen bilden konnte, die dann mit einer gewissen Mühe einigermaßen zum Brennen gebracht werden konnte.

Ähnlich trieb es die Militärregierung mit den Holzvorräten, etwa im Sauerland oder im Weserbergland wurden ganze Flächen abgeholzt und die Ware nach England verschifft. Prompt sang man das bekannte Volkslied mit folgendem Text:

Wer hat dich, du deutscher Wald,
ausgebaut und dann verschoben ...

Zu dieser Zeit kam die Stadtverwaltung – nach wie vor von der Militärregierung eingesetzt und kontrolliert – auf den Gedanken, die gesamte Bevölkerung zu Räumarbeiten heranzuziehen. Die Monate Juli, August, September wurden zu *Schipp*-Monaten erklärt. Für jeden Bewohner war abends von 18 bis 20 Uhr Räumdienst angesagt. Es war erstaunlich, wie bereitwillig, ja sogar freudig jedermann mitmachte. Gerade auch Frauen und Kinder packten mit an. Zunächst wurden Schutt und Unrat von den Gehsteigen einfach in die Straßengosse geschoben, ebenso die Trümmer, die noch auf der Fahrbahn herumlagen. Dieser Schutt wurde dann irgendwann später von der Stadt abgefahren, oder man beförderte ihn einfach auf die anliegenden Trümmergrundstücke, oft auch durch die Kellerfenster, wenn das Haus nahe genug an der Straße lag. Jeder beteiligte sich an den Arbeiten. Dazu gab es noch einen *Räumwart*. Unser Großvater war als ehemaliger Obersteiger wie geschaffen für diesen Posten. Er trug bei dieser Tätigkeit eine weiße Sommerjacke, die den Krieg irgendwie überstanden hatte, dazu einen Hut, unter dem Arm eine

Liste mit den Namen der Anwohner. Dabei stolzierte er wie ein Gockel durch seinen Bezirk von der Kirchstraße bis zur Brüderstraße. Er führte eine *Strichliste* über die anwesenden Personen und verteilte *Räummarken*, rote und gelblich-braune Abschnitte. Die einen waren für die *normalen* Teilnehmer der Aktion, die anderen für die ehemaligen Parteigenossen bestimmt. Dabei war Großvater vielfach großzügig – was er auch sein konnte, vor allem, wenn es ihn selbst nichts kostete – und drückte oft ein Auge zu. Man konnte den Schutt auch einfach in die zahlreichen noch vorhandenen Bombentrichter schieben. Da hing jedoch oft ein gelber Zettel mit dem Text: „Nicht zuschütten! Versorgungsleitungen!" Wasser-, Strom- und Gasleitungen waren oft beschädigt und harrten der Instandsetzung. Für die *Räummarken* konnte man im Herbst dann in den Geschäften Haushaltswaren erstehen. Ehemalige Parteigenossen bekamen für ihre *Räummarken* zunächst nichts ausgehändigt. Man bekam also billige Essbestecke, schlecht emaillierte Tassen aus Eisenblech, alles in allem die uns sattsam bekannte Kriegsware. Dennoch holte sich jeder diese Waren ab, und bald war alles vergriffen.

In erfreulicher Erinnerung habe ich, dass soziale Unterschiede überhaupt nicht bemerkbar waren. Jeder beteiligte sich und verkehrte mit jedem, die kleinen Nazis nicht ausgenommen. Die größeren Nazis allerdings wurden oftmals, nicht selten in böswilliger Absicht, denunziert, und viele wurden von den Engländern einfach festgenommen und erst einmal für Wochen, wenn nicht für Monate, interniert und in einem Barackenlager in Recklinghausen-Süd festgehalten.

Auch die Frau des hoch angesehenen Chefarztes des Franziskus-Hospitals beteiligte sich mit Elan an den Arbeiten. Sie stand auf den Resten einer umgestürzten Mauer in ihrem Garten und schwang mit Hingabe eine Spitzhacke. Meine Mutter wunderte sich, dass eine – in ihren Augen so hoch stehende – Frau, die zudem noch auf den Resten einer Gartenmauer stand, mitmachte. Ich habe heute eher die Vermutung, dass das für die *Frau Doktor* ein Neuheitserlebnis war, welches sie veranlasste, so schwungvoll mit dabei zu sein. Hervorgehoben werden muss noch, dass es keinerlei Unmut über die Verpflichtung durch die Stadtverwaltung gab. Im Gegenteil, es herrschte in den Abendstunden immer eine fröhliche und oft ausgelassene Stimmung.

Nach der Räumaktion sah es trotz der riesigen Zerstörungen doch schon wesentlich freundlicher in Münster aus. Es gab die ersten Zeitungen, allerdings nur in sehr geringem Umfang und nur an drei Tagen in der Woche. An der Oberfinanzdirektion am Hohenzollernring stand ein Zeitungsverkäufer, der seine Ware für 15 Reichspfennig anbot. Ich ließ mir – zusammen mit einem Freund, ich weiß nicht mehr, wer es war – einen Packen Zeitungen geben, und wir gingen dann in der alten OFD, in dem noch heute beachtlichen Riesengebäude, von Zimmer zu Zimmer, um die Zeitungen anzubieten. Das gänzlich unzerstörte riesige Gebäude war mit allen möglichen Dienststellen besetzt, es „platzte aus allen Nähten". Die Zeitungen wurden uns nur so aus der Hand gerissen, und die *Trinkgelder* ergaben zum Schluss ein schönes Sümmchen. Der Zeitungsverkäufer freute sich, seine Ware so schnell loszuwerden, und legte noch einen Betrag von einigen Reichsmark dazu. So kam ich mittags oft stolz mit ungefähr 20 leicht verdienten Reichsmark nach Hause. Aber das Geld sammelte sich an, lag nutzlos herum, man konnte praktisch nichts Brauchbares dafür erstehen. Es soll Leute gegeben haben, die sich die kostbaren Zigaretten – mit einer besonderen Art von Galgenhumor – mit Reichsmarkscheinen angezündet haben.

Irgendwie nahm das allgemeine Leben wieder seinen alltäglichen Verlauf. Lebensmittel waren knapp, und unsere Tante und unsere Mutter machten sich mit mir auf den Weg, um zu versuchen, bei einem mit uns entfernt verwandten Bauern am Stadtrand in der Nähe der Schleuse etwas Essbares zu ergattern. Aber das brachte nichts. Jedoch hatte ich eine amerikanische Gasmaskenbüchse gefunden, die ich mit alten, vorjährigen Kartoffeln, die auf der Tenne in einem Haufen herumlagen und als Schweinefutter dienten, und die natürlich schon zu keimen angefangen hatten, füllen durfte. Immerhin ergab das Bratkartoffeln für eine volle Abendmahlzeit.

Die einzige Möglichkeit für die Verbreitung von Nachrichten seitens der Militärregierung war die Bekanntgabe in den sonntäglichen Gottesdiensten. Allerdings gab es auch kleine, auf billigem Papier gedruckte Mitteilungen, die an den Straßenecken hingen.

Eines Sonntagmorgens im Mai wurde in der Kirche bekannt gegeben, dass sich die Schüler im Alter von 11 bis 14 Jahren zum *Kartoffelkäfersuchen* einzufinden hätten. Die Tierchen hatten sich schon zu einer Plage entwickelt. Ein böswillig gestreutes Gerücht besagte, dass die Alliierten Bomber auch Larven und Eier der Kartoffelkäfer bei den Luftangriffen abgeworfen hätten.

So etwa dreißig Kinder fanden sich auf dem alten Mauritz-Schulhof ein. Und wen trafen wir dort an? Unseren alten, unverwüstlichen Rektor Schmidt. Er war etwas schmaler und älter im Gesicht geworden und erinnerte mich später – aus heutiger Sicht – an den alternden Toscanini. Aber sein schlohweißer Schnurrbart blickte wie in alten Zeiten *pielup* (steil aufgerichtet) aus seinem Gesicht. Ansonsten war er ganz der alte, ein Pädagoge alter Schule. Er führte uns in einen Klassenraum und erzählte uns, was denn eine Kartoffel sei. Er brachte uns dabei den angeblich lateinischen Ausdruck *Tartuffula* bei. Dann ging es über den Kaiser-Wilhelm-Ring an der Erphokirche vorbei, wo auf der anderen Seite des Bahndamms ausgedehnte Kartoffelfelder lagen. Die ganze Gegend war damals noch völlig unbebaut.

Jeder war mit einem Kochgeschirr oder auch einer leeren Blechdose *bewaffnet*. Wir gingen dann einigermaßen geordnet wie auf dem Kasernenhof durch die Reihen und sammelten die Larven und Puppen ein, die an den Blättern klebten. So ungefähr vier- bis fünfmal habe ich mich an einer solchen Aktion beteiligt. Das einzige Paar Schuhe, was ich besaß, waren ein Paar braune, gebrauchte Halbschuhe. Es stammte von einem Jungen, der bei einem Bombenangriff ums Leben gekommen war, und war wenigstens zwei Nummern zu groß. Ich stolperte und verlor im Fallen einen Schuh und konnte ihn unter dem dichten Kartoffelkraut nicht wieder finden, der Schuh blieb verschollen.

Meine letzten Schuhe, bestehend aus gepresster Pappe und einer aufgeklebten Folie – also echte Kriegsware, hatten bereits in Tilbeck ihren Geist aufgegeben. Aber in Tilbeck haben wir wie die Bauernkinder auch meistens *Holsken* [Holzschuhe] getragen, auch *Klotschen* genannt. Zwei Paar davon habe ich in Tilbeck verschlissen. So bin ich den ganzen Sommer und Frühherbst des Jahres 1945 ohne Schuhe herumgelaufen. Als Ersatz gab es *Holzkläpperkes*, passend geschnittene Stücke aus Buchenholz, die irgendwie annähernd einem Kinderfuß angepasst waren. Sie wurden von Papiergarn, womit beim Ernten die Garben zusammengebunden wurden, an den Füßen gehalten und sahen von weitem aus wie Sandalen. Solange das Papiergarn trocken war, war es hart und rau, und man scheuerte sich die Füße wund. Sobald aber ein Regenschauer kam, weichte diese Behelfsware sofort auf und gab ihren Geist auf. Erst um Allerheiligen herum gelang es meinem Vater, beim Wirtschaftsamt einen Bezugsschein zu ergattern, und ich bekam für den Winter ein Paar Schuhe, allerdings auch nur recht mäßige Kriegsware.

Der beängstigende Zustrom von Evakuierten nach Münster hatte noch nicht voll eingesetzt, und die großzügige Parterre-Wohnung auf der Erphostraße stand noch leer, denn der Hauseigentümer wohnte noch *auf dem Land*. So Ende Mai fuhr ein britischer Militärlastwagen vor, und die Engländer quartierten 20 Litauer ein. Sie richteten sich in der Wohnung unter uns mehr oder weniger häuslich ein und waren, wie sich herausstellte, recht angenehme Zeitgenossen. Sie waren offenbar katholisch. Kleine Marienbilder und Ähnliches schmückten bald die Wände. Die neuen Hausgenossen waren durchweg junge Männer von knapp über 20 Jahren und verhielten sich in keiner Weise feindselig. Litauen, von diesem Land hatte ich nicht die geringste Vorstellung und noch nie etwas gehört. Gelegentlich kam ein britischer Lkw vorgefahren und brachte Verpflegung. Von der Schokolade und den Keksen haben uns die ehemaligen Zwangs-Verbündeten Stalins stets etwas abgegeben. Einer hatte sich eine Verletzung am Fuß zugezogen, er saß oft auf dem Hof in der Sonne und meinte, dass das Sonnenlicht eine heilende Wirkung ausübe – jedenfalls haben wir diese freundlichen und durchaus nicht unsympathischen jungen Leute in bester Erinnerung.

Abends, wir lagen schon in unseren Betten, kam in der Wohnung unter uns ein für damalige Verhältnisse beachtlicher Lärm auf. Es wurde irgendetwas gefeiert. Eine Handvoll junger Mädchen war auch zugegen, und eine Ziehharmonika spielte zum Tanz auf. Unser Großvater dachte tief nach und kommandierte: „Ruhig verhalten, sich nichts anmerken lassen, keinesfalls etwas weitererzählen!" Der alte Obersteiger erinnerte sich offenbar an seine Polen und die anderen Ostarbeiter, mit denen er *unter Tage* einst zu tun gehabt hatte. Einige Tage später holten die Engländer ihre litauischen Schützlinge wieder ab. Sie machten meiner Erinnerung nach nicht sehr glückliche Gesichter, als sie die beiden britischen Militär-Lkw bestiegen. Der geräuschvolle Abend war für sie wohl eine Art Abschiedsfeier gewesen. Was mag aus den freundlichen jungen Männern, die das Leben doch noch vor sich hatten, wohl geworden sein? Sie mussten ja zwangsweise in ihre Heimat, das heißt: in den Machtbereich Stalins, zurückkehren.

Das Haus auf der Erphostraße, in welchem wir wohnten, war einmal ein Haus des gehobenen Bürgertums gewesen, erbaut kurz nach der Jahrhundertwende, wie übrigens fast alle Häuser in diesem Wohnviertel. Alles war reichlich mit Stuck versehen, innen zwei Etagen mit prächtigen Stuckdecken und großzügigen Räumen. Doch diese Herrlichkeit war von gestern. Innenwände und Decken bestanden aus verputztem Fachwerk aus Holz. Dieses hatte sich – auch infolge der Bomben – gelockert, man konnte praktisch jeden Schritt im Haus hören. Wenn ein größerer Lastwagen über die Straße rumpelte, wackelten Teller und Tassen geräuschvoll im Küchenschrank. Wenn mein Bruder und ich uns etwas lebhafter bewegten, stieg die Frau des Hauseigentümers – Franziska hieß sie mit Vornamen – auf einen Stuhl und stieß mit einem Besenstiel unter die Zimmerdecke. Eines Tages im Herbst, als Vater schon aus der Kriegsgefangenschaft heimgekehrt war, wiederholte sich dieses Schauspiel. Vater wurde das Theater zu albern, er stieg mit seinen fast zwei Metern

Körperlänge auf einen wackeligen Küchenstuhl und ließ sich mit aller Gewalt auf den Dielenboden der Küche fallen. Ab da war diesbezüglich *Ruhe im Karton*. Sofort hatte ich einen Namen parat: *Franziska und ihre Wackelburg*.

Die Engländer hatten begonnen, die ersten Kriegsgefangenen zu entlassen. In Norwegen hatte die deutsche Wehrmacht geschlossen kapituliert. Die Engländer lösten die deutschen Einheiten nicht auf und ließen die deutschen Soldaten unbehelligt. Auch in Norddeutschland geschah dies so. Allerdings habe der Hunger den deutschen Soldaten sehr zugesetzt, berichtete Vater. Diese hätten sich geholfen, indem sie geballte Ladungen – zusammengebundene Handgranaten – in die Fjorde warfen und dann die verendeten Fische, die auf dem Wasser trieben, herausgefischt hätten. Oder – so berichtete Vater auch – sie hätten mit Kleinkalibergewehren auf Krähen und Elstern geschossen, die dann in der Pfanne gelandet wären.

Als die Entlassung anstand, sei es von Stavanger aus mit dem Schiff um Dänemark herum in die Nordsee und dann über Hamburg durch den Nordostseekanal in die Ostsee gegangen. Dieser gewaltige Umweg musste gewählt werden, weil die Schifffahrtswege in der Ostsee noch vermint waren. Ob der Land-Weg dann auch über Munsterlager in der Lüneburger Heide führte, weiß ich nicht. Aber Vater erzählte, man habe die Kolonne eines Abends irgendwo in einer Heidelandschaft abgeladen – ohne jegliche Unterkunft oder sanitäre Anlagen. Die Engländer hätten trocken gesagt: „Bitte, meine Herren, machen Sie es sich bequem!“ Der Weg führte dann schließlich auf britischen Militärlastwagen zu dem Dörfchen Nienberge bei Münster. Dort stand damals eine Ziegelei – noch mit Ringofenbefeuerung – und stellte das Wahrzeichen von Nienberge dar. Auch der spätere Bischof von Münster, Heinrich Tenhumberg, der als Sanitätsdienstgrad bei der Kriegsmarine gedient hatte, ist hier entlassen worden.

Vater kannte sich im Münsterland bestens aus und machte sich von Nienberge aus durch die Bauerschaft Altenroxel auf den Weg nach Tilbeck. Ein geübter Wanderer braucht für den Weg nach Tilbeck knapp zwei Stunden. Er kam zu unserer vormaligen Bleibe kurz vor den Baumbergen und musste feststellen, dass das Nest leer war. Er erfuhr jedoch von den Köttersleuten unsere Anschrift in Münster. Er hat dann die Nacht als Gast bei den immer hilfsbereiten Eheleuten Reher zugebracht und dann am nächsten Morgen die 15 km über Roxel und Gievenbeck nach Münster zurückgelegt. Vater Reher war Schlosser im Stift Tilbeck, und seine Frau hatte für uns Kinder immer etwas übrig gehabt. So kam unser Vater in der Mittagszeit nach Münster und suchte zuerst unser Anwesen an der Gereonstraße auf, wo alles in Trümmern lag. Er verzehrte freudig ein paar Birnen von dem Baum, der in unserem Garten stand, und der weit über hundert Jahre alt geworden ist, jedoch vor einigen Jahren gefällt werden musste. Meine Mutter und ich waren zufällig auf der Straße, als Vater uns entgegen kam. Er trug die Luftwaffenuniform aus grobem Stoff – ohne jegliche Abzeichen, die Mannschaftsmütze auf dem Kopf und den Luftwaffenrucksack auf dem Rücken. Vaters Ankunft war nicht so ganz unverhofft, denn am Abend zuvor war meine Mutter mit mir am weitgehend zerstörten Hauptbahnhof Münster gewesen. Dort hatten wir eine Anzahl Luftwaffensoldaten getroffen. Es war üblich, entlassene Kriegsgefangene anzusprechen. Einer sagte, als er unsere Namen hörte: „Ja ich glaube, ich kenne Ihren Mann. War das so ein Großer? Den habe ich, wie ich meine, gesehen." Meine Mutter zeigte eine für sie typische Abwehrhaltung und wollte das eigentlich nicht glauben. Doch der Soldat kam eigens noch einmal die Treppe herunter und sagte sinngemäß, er sei sicher, dass er unseren Vater gekannt habe und dieser auf demselben Transport gewesen sei. Meiner Erinnerung nach trug dieser Soldat eine Uniform aus dem besseren Offiziersstoff – natürlich ohne irgendwelche Abzeichen – und war demzufolge offensichtlich Offizier bei der Luftwaffe gewesen.

Anfang August 1945 fielen die ersten Atombomben der Weltgeschichte auf Hiroshima und Nagasaki. Großvater hatte davon in der Zeitung gelesen und sagte etwa: „Ein Blitz, so groß wie die Sonne, furchtbar!" Das Entsetzen stand ihm dabei ins Gesicht geschrieben.

So ging der Sommer dahin. Ich genoss die Freiheit, wir spielten auf den Trümmergrundstücken hingebungsvoll *Indianer*. Mein Häuptling, der Sohn des bekannten Chirurgen und Chefarztes am Franziskus-Hospital, besaß eine ansehnliche Sammlung von Indianerbüchern. Ich durfte mir ständig aus seinem Bestand Werke ausleihen, so zum Beispiel J. F. Cooper: *Der Wildtöter* und *Der letzte Mohikaner*. Auch eine komplette Ausgabe von D. Defoe: *Robinson Crusoe* sowie vaterländische Literatur fiel mir in die Hände, so zum Beispiel ein Bericht über das Deutsche Auslandsgeschwader im Kaiserreich und die Schlacht bei den Falklandinseln sowie über das Schicksal des Kleinen Kreuzers *Emden* und die abenteuerliche Heimkehr des Landungszugs der *Emden* vom Indischen Ozean aus über die Türkei nach Berlin.

Ansonsten hatte sich neben dem *Indianerstamm* eine Meute von Nachbarsjungen gebildet. Wir stöberten auf den Trümmergrundstücken herum und brachten alles mit nach Hause, was uns irgendwie brauchbar erschien, vor allem das begehrte Brennholz.

Vater war also aus dem Krieg zurück, es herrschte in jenen letzten Augusttagen ein herrliches Sommerwetter. Vater begab sich zu seiner früheren Arbeitsstätte, aber dort hatte man nichts für ihn zu tun. Die Straßenbahn fuhr ja nicht, die städtischen Angestellten wurden zu allen möglichen Tätigkeiten herangezogen. So wurden einige auch zur Trümmerräumung auf dem Gelände der Stadtsparkasse eingesetzt, wo unser Vater dann mit Schaufel und Schubkarre zusammen mit einigen anderen städtischen Bediensteten den Schutt wegräumte. Auch die Lehrer – denn die Schulen waren ausnahmslos geschlossen – wurden herangezogen, wie auch die Festschrift des Ratsgymnasiums von 1951 es ausweist.

Vaters erste Sorge war – neben dem Versuch, das zerstörte Elternhaus wieder aufzubauen – die schulische Bildung seiner Söhne. Da man die Zeit in Tilbeck in schulischer Hinsicht kaum als nennenswert bezeichnen kann, hatte ich mit meinen inzwischen fast zehn und ein halb Jahren nur gut zwei Jahre Schulunterricht genossen. Das erste, was Vater unternahm, war, mir ein kleines Geometriebuch in die Hand zu geben. Ich glaube, es stammte noch aus der Zeit, als er in den zwanziger Jahren zur Zeit der Arbeitslosigkeit an einer Hiltruper Gewerbeschule als Aushilfslehrer Technisches Zeichnen unterrichtet hatte. Ich solle mich einmal damit beschäftigen. Die Berechnung von Quadraten und Rechtecken verstand ich noch einigermaßen, denn das hatte ich schon einmal irgendwo gehört. Auch mit den rechtwinkligen Dreiecken ging es noch irgendwie. Aber dann? Darstellung von Kreisen, Kugeln und sonstigen mehrdimensionalen Körpern wie Pyramiden, Zylindern, dazu die für einen Zehnjährigen fremdartigen mathematischen Symbole, die ich für *Hieroglyphen* halten musste, gaben mir den Rest. Ich warf das Buch, nachdem ich mich eine gute halbe Stunde damit abgegeben hatte, dahin, wo es hingehörte – nämlich in die nächste Ecke.

Doch Vater lag es absolut nicht, in seinen Bemühungen locker zu lassen. Er hatte seine ersten beiden Gymnasialjahre auf dem damaligen *Städtischen Gymnasium und Realgymnasium*, dem heutigen Ratsgymnasium, verbracht. Noch in der Nachkriegszeit gab es vereinzelt *Oberlehrer*. Dies waren Volksschullehrer, die man für geeignet hielt, in der Unterstufe der Gymnasien *einfache* Fächer zu unterrichten, etwa Rechnen, Deutsch, Musik, Turnen, unter Umständen auch Latein. Am Paulinum gab es damals den unvergesslichen Zeichenlehrer und Kunsterzieher *Fränzken* Homoet. An der *Städterpenne*, also dem späteren Ratsgymnasium, hatte *Papa* Scheele eine solche Planstelle innegehabt. Er verwaltete nebenbei noch das Schulsekretariat, um sein damals kärgliches Beamtengehalt etwas aufzubessern. Er hatte meinen Vater auf der Unterstufe des Gymnasiums noch vor dem 1. Weltkrieg unterrichtet. Mein Vater kannte ihn auch deswegen, weil er in der Vinzenzkonferenz unserer Heimatpfarrei St. Mauritz führend tätig gewesen war und allgemein geachtet und bekannt war. Zu diesem schon damals recht betagten Herrn wurde ich geschickt. Er wohnte auf der Dechaneistraße, und so kam es zu meiner ersten Nachhilfestunde im Leben. Ich traf einen freundlichen und gütigen alten Herrn an, der damals 73 Jahre alt war. So etwa ein bis zwei Stunden dauerte eine Sitzung. Zuerst wurden die *Grundrechenarten* durchexerziert (zum wievielten Mal eigentlich?), sodann gab es ein paar Diktate zu schreiben und auch einige selbständig angefertigte Aufsätze. Dabei ereignete sich auch einmal etwas Tragikomisches: Der Schwierigkeitsgrad der Diktate stieg nach und nach an, was mir aber keineswegs etwas ausmachte. In einem Text kam das Wort *Gendarm* vor. Diesen Ausdruck kannte ich nur vom Hören. *Gendarm* nannte man den Dorfpolizisten oder Landjäger in der grünen Uniform mit den braunen Aufschlägen. Da ich aber den fraglichen Ausdruck noch nie gedruckt gelesen hatte, schrieb ich nach der Art eines Erstklässlers – wie auch sonst? – *Schandaam*, und stellte mir dabei einen drahtigen Polizisten in grüner Uniform und mit *Tschako* vor. *Papa* Scheele hat sich köstlich amüsiert, jedoch nach außen sich kaum etwas anmerken lassen. Er hat mir dann die Herkunft dieses Begriffes erklärt. „Gens d'armes" seien die bewaffneten Polizeikräfte in Frankreich gewesen, und dieser Ausdruck sei etwa in der napoleonischen Zeit ins Deutsche übernommen worden.

Doch wie sollte man diesem grundgütigen Menschen und Volksschullehrer alter Schule – noch aus der Kaiserzeit – sich erkenntlich zeigen? Großvater bekam als Bergmann seiner alten Zeche *Ewald Fortsetzung* in Erkenschwick alljährlich seine Deputatkohle. Fast ein Wunder war es, durch einen ihm bekannten Kohlenhändler im Kreuzviertel einen Lkw gestellt zu bekommen. Meine Mutter und mein Vater sowie Großvater selbst als Hauptperson fuhren nach Erkenschwick. Legal war so etwas überhaupt nicht, und es ging wohl nur deswegen, weil der Kohlenhändler aus dem Kreuzviertel seinen Anteil mitbekam. Während Großvater sich mit seinen alten Arbeitskollegen angeregt unterhielt, stand Mutter neben dem Bergmann, der die Ladevorrichtung bediente. „So, du bist die ‚Deern' von Steiger Felix? Das ist ja großartig, dass ich dich noch einmal sehen darf. Wie lange bist du nun schon weg? Sicher schon mehr als zehn Jahre. Wo ist die Zeit nur geblieben?" So oder so ähnlich – wie Mutter erzählte – muss das Gespräch mit diesem biederen Bergmann verlaufen sein. Der Hebel der Ladevorrichtung wurde dann öfter als eigentlich vorgesehen betätigt, und am späten Nachmittag stand der Lkw vor unserer Haustür. Noch am späten Abend wurde die Kohle dann mit Eimern in den Keller in Sicherheit gebracht.

Als nun Weihnachten nahte, hackte Vater eine Menge Holz. Ein *Bollerwagen* aus der Nachbarschaft wurde ausgeliehen und mit Kohle beladen. Obendrauf kam dann noch eine dicke Schicht Brennholz als Tarnung. Doch gerade als es losgehen sollte, hatte Großvater seinen Mittagsschlaf beendet und kam die Treppe herunter. „Was macht ihr denn da?" „Ja wir bringen dem Papa Scheele etwas Brennholz, damit er Weihnachten es sich etwas warm machen kann!" Unserem Vater standen die Haare zu Berge und der Schweiß auf der Stirn, und mein Bruder und ich machten uns mit dem vollbeladenen Bollerwagen schleunigst aus dem Staub. Großvater hat offenbar von der Veruntreuung *seiner* Kohle nichts gerochen, er hätte sonst das Haus abgebrochen. Aber vielleicht hatte sich – rein physiologisch gesprochen – nach dem ausgiebigen Mittagsschlaf sein Aggressionspotential noch nicht wieder aufgebaut.

Papa Scheele sagte überglücklich, als wir einige Tage vor Heilig-Abend mit unserem Bollerwagen vor seiner Haustür standen, „Es geschehen doch noch Wunder!" So brauchte der alte Mann Weihnachten nicht in der Kälte zu verbringen.

Irgendwie gelang es, die paar Möbel, zusammen mit einigem Hausrat, die wir im Sommer 1943 in der Gegend von Einen ausgelagert hatten, zurückzubekommen. Auch die zivilen Anzüge meines Vaters – bis dahin hatte er nur seine Luftwaffen-Uniform, mit der er aus der Gefangenschaft zurückgekommen war – befanden sich dort in einem Schrank. Aber die ehemaligen russischen Kriegsgefangenen, die jetzt frei herumliefen und sich langsam zu einer Plage entwickelt hatten, zogen plündernd und raubend durch die ländlichen Gebiete. Sie suchten auch den Bauernhof heim, wo unsere Sachen standen. Sie haben Vaters Anzüge ausnahmslos mitgenommen, nur waren diese für sie zu groß. Sie halfen sich, indem sie die Überlänge der Hosenbeine und Jackenärmel einfach abschnitten und die Stoffreste an Ort und Stelle liegen ließen, die meine Mutter auch prompt wieder erkannte. Wer jedoch will über diese *räuberischen* Kriegsgefangenen, die gerade mit dem Leben davongekommen waren, richten?

An dieser Stelle muss auch einmal das Lied des *braven Mannes* gesungen werden. Der jahrzehntelang für meinen Vater tätige Schneider wohnte in Einen. Vater hatte noch vor dem Kriege einen hervorragenden englischen Anzugstoff erstehen können. Als der Krieg 1939 ausbrach, kam es nicht mehr dazu, dass dieser Anzug angefertigt wurde. Der Stoff war dem Schneider zu treuen Händen übergeben worden. Sechs Jahre später lag dieser wirklich wertvolle Anzugstoff noch bei Schneider Sandmann in Einen. So bekam Vater schon im Frühjahr 1946 einen neuen, friedensmäßigen Sonntagsanzug. Dieser Schneider hatte den Stoff aus bestem englischem Tuch aufbewahrt, statt ihn irgendwie anders zu *verschieben*, was man ihm angesichts der Zeitläufte auch nicht unbedingt hätte übelnehmen können. Schon zwei Jahre später hätte der Anzug in kostbarer D-Mark bezahlt werden müssen.

Natürlich nahm Vater, der ja völlig unterernährt und ausgezehrt aus der Gefangenschaft zurückgekehrt war, im Laufe der Jahre an Fülle zu. Der gute Nachkriegsanzug wurde *gewendet* – was wegen der hohen Lohnkosten heute nicht mehr gemacht wird, und ich habe ihn als Student als *guten* Anzug noch jahrelang getragen.

Im Oktober 1945 begann dann wieder der Schulunterricht. Ein Abgangszeugnis in Schapdetten habe ich noch erhalten, aber im Grunde war es das Papier nicht wert. Die Lehrerin hatte einfach das vorherige Zeugnis abgeschrieben. In Erdkunde zum Beispiel stand da ein „befriedigend“, aber ich kann mich mit dem besten Willen nicht daran erinnern, dass es einen Erdkunde-Unterricht gegeben hätte ... So bin ich also nie in das 5. Schuljahr versetzt worden und habe beim Wechsel zum Gymnasium auch kein Abgangszeugnis einer Volksschule erhalten. Aber es gab ja die Aufnahmeprüfung.

Die Schulbezirksgrenzen waren dann wieder den Grenzen der Kirchengemeinden angepasst worden, und ich fand mich auf der *Katholischen Volksschule St. Mauritz* wieder, und ich nehme an, dass ich allein auf Grund meines Alters in das 5. Schuljahr *gesteckt* wurde. Dabei waren es weitgehend dieselben Lehrkräfte, mit denen wir schon 1941 bis 1943 in der *Freiherr-von-Vincke-Schule*, der *Erphoschule* am Kaiser-Wilhelm-Ring, das Vergnügen gehabt hatten. Jetzt saßen wir in dem damals schon altertümlichen Gemäuer, das genau zwischen der Pfarrkirche St. Mauritz und der alten Oberfinanzdirektion liegt. Für uns zeichnete sich der Schulbetrieb dadurch aus, dass die Lehrpersonen ständig wechselten. Eine *Juffer* löste die andere ab. Eine Zeit lang hatten wir auch einen Lehrer, den es aus dem Osten nach Münster verschlagen hatte. Wieder einmal wurden die Grundrechenarten durchgenommen, und ich kann mich nur an ein paar „altmodische" Gedichte und Lesestücke erinnern. Schulbücher gab es keine, die Bücher aus der Kriegszeit waren ausnahmslos verboten. Zweimal in der Woche gab der Dechant eine Religionsstunde. Mein Bruder *bevölkerte* mit seinen sieben Jahren das 2. Schuljahr. Die Klassenlehrerin nahm mit den Kindern den Katechismusstoff im Voraus durch, damit, wenn der Herr Dechant erschien, diese den *Stoff* auch beherrschten. Aus heutiger Sicht kommt mir das Ganze irgendwie als vertane Zeit vor.

Die Pfarrbücherei hatte sich behelfsmäßig im Pfarrheim niedergelassen und bot einiges an Lesestoff. Irgendwann fiel mir ein *Karl May* in die Hände, und ich habe dann etwa bis zum 15. Lebensjahr fast alle der über 60 Bände gelesen. Aber längst nicht alle Bände waren dort zu bekommen. Ich lief dann oft durch die ganze Stadt, von einem Mitschüler zum andern, um einen der begehrten Bände leihweise zu ergattern. Heute bin ich mir über die höchst unterschiedliche literarische Qualität der Werke des bis vor einigen Jahren noch beliebten Volks- und Jugendschriftstellers durchaus längst im Klaren. Aber: Wenn die Kinder von heute wenigstens noch *Karl May* läsen! Um die Sprachkompetenz und auch die Rechtschreibung wäre es doch deutlich besser bestellt.

Aber wenn auch die Disziplin während der Unterrichtszeit eigentlich kaum etwas zu wünschen übrig ließ, außerhalb der Schule wurde mancherlei Unfug getrieben. Das Herumstreunen in den Trümmergrundstücken nahm kein Ende und reichte vom Indianerspiel mit Lagerfeuer bis hin zum *Organisieren* von Brennholz oder auch Leichtmetall. Aus den abgeworfenen Benzintanks der Jagdflugzeuge aus Leichtmetall, die äußerlich wie eine Fliegerbombe aussahen und dutzendweise in der Gegend herumlagen, vor allem auf dem Fliegerhorst in Handorf, konnte man sich gut *Paddelboote* bauen. Es brauchte nur eine viereckige Öffnung in das Leichtmetall geschnitten werden, ein Brett oder ein Kissen wurde als Sitz hineingelegt, und schon war das Boot fertig. Aber der Schwerpunkt dieser *Wasserfahrzeuge* lag so hoch, dass das Gleichgewicht nur schwer zu halten war. So lagen die *Freizeitkapitäne* mit ihren gekenterten Booten ständig im Wasser der Werse oder in der stinkenden Brühe eines Tümpels oder größeren Bombentrichters. Einmal soll sogar – in dem Reservetank waren offenbar noch Treibstoffreste gewesen, und es hatte sich ein explosives Gasgemisch gebildet – beim Hantieren dem *Schiffseigner* der Apparat um die Ohren geflogen sein.

Andere Spielchen waren alles andere als harmlos: Überall lagen Munitionsreste herum, Karabiner- oder MG-Munition. Auf dem alten Hörster-Friedhof fand ich eine Handgranate – im Keller der Nachrichtenkaserne an der Weseler Straße lagerte haufenweise Artillerie-Munition. Die dort wohnhaften Heranwachsenden machten sich auch daran zu schaffen. Sie holten aus den Granathülsen das Stangenpulver heraus und bauten daraus Silvester-Raketen. Diese sollen ganz gut funktioniert haben.

Zugegen war ich zweimal auf dem Schulhof der alten Mauritzschule. Die Engländer hatten ihre leeren Verpflegungskartons achtlos weggeworfen – das gab ein schönes Feuerchen. Infanterie-Munition für Karabiner und für das MG 42 war dort fast an jeder Ecke zu finden. Man war aber so schlau, sich hinter die – noch aus alten Ziegeln im Klosterformat errichtete – Schulhofmauer in Deckung zu begeben, bevor es mächtig knallte, und die Geschosse durch die Gegend sausten. Dabei blieb ich jedoch immer auf Distanz.

Auf den Straßen oder auch in den Garagen der zerstörten Häuser fanden sich häufig Kraftfahrzeuge, die liegen geblieben waren. Wir setzten uns ans Steuer und spielten hingebungsvoll „Autofahren". Es waren die geläufigen Vorkriegsmodelle: Opel P4, Opel Olympia, Ford Eifel, DKW oder auch einmal eine BMW-Limousine oder der vielfach gebaute Mercedes 170 V. Alle hatten ausnahmslos noch die alten Richtungsanzeiger, die beim Abbiegen herausgeklappt wurden. Vom Forscherdrang getrieben nahmen wir diese Winker, wie man sie nannte, auseinander. Wir zerdepperten die Plastikteile und fischten die damals üblichen 6-Volt-Birnchen heraus. Das Ganze war völlig sinnlos, aber es war doch ein vorpubertäres Erfolgserlebnis, wenn wir uns diese Birnchen in die Tasche steckten. Heute würde man das bei den Heranwachsenden einen *Kick* nennen.

Ein anderer *grober Unfug* erschien mir doch entschieden geistreicher zu sein: Alles, was mit der Nazi-Zeit zu tun hatte, hatte ja irgendwie den Reiz des Verbotenen. Ehemalige Nazis traf man sowieso kaum an, denn die hatte es – nach eigenen Angaben der Betroffenen – kaum gegeben. Für dergleichen entwickeln gerade Kinder oft ein beachtliches Gespür. Wir mussten vor dem Betreten des Schulgebäudes immer in Zweier-Reihen antreten und so in die Klassenräume marschieren. So auch eines Tages nach der großen Pause: Irgendjemand stimmte, genau als wir das Gebäude betraten, das *Horst-Wessel-Lied* an, *Die Fahne hoch* ..., und alle fielen johlend ein. Meine Meinung ist, dass die Kinder, die die zwiespältige Bewusstseinslage der Erwachsenen durchaus mitbekommen hatten, so auf ihre Art sich „Luft machen" wollten. Das Ganze musste irgendwie artikuliert und zum Ausdruck gebracht werden.

Rektor Schmidt war nicht zu sehen, aber die anderen Lehrpersonen waren pflichtgemäß empört. Drei unserer *Juffern* im besten Matronenalter bauten sich vor unserer Klasse auf, sie sagten kaum etwas, aber ihre Mienen verhießen nichts Gutes. Dabei ließ jede der anderen den Vortritt, etwas zu sagen. Das sei ja unerhört! Wie wir dazu kämen? Dann wurde ich gezielt „herausgepickt" und gefragt, warum ich *Die Fahne hoch* angestimmt hätte. Ich antwortete wahrheitsgemäß: „Ich habe ja gar nicht angestimmt, ich habe nur mitgesungen!" Dabei wusste ich genau, aus welcher Ecke das Ganze seinen Ausgang genommen hatte. Es war wie in einem billigen Kriminalroman. Nach dieser meiner *salomonischen* Antwort, die alle in der Klasse mitgehört hatten, war es wohl klar, dass keiner sich eine Blöße geben würde, und der Rädelsführer sicher nicht zu ermitteln war. Die würdigen Damen ließen noch ihre Blicke prüfend durch die Bankreihen schweifen und verließen – etwas vor sich her *brammelnd* – würdevoll mit empörter Haltung und eisigem Gesichtsausdruck den Klassenraum. Im Gänsemarsch!

Mit Sicherheit waren die Damen dieses *Krampfadergeschwaders*, die sich voller Empörung als Rachegöttinnen geriert hatten, auch früher keine Nazi-Anhängerinnen gewesen. Sie waren auch wild entschlossen, den Urheber zu finden. Aber wahrscheinlich haben sie als langjährige und erfahrene Pädagoginnen den ganzen Unsinn als vorpubertäre Kinderei gewertet. Von der ganzen Sache ist dann auch nicht mehr geredet worden. Rektor Schmidt, dem der Vorgang wohl gemeldet werden musste, und der sonst eisern durchgriff, war als alter Fuchs bekannt und hat das Feuer „auf kleiner Flamme" gehalten, bis es von selbst ausging. Heute würde dieser „unerhörte Vorfall" die ganze „Journaille" auf den Plan rufen, und der „Blätterwald" würde noch tagelang rauschen. Nun waren diese Nazi-Lieder durch jahrelanges Berieseln auch uns Kindern durchaus noch geläufig. Es entstanden manche Parodien, so zum Beispiel *Deutschland, Deutschland ohne alles, ohne Butter, ohne Speck, und das bisschen Marmelade frisst uns die Besatzung weg!* oder man sang:

Es geht alles vorüber
Es geht alles vorbei
im April der Führer
und im Mai die Partei.

Das wäre wenige Monate vorher noch lebensgefährlich gewesen und hätte mit Sicherheit Konzentrationslager oder Todesurteil bedeutet.

Nun ist es historisch völlig falsch, das *Lied der Deutschen* von Hoffmann von Fallersleben als Nazi-Erzeugnis zu bewerten. Ein solches Urteil liegt politisch wie geschichtlich völlig daneben. Es war eine Frucht der 48-er Jahre des 19. Jahrhunderts, und es ging dabei um die Einheit Deutschlands, um den Ruf nach einer konstitutionellen Verfassung – gerade auch in den vielen eigenständigen deutschen Staaten, um Rechtsstaatlichkeit und Demokratie, um sich Freiheit zu verschaffen von den Fesseln eines Metternich und von Fürstenwillkür. Immerhin war es der erste Reichspräsident, Friedrich Ebert, also ein Sozialdemokrat, der das *Lied der Deutschen* zur Nationalhymne erhob.

Oder man sang statt *Die Fahne hoch*: *Die Pfanne hoch! Die Bratkartoffeln brennen. Es fehlt das Fett, Margarine gibt es net ...* . Zusammenfassend muss ich sagen, dass dieses halbe Jahr im 5. Jahrgang in der Rückschau eigentlich nichts „gebracht“ hat.

Als ich an einem Sonntag vor Weihnachten mit meiner Mutter die Messe besuchte, gab unser Dechant vor der Predigt bekannt, dass Papst Pius XII. auch drei deutsche Bischöfe in das Kardinalskollegium berufen habe, nämlich den Erzbischof von Köln, den Bischof von Berlin und unseren Bischof Clemens August Graf von Galen. Meine Mutter war sichtlich erschüttert. Bezeichnend war, dass weder durch die Presse noch auf anderem Wege diese Neuigkeit bei breiteren Schichten bekannt geworden war. Die bewegte Betroffenheit bei den Münsteranern lässt sich kaum in Worte fassen. Selbst ehemalige Nazis – zumeist die kleinen Mitläufer – waren tief bewegt. Das wurde empfunden als Aufwertung und Wertschätzung der Deutschen vor aller Welt. Das hatte Pius XII. auch wohl beabsichtigt, der ja Nuntius in Berlin gewesen war und als besonderer Freund Deutschlands galt. Für Münster kam hinzu, dass Bischof Clemens August im Sommer 1941 aus der Reserve getreten war und in seinen Predigten den Nazi-Terror und das Unrechts-Regime in aller Öffentlichkeit bloßgestellt hatte. In der Nachkriegszeit wurde in dem mir bekannten Umfeld nicht viel von Politik geredet. Nur meine Tante sagte zu mir im Frühjahr 1945 einmal ganz knapp und trocken: „Mit den Nazis haben wir es ja nicht besonders gehabt.“ Nur zwei Male habe ich unseren Bischof und Kardinal gesehen.

Im Frühsommer 1945 ist Clemens August sehr bald verschiedene Male an die Öffentlichkeit getreten. An einem schönen Sonntag war in den frühen Abendstunden eine Messfeier mit dem Bischof auf dem Domplatz angesetzt worden. Der Platz war voll von Menschen, obwohl der Dom in Trümmern lag. Vor dem zerstörten Westportal lagen noch hohe Schuttberge. Eindrucksvoll war das Kreuz, welches man aus dicken, angekohlten Balken errichtet hatte, davor auf den Trümmern der Altar, an welchem der Bischof das Messopfer feierte. Dabei stand unser Dechant Berghaus, der als Stadtdechant zugleich „nicht residierender“ Domkapitular war, in seinem roten Talar mit Mozetta und Brustkreuz neben dem Bischof und hielt ihm das Manuskript der Ansprache hin. Dabei las er den Text, den der Bischof vortrug, Wort für Wort mit. Dies wurde von den Leuten richtig verstanden. Der Bischof wollte, dass seine Worte nicht aus irgendwelchen politischen Rücksichten verfälscht würden. Diese Botschaft wurde allgemein verstanden, zumal längst bekannt war, dass der Bischof sich auch schon mit den Besatzern angelegt hatte. Die Menschen sagten auf ihre Weise: „Denen sagt er es aber auch!“ Ich habe noch irgendwie im Ohr, dass der Bischof sinngemäß klarstellte, nur die Verbrecher, die schwere Schuld auf sich geladen hätten, müssten zur Rechenschaft gezogen und streng bestraft werden. Inwieweit er dabei auch Rechtsstaatlichkeit anmahnte, weiß ich natürlich nicht. Aber sicher hat er sich damals auch gegen das Gerede von der Kollektivschuld gestellt. Der Bischof hat jedoch mit seiner Warnung vor Ungerechtigkeit und Willkür gerade auch in nicht katholischen Kreisen an Achtung und Respekt gewonnen. Dann kam zu Weihnachten 1945 die Nachricht von der Erhebung des Bischofs in den Kardinalsstand. Die abenteuerlichen Umstände und Hintergründe der Reise nach Rom sind ausführlich berichtet worden, ich nenne nur den Kaplan und Privatsekretär des Bischofs, Portmann, sowie den Missionswissenschaftler und Kirchenrechtler Max Bierbaum. Ich beschränke mich im Rahmen dieser Aufzeichnungen auf das, was ich persönlich erlebt habe.

Der Einzug des Kardinals in seine Bischofsstadt Münster war triumphal. Es war ein wechselhafter und kühler, jedoch insgesamt freundlicher Frühlingstag im März. Ich stand mit den Klassenkameraden gegenüber der Dominikanerkirche am „Karstadt-Loch“, wie das damals noch unbebaute Gelände genannt wurde. „Spalier bilden!“ nannte man das. Die Aufsicht führte natürlich unser Rektor Schmidt. In Uniform und mit *Pickelhaube* hätte er mit seinem hoch aufgerichteten, schlohweißen Schnurrbart wie ein kaiserlicher Offizier – oder wenigstens Oberwachtmeister – ausgesehen. Wir mussten nicht allzu lange warten. Der Bischof kam von Telgte, dem bekannten münsterischen Wallfahrtsort, in einer offenen Kutsche, die von vier prächtigen Pferden – also vierspännig – gezogen wurde. Vor der Lambertikirche war der offizielle Empfang durch Rat und Behörden der Stadt Münster. Von diesem Empfang auf dem Lambertikirchplatz habe ich noch etwas mitbekommen. Der Bischof machte – wie die damaligen Fotos es zeigen – schon einen erkrankten und irgendwie leidenden Eindruck. Er trug nicht die übliche purpurrote Mozetta des Kardinals, sondern eine solche aus Hermelin, was unsere Tante andachtsvoll hervorhob. Unser Vater meinte trocken, dieses Standeskleid des Hochadels wäre ja wohl sicher aus Kaninchenfell gewesen, denn Hermelin sei so kostbar und teuer, dass es kaum jemand hätte bezahlen können. Ich habe damals diese Mozetta aus Hermelin oder Kaninchenfell für ein Zeichen der Kardinalswürde gehalten. Aber erst nach mehr als drei Jahrzehnten erfuhr ich von einem historisch sehr interessierten und äußerst kenntnisreichen Studienkollegen, dass dies ein Brauch oder ein Vorrecht der münsterischen Bischöfe gewesen sei. Schließlich seien einige Söhne des Hauses Habsburg und nicht zuletzt auch aus dem Hause Wittelsbach Fürstbischöfe von Münster gewesen. Dieser Brauch habe sich in Münster erhalten, und er selbst habe als Jugendlicher Clemens August, obgleich dieser nur einfacher Bischof gewesen sei, mit der Mozetta aus Hermelin erlebt. Nach dem Krieg sei dieser Brauch nicht mehr aufgelebt.

Der Nachfolger im Bischofsamt hat solche Extravaganzen für sich persönlich strikt abgelehnt und auch in seiner Umgebung nicht geduldet. Dieser mutige, aufgeschlossene und moderne Bischof war geprägt vom damaligen zentralistischen Kirchenbild. Später hat man das als *pianischen* – abgeleitet von Pius IX. – *Monolithismus* bezeichnet. Das II. Vatikanische Konzil war eben noch in weiter Ferne. Außerdem war er – ganz im Gegensatz zu Kardinal von Galen – jedem Feudalismus abgeneigt. Stattdessen fühlte er sich in seinem Denken einer missionarischen und sozialen Ausrichtung verpflichtet. Aber ich meine, es ist doch irgendwie bedauerlich, wenn viele schöne, alte Bräuche aussterben. Heute, in einer Zeit der geistigen Eintagsfliegen, meine ich, dass der *Ikonoklasmus* [Bilderstürmerei] vielfach fröhliche Urständ feiert: Gerade für einen Münsteraner, der ja von Haus aus konservativ geprägt ist und empfindet, und für den das Altbier dem Range nach sofort nach dem Weihwasser kommt. Wie heißt es so schön: *In Münster regnet es, oder die Glocken läuten; und wenn beides ist, ist Sonntag*. Etwas weniger wohlwollend lautet ein anderer Spruch: *Gott sprach: ‚Es werde Licht!' Doch es blieb finster, nämlich in Rom, Paderborn und in Münster*. Aber man muss doch wohl sagen, dass die Bischöfe der ersten Nachkriegsjahre – der Zeit des Wiederaufbaus – sowie in den darauf folgenden Jahren des gesellschaftlichen Umbruchs andere Sorgen hatten als über die Frage „Kaninchenfell – ja oder nein?“ sich den Kopf zu zerbrechen.

Infolge der Nachkriegsverhältnisse dauerte es ungewöhnlich lange, bis der neue Bischof ernannt wurde. Erst am 28. Oktober 1947 wurde er in der Hl.-Geist-Kirche – der Dom war noch zerstört – konsekriert. Natürlich freuten sich die Münsteraner, dass sie endlich einen neuen Bischof hatten – so auch meine Eltern. Beide sagten: „Nur schade, dass es diesmal kein Adeliger ist.“ Schon damals ein beachtlicher Anachronismus.

Vom Lambertikirchplatz aus bin ich dann durch die ersten Strahlen der Frühlingssonne nach Hause gelaufen. Von dem abendlichen

Trubel in der zu 90 % zerstörten Innenstadt habe ich nichts mitbekommen. Auch meinen Eltern war daran nicht gelegen. Am nächsten Tag berichtete unser Vater, es müsse ein unglaublich freudiges Treiben geherrscht haben, so dass man es kaum habe beschreiben können. Auf der Spitze des Lambertikirchturms habe eine Gestalt auf einem Ast der Kreuzblume gestanden und in der Dunkelheit eine brennende Fackel geschwungen. Dieser damals junge Mann, Abiturient des Paulinums, war einer der späteren langjährigen Pfarrer der Markt- und Stadtkirche St. Lamberti, Ferdi Hälker (1970-1998).

In der Kreuzkirche, einem neugotischen Bau, der einen fast domähnlichen Charakter hat, und der im Krieg unzerstört geblieben war, hielt Clemens August sein erstes Pontifikalamt als Kardinal. Schon kurz darauf sickerte die Nachricht durch, der neu ernannte Kardinal sei ernsthaft erkrankt, und am Tag darauf stand fest: Der Kardinal ist tot! Er war im Franziskus-Hospital noch operiert worden, wobei der Chefarzt, der Vater meines damaligen „Indianerhäuptlings", den Eingriff geleitet hatte. Penicillin war damals kaum zu bekommen, und somit gab es keine Rettung. Sofort kam das – mit Sicherheit böswillige – Gerücht auf, die Engländer hätten den auch ihnen unbequemen Kardinal vergiftet. Die Schwestern vom Orden des heiligen Franziskus, die *Mauritzer Franziskanerinnen*, ließen uns Nachbarskinder bereitwillig in das Sterbezimmer an das Sterbebett des großen Toten. Es war der erste Tote, den ich aus der Nähe zu Gesicht bekam. Er machte auf mich einen ungemein friedlichen Eindruck. Ich sagte hinterher: „Wie wenn er schliefe."

Die Stadt Münster war zerstört, und man suchte einen geeigneten Ort für die Aufbahrung des Oberhirten. Unser Pfarrer und Stadtdechant Berghaus stellte die Erphokapelle „seiner" St.-Mauritz-Kirche zur Verfügung. Dort war dann unser Bischof, den ich nur zweimal lebend gesehen hatte, aufgebahrt. Zwei- oder dreimal ist unser Vater mit meinem Bruder und mir dahin gegangen. Am Sarg stand ein Tisch, darauf waren Messkelch und Brevier des Verstorbenen aufgestellt, beides Zeichen des Auftrags des Priesters und Bischofs. Mich hätte es nicht gewundert, wenn unser Vater als Mann des praktischen Lebens das Wort „Handwerkszeug" gebraucht hätte. Außerdem habe ich noch die riesigen roten Pontifikalschuhe, die der Tote trug, in lebendiger Erinnerung. Das Requiem, die Seelenmesse, war dann wieder in der Kreuzkirche, wo der Verstorbene sein erstes und zugleich letztes Pontifikalamt als Kardinal gehalten hatte. Am Abend zuvor – ein freundlicher Frühlingsabend – war der Sarg in diese Kirche überführt worden. Unter anderem wurde der Zug begleitet von Gruppen der gerade wieder auflebenden Pfarrjugend, die ihre Banner trugen. Es gab auch schon wieder eine Art einheitlicher Kluft, nämlich ein weißes Hemd mit schwarzer oder dunkler Hose. Der Zug bewegte sich dann über den Kaiser-Wilhelm-Ring in Richtung Kreuzkirche.

Eigenartig: Diese 15- bis 16-jährigen Jugendlichen waren doch fast ausnahmslos im Jungvolk beziehungsweise der Hitlerjugend gewesen, zum großen Teil auch in den KLV-Lagern. Jetzt aber gingen diese jungen Menschen – die meisten wohl, ohne sich besondere Gedanken zu machen – vor dem Sarg des ehemaligen *Staatsfeindes* her und geleiteten ihn zu seiner letzten Ruhestätte. Das Ende des Unrechtsregimes lag gerade erst ungefähr zehn Monate zurück.

Am folgenden Tage war dann die Beisetzung in den „Galenschen" Kapellen im Dom zu Münster. Der Trauerzug setzte sich von der Kreuzkirche in Richtung Innenstadt in Bewegung. Wieder war unsere Schulklasse abkommandiert worden, wir standen am damaligen Priesterseminar in Höhe der Fischbrathalle. Eine unendlich lange Reihe von Bischöfen und anderen Würdenträgern mit Mitra und schwarzem Chormantel ging – begleitet von jeweils zwei Geistlichen – an der Spitze des Zuges. Einer von ihnen reizte mich zum Lachen: Eine kleine, fast zwergenhafte Gestalt mit Spitzbart und hoher Mitra auf dem Haupt. Irgendwie meinte ich, es wäre der englische Kardinal Griffin, aber der Spitzbart lässt mich heute eher daran denken, dass es ein Bischof oder Abt aus der Mission war. Auch zwei englische Offiziere waren zu sehen. Einer von ihnen war wohl der Vertreter der Militärregierung, der andere der englische katholische Militärgeistliche, der dem Kardinal sehr verbunden war, und später auch eine englische Übersetzung der *Vita* des Bischofs aus den Aufzeichnungen des bischöflichen Sekretärs Adolf Portmann herausgegeben hat.

Auf dem mit Tannengrün geschmückten Leichenwagen stand der Sarg, den ich in der Erphokapelle von St. Mauritz schon gesehen hatte: Ein dunkler Eichensarg, etwas klobig gearbeitet, der am Fußende spitz zulief. An der Seite war der Wahlspruch des Bischofs eingeschnitzt: *Nec Laudibus, Nec Timore!* [Weder durch Lob noch durch Furcht]. Gemeint ist, dass sich der Bischof weder durch Schmeichelei noch durch Drohungen davon abbringen lassen wollte, seinem Gewissen zu folgen. Hinter dem Sarg ging die adelige Familie, an der Spitze der Bruder des Verstorbenen, von hoher, hagerer Gestalt, den Rosenkranz in der Hand. Wir folgten dann dem Trauerzug über den „Spiegelturm" zum Domplatz, der dicht gefüllt war mit schweigenden Menschen. Meinen Platz fand ich in der Mitte des Platzes zwischen dem Paradies des Domes und dem Landesmuseum. Es muss wohl auch eine Lautsprecheranlage vorhanden gewesen sein, denn ich habe einige der Gebete, die am Grab gesprochen wurden, mitbekommen. Dort, in einer der halb zerstörten „Galenschen" Kapellen, fand der Kardinal seine letzte Ruhestätte. Das Grab ist später mit einer schlichten Platte aus Baumberger Sandstein bedeckt worden, die noch jahrzehntelang ihren Dienst getan hat. Unser Vater ist mit uns in der Folgezeit ein paar Mal zu diesem Bischofsgrab gepilgert. Es lag ihm offenbar daran, das Gedenken an diesen Bekenner in schwerer Zeit in seinen Söhnen wach zu halten. In der Domsakristei zu Münster finden sich auf dem Sockel eines Altarkreuzes, welches aber auch als Vortragekreuz genutzt werden kann, zwei lateinische Chronogramme, die das Andenken an unseren Bischof Clemens August wachhalten:

CLEMENS AVGVSTINVS
DE GALEN
OBIENS CONVIVA
VIVVS CHRISTI

Clemens August von Galen ist sterbend ein lebendiger Tischgenosse Christi.
(1946)

CRVX
A PAVLO SEXTO PAPA
LARGITA VOTAQVE
ANNIVERSARIO
TRIGESIMO OBITVS
HVIVS DIOECESIS
VERI CONFESSORIS

Das Kreuz wurde von Papst Paul VI. geschenkt und gewidmet
am 30. Jahrestag des Heimgangs des wahren Bekenners dieser Diözese.
(1976)

VIII.

Eines schönen Vormittags im März 1946 besuchte uns unsere Tante Maria in der bescheidenen Notwohnung auf der Erphostraße. Sie saß bei uns in der kleinen Küche auf einem einfachen Brettstuhl und unterhielt sich angeregt mit meiner Mutter. Zu mir gewandt sagte sie: „So, jetzt bist du also bald ein Sextaner!“ Das sagte sie in einem Tonfall und mit einem Gesichtsausdruck, dass ich annehmen musste, dass ein Sextaner wohl ein höheres Wesen sein müsse. So wurde damals in den bürgerlichen Familien, die ja in Münster den Ton angaben, gedacht.

So war ich denn Sextaner der altehrwürdigen SCHOLA PAULINA, die ihre Gründung – wahrscheinlich mit einigen gewagten historischen Verrenkungen – auf Karl den Großen zurückführt. Das evangelisch orientierte Schillergymnasium war in der Zeit des *Tausendjährigen Reiches* mit dem Paulinum zu einer Doppel-Anstalt zusammengelegt worden. Dieser Zustand wurde dann später in der Nachkriegszeit wieder beendet. Der Unterricht dieser „Doppelanstalt“ fand im Schulgebäude des Schillergymnasiums statt, welches heute noch besteht, allerdings aber beträchtlich erweitert worden ist. Damals ein recht gelungener Bau im Stil der Neo-Renaissance aus der Preußenzeit. Auf dem ansprechenden Hauptgiebel prangte der Spruch:

PIETATI VIRTUTI DOCTRINAE.
[der Frömmigkeit, der Tugend, der Gelehrsamkeit]

Irgendwo im oder am Gebäude fand sich noch ein weiterer Spruch: *Mens sana in corpore sano.* [ein gesunder Geist in einem gesunden Körper]. Die durchaus nicht unpfiffigen Schüler lasen: *Mens sana in corpore vano*, und übersetzten: *Ein gesunder Geist herrscht in unserem „Leerkörper“.*

Die Leitung der „Doppelanstalt“ hatte Oberstudiendirektor Caspar Wolfschläger. In einer Beurteilung des Oberstudienrats Kalkühler, dem kommissarischen Schulleiter der Pelizäusschule in Paderborn von 1943 bis 1944 – dieser war Vertrauensmann und Zuträger der Gauleitung der NSDAP – heißt es kurz über Wolfschläger: „Früher Oberstudiendirektor in Münster, wegen seiner weltanschaulichen Einstellung 1934 abgebaut und selbstverständlich nach Paderborn versetzt. In politischen Dingen spricht er sich nicht mehr aus, weil er immer noch Zentrumsmann bis auf die Knochen ist." Ich selbst habe ihn immer als verständnisvollen und den Schülern stets freundschaftlich begegnenden Pädagogen wahrgenommen.

Für einen elfjährigen Schüler, der überdies nur gut zwei Jahre nennenswerten Grundschulunterricht genossen hatte, muss die neue Welt, in der er sich bewegte, überwältigend gewesen sein. Ich habe das allerdings zunächst nicht besonders empfunden, erst im Verlauf der Quinta, also des zweiten Gymnasialjahres, stand ich einem für mich unüberwindlich erscheinenden Berg von Ansprüchen und Anforderungen gegenüber, denen ich über kurz oder lang erliegen musste. Schon bald holte uns der Schulalltag ein, und die desolaten Zeitverhältnisse wirkten sich aus.

Im Oktober 1945 begannen zuerst die Volksschulen mit dem Unterricht, allerdings unter äußerst eingeschränkten Bedingungen. Von den staatlichen Höheren Schulen war das Paulinum völlig zerstört. Das führte dazu, dass wir Sextaner nur dreimal in der Woche Unterricht bekamen, und zwar ausschließlich nachmittags. Schulbücher waren ausnahmslos verboten – von Schulbibel und Katechismus abgesehen. Zudem mangelte es an Schreibpapier. Der versäumte Unterrichtsstoff musste dann nachgeholt werden, wobei *Kuli*, der Lateinlehrer, in seinen Anforderungen brutal war. Zunächst muss allgemein gesagt werden, dass man bemüht war, *restaurativ* an die Vorkriegszeit, ja an die Zeit vor der *Machtergreifung* 1933 nahtlos anzuknüpfen. Da war zum Beispiel das ständige Gerede von den *ab sofort wieder friedensmäßigen* Leistungen. Heute wird wohl jedem Einsichtigen klar sein, dass ein solches damaliges Denken realitätsfern und – aus meiner heutigen Sicht – „schwachsinnig" genannt werden muss. Dazu passte, dass das Lehrerkollegium überaltert war, die – durchaus ehrenwerten – Persönlichkeiten hätten gut der *Feuer-*

zangenbowle entsprungen sein können. Hinzu kamen die Folgen des Krieges, unzureichender Unterricht im Grundschulalter, der Hunger, besonders in den ersten Nachkriegsjahren, beengte Wohnverhältnisse, oftmals unvollständige Familien. Man denke auch nur an die Schüler mit *Kriegsabitur*, dem so genannten *Reife-Vermerk.* Diese 18- bis 20-jährigen Kriegsteilnehmer hatten durchaus gelernt, mit dem Maschinengewehr oder der Panzerfaust umzugehen, waren aber nach dem Krieg darauf angewiesen, an den eigens für sie eingerichteten Förderlehrgängen teilzunehmen. „Für die aus der Kriegsgefangenschaft zurückkehrenden Schüler der Gymnasien fanden 1946/47 acht Lehrgänge mit 326 Teilnehmern zur Vorbereitung auf die Reifeprüfung statt" (so Gottfried Schäfers*, Als unser Münster sich wieder machte).* Diese jungen Männer waren also jetzt gezwungen, den *friedensmäßigen* Anforderungen eines Abiturs zu genügen. Allerdings haben sich die Lehrer – etwa am Ratsgymnasium – mit viel Verständnis und großer Mühe für ihre schon leicht überalterten Schüler eingesetzt, wobei die Schulbehörde als drohende Instanz allerseits gefürchtet war. Besonders genannt werden müssen hier von der damaligen Ratsschule die Studienräte Dr. Schleuter, Dr. Nowacki, Dr. Humborg und Dr. Künneke. Von all dem haben wir als Unterstufenschüler kaum etwas mitbekommen.

Bezeichnend war auch, dass vor dem Besuch des Gymnasiums oftmals eindringlich gewarnt wurde. So etwa *Papa* Holl – ein Oberlehrer alter Schule noch aus der Kaiserzeit: Wir sollten uns doch überlegen, ob wir überhaupt das Abitur anstreben wollten. Wenn etwa eine Ärztin sich ein Auto – im Vergleich zu heute eine Seltenheit – leisten könne, so sei das keineswegs ein *Plaisir*-Auto (Original-Ton). Vielmehr würde dieses Fahrzeug für den Beruf genutzt und sei notwendig. Wir sollten darüber nachdenken, ob es sinnvoll sei, unsere Jugendjahre auf dem Gymnasium zu verbringen; schließlich habe – so sagte er sinngemäß – das Handwerk immer noch „goldenen Boden".

Um nicht ins Uferlose zu geraten und den geneigten Leser nicht zu sehr zu ermüden, seien nur einige wenige, aber typische *Pauker*, die wir hatten, vorgestellt:

Lehrfach Nr. 1 war Latein. Es unterrichtete Dr. Kuhlmann, genannt *Kuli*. Trotz seiner brutalen und rücksichtslosen Art zu unterrichten war er wegen seines unkonventionellen, burschikosen Umgangs mit den Schülern durchaus nicht unbeliebt. Er stellte an die Lernleistung hohe Ansprüche. Wenn etwa zwei oder drei Sätze aus dem Übungsbuch übersetzt waren, brauchte die Klasse eine Atempause und, was ganz natürlich war, etwas Erholung. Dann machte *Kuli* zwischendurch seine dummen Bemerkungen und seine oftmals auch anrüchigen Witze, bevor es dann im Text weiterging. Als ich dann nolens volens das Paulinum verlassen musste, habe *Kuli* meinen Platz in der Schulbank dreimal gesegnet. So erzählten mir später die Mitschüler. Ich konnte die Bloßstellung, die in dieser Taktlosigkeit lag, nicht so recht begreifen, aber meine Mutter war empört. *Kuli* hatte eine *Bratkartoffelfreundschaft* mit drei skurrilen Lehrerinnen, die in einer *WG*, wie man heute sagt, am Aasee wohnten, und konnte bei dem Bauern, dem das Haus gehörte, auch mal etwas hamstern. Auf dem Rückweg zur Wiener Straße, wo er wohnte, stand er einmal in der Nähe des Aasees in der Dunkelheit vor einem Bombentrichter. Natürlich hielt er an, was dazu führte, dass die Beleuchtung seines Drahtesels ausfiel. Er plumpste, als er in der Finsternis einen falschen Tritt tat, voll in den Trichter, und fand sich in der stinkenden Brühe wieder. Er muss wohl dann den Rückzug zu seinen Bratkartoffel-Damen angetreten haben; er erzählte nämlich, er sei mit den Worten: „Kuli, was stinkst du denn so?" begrüßt worden. Allerdings sprachen ältere Mitschüler, die ich später traf, durchaus mit Hochachtung von ihrem *Kuli*, trotz seiner ausgeprägten Schrullen. Er sei eine Persönlichkeit gewesen, und man habe bei ihm etwas gelernt.

Kuli war unverheiratet. Seine Freizeit widmete er dem SC Preußen Münster, wo er eine führende Stelle innehatte. Wenn sein Verein sonntags das Spiel verloren hatte, war er am Montagmorgen unausstehlich, und die Schüler bekamen es zu spüren. Manchmal ließ er aus dem Stand heraus eine Klassenarbeit schreiben. Hatte seine Mannschaft jedoch gewonnen, war zwar seine Laune am folgenden Tag besser. Aber da man den Sieg am Vorabend ausgiebig mit Pils und Korn begossen hatte – im Klartext: man hatte fürchterlich gesoffen – war die Stimmung auch nicht gerade rosig.

In Mathematik und in Biologie unterrichtete uns ein junger Studienrat. Auf der Sexta wäre dieses Fach Mathematik wohl besser Rechnen genannt worden. Mit Spitznamen hieß dieser drahtige Typ *Adebar*. Er lief ständig in einem Anzug aus luftwaffengrauem Stoff herum, so dass ich annehme, dass er Offizier gewesen war. Auf Grund seines jugendlichen Auftretens und wegen seines Interesses für die einzelnen Schüler war er auch durchaus beliebt. Man bedenke, dass die Lehrkräfte am Paulinum in der Mehrzahl würdige, schon betagte Herren waren. *Adebar* gab aber auch Biologie. Im Wesentlichen hat er uns das Linnésche System der Arten beigebracht, zum Beispiel an der Taubnessel. Jeder musste ein Exemplar mitbringen. *Adebar* saß auf der ersten Bank, hatte eine Kladde in der Hand und diktierte die Merkmale, die Linné seiner Klassifizierung zugrunde gelegt hatte. Oder die weiße Heckenwinde: Wieder mussten die Schüler ein Exemplar zur nächsten Stunde mitbringen. Aber woher soll ein Stadtkind eine solche Pflanze bekommen? Es war kaum möglich; doch in allerletzter Stunde, auf dem Schulweg, fand ich an der Gasse, die vom Zwinger zur Gartenstraße führt, ein einziges Exemplar. Ich war enttäuscht, dass diese meine Leistung von *Adebar* überhaupt nicht gewürdigt wurde. Von der *Flora* ging es dann in diesem Stil auch zur *Fauna* über. Ich erinnere mich, dass wir auch den Kohlweißling klassifizieren mussten. Wenn jemand in der Klasse etwas sagte, ohne „dran“ zu sein, musste dieser einhundert Mal den Satz aufschreiben: „Ich darf nicht ungefragt dazwischenreden!“ So drei bis fünf Sextaner oder Quintaner bekamen in jeder Biologiestunde solch eine alberne Strafarbeit aufgebrummt. Einige dieser beklagenswerten Geschöpfe saßen dann in den Pausen in ihrer Bank und schrieben sich die Finger krumm. Sie wollten wohl so einer befürchteten häuslichen *Erziehungsbeihilfe* aus dem Wege gehen. Mich hat dieses Schicksal nicht getroffen, aber ich fiel dann auf andere Weise auf. Das Schicksal ereilte mich, als der Blutkreislauf durchgenommen wurde. Recht anschaulich wurde uns das Herz-Kreislauf-System erklärt, so auch, welche Funktion die Venenklappen hätten. Das Tafelbild musste abgezeichnet und für die nächste Stunde in das Hausheft übertragen werden. Als *Adebar* die Hausaufgaben kontrollierte, sagte er mir auf den Kopf zu, „das hast du in der letzten Stunde hier in der Schule gemacht“. Dies aber war völlig unwahr. *Adebar* schrieb mir eine Fünf an; ich hatte nicht die Geistesgegenwart, das Vorschreibeheft – vulgo *Schmierheft* – aus der Schulmappe zu nehmen und dem verrückten *Adebar* unter die Nase zu halten. Die Sache aber hatte noch ein unerfreuliches, aber im Grunde albernes Nachspiel. Im Fach Mathematik, das *Papa* Holl unterrichtete, wackelte ich ständig zwischen einem „genügend“ und einem „mangelhaft“ hin und her. Ich lag mit einem hartnäckigen, fieberhaften grippalen Infekt im Bett, d. h. auf dem Sofa in der Küche. Dies war der einzige Raum, der geheizt werden konnte, und wir hausten dort auf engem Raum mit vier Personen, Vater, Mutter, mein Bruder und ich zusammen. Da erreichte uns die Hiobsbotschaft, ein *Blauer Brief*. Mathematik „mangelhaft“, Biologie „mangelhaft“, Versetzung ernsthaft gefährdet. Ich habe den ganzen Vorgang zunächst überhaupt nicht mitbekommen. Meine Mutter hatte sich, völlig aufgelöst, in den ungeheizten Flur geschlichen und ausgiebig geweint. Diese Reaktion war völlig übertrieben und inadäquat, aber typisch für sie. Als wenn es im Lauf eines Lebens keine ernsthafteren Schicksalsschläge gäbe. Man hätte ihr, die von Panik und Ängsten erfüllt war, die alte Landserweisheit entgegenhalten sollen: *Die Lage ist erst dann besch… , wenn wir uns nicht mehr zu helfen wissen.* Aber so ein kerniger, mit galligem Humor erfüllter Spruch hätte sie mit Sicherheit innerlich nicht erreicht. Als ich wieder halbwegs auf den Beinen war, wurde mir der *Blaue Brief* unter die Nase gehalten. Ich wunderte mich, dass der Wisch aus einfachem Behördenpapier bestand und nicht blau war. Immerhin war damals ein *Blauer Brief* ein feststehender Begriff. Aber sonst kann ich mich an keine Reaktion erinnern, ich war einfach noch zu schwach und apathisch. Natürlich musste unser Vater der Sache nachgehen und marschierte zum Paulinum. Er traf den Herrn Biologielehrer dort an und fragte, was denn eigentlich los sei. Dieser gab trocken und sehr wahrscheinlich auch in einem schnodderigen Tonfall zur Antwort: „Ach, das sollte wohl eher so eine Art Schreckschuss sein!" Vater, so erzählte er, der ehemalige Oberfeldwebel, hätte dem mehr als zehn Jahre jüngeren Herrn gerne ein paar hinter die Löffel gehauen, aber das ging dann – leider – wohl nicht gut.

Ein ausgesprochenes Original – welches keineswegs unerwähnt bleiben darf – war der Zeichenlehrer *Fränzken* Homoet. Er malte auch Gemälde und fühlte sich als Künstler. Irgendwie war er auch wohl *braun* gewesen und hatte gewisse Schwierigkeiten mit der Entnazifizierung gehabt. Oft erzählte er aus seiner Studienzeit vom *Haus der Kunst*. Er schwärmte für Oberbayern, vom Königssee und vom Watzmann. Ältere Schüler erzählten von ihm, er habe im alten Paulinum wie übrigens auch später im Gebäude des Schillergymnasiums einen Verschlag gehabt. Wenn er der Klasse eine Aufgabe gegeben hatte, verzog er sich in seinen Verschlag und ging seinen künstlerischen Neigungen nach. Wenn es dann in der Klasse zu hoch her ging, sei er – wie ein Stier brüllend – aus seinem Verschlag, seiner geistigen Lasterhöhle – gestürzt und habe versucht, die Ordnung wiederherzustellen. Dabei habe er mit allerhand Gegenständen, auch mit Farbtöpfen, um sich geworfen. *Fränzken* war im Grunde seines Wesens ein gutmütiger Typ, neigte aber zu regelmäßigen cholerischen Anfällen. In unserer Klasse waren zwei Söhne von zwei bekannten münsterischen Anwälten, Jöstingmeier und Roters, führenden Gründungsmitgliedern der CDU in Münster nach dem Kriege. Der Sohn des letztgenannten trieb im Zeichenunterricht immer irgendwelchen Unfug. Dieser Franz-Josef Roters, später auch selbst ein angesehener Rechtsanwalt in Münster, hatte also *Fränzken* wieder einmal zur Weißglut gebracht und bekam kräftig ein paar hinter die Ohren. Er protestierte: „Nein, das war ich nicht, Herr Studienrat!“ Dabei liefen ihm die Tränen noch über das Gesicht. *Fränzkens* Wut war schon wieder verflogen, und es obsiegte sein gutmütiges Herz. „Also, Roters, wenn du es wirklich nicht warst, dann hast du jetzt einen ‚Freifahrschein‘.“ Das hieß, dass der Schüler, der sich ungerecht behandelt fühlte, sich noch eine Frechheit erlauben durfte. Sofort fing Franz-Josef Roters wieder mit seinen Faxen an und trieb seinen Unfug weiter. „So, Roters, jetzt ist aber Schluss, dein ‚Freifahrschein‘ ist jetzt abgelaufen!“ – „nein, mein ‚Freifahrschein‘ ist nicht abgelaufen!“ So ging das Geplänkel noch eine Weile hin und her bis zum Läuten der Pausenglocke; damit war der Spuk beendet. Die Klassenkameraden hatten nur still in sich hinein gekichert. *Fränzken* gab gelegentlich auch Turnunterricht in Vertretung von *Papa* Holl. Auf der gegenüberliegenden Straßenseite des Schulgebäudes stand die zerstörte Turnhalle, von der nur noch die Außenmauern übrig geblieben waren. Auch auf dem Spielplatz davor lagen Trümmerreste herum, die aber bereits vom Unkraut überwuchert waren. *Fränzken* ließ uns irgendein Ballspiel spielen, aber nach kaum einer Viertelstunde war damit Schluss. Mehr als 40 Quintaner standen in lockeren Gruppen zusammen und schwatzten. *Fränzken* schloss sich dem Ganzen an und trug mit seinen kernigen Sprüchen zur Erheiterung bei, und im Nu war die *Turnstunde* vorbei. Eine echte Erholung zwischen Latein und Mathematik. *Fränzken* war auch Weltmeister bei den Einträgen ins Klassenbuch – dutzendweise. Eine Eintragung lautete: „Der Schüler X. hat in der großen Pause das Fenster geöffnet, um die Temperatur im Klassenzimmer herabzusenken (im strengen Winter 1946/47!)“. Die Einträge füllten ganze Seiten, die nahm aber kein Mensch ernst. Anders war es, als *Adebar*, der Biologielehrer, einmal drei Schüler zugleich, die bei den Hausaufgaben gemogelt hatten, eintrug, wegen „Faulheit und Lügen“. *Kuli*, Latein- und Klassenlehrer, tobte. Aber trotz allem wurde *Fränzken* – ohne Frage ein Original eigener Art – einfach gemocht, denn er war Mensch, überdies einer, über den man auch lachen konnte.

Hoch geachtet und verehrt wurde Dr. theol. Hermann Bücker. Er war geistlicher Studienrat. Er hatte eine wirkliche Begabung, die Schüler der Unterstufe anzusprechen. Er konnte fabelhaft erzählen, und die Schüler hingen an seinen Lippen, man hätte eine Stecknadel fallen hören können. In einer Vertretungsstunde gab er keine Religion, sondern erzählte die Geschichte vom alten Nettelbeck und der Verteidigung Kolbergs in den Freiheitskriegen. Überhaupt war er national in seiner Gesinnung. Er erzählte auch von seinen Reisen. Auf einer solchen nach Palästina – für uns eine höchst seltene und kaum zu begreifende Sache – sei er auf einem deutschen Schiff durch das Mittelmeer gefahren. Man habe auch das Schiff von oben bis unten besichtigen und auch den Maschinenraum des noch mit Kohle betriebenen Dampfers betreten dürfen. Er selbst habe dabei einen blütenweißen Anzug getragen. Dann seien sie wieder an Deck gekommen. Er fragte: „Und?“ – Wie die Passagiere dann wohl ausgesehen hätten. Alle Sextaner meinten: „Ja sicher ganz schwarz!“ „Onkel Hermann“, so wurde der beliebte Religionslehrer genannt, schwieg einen Augenblick und sagte eindringlich: „Nein, kein Stäubchen war auf den Anzügen zu sehen! – Seht, das ist deutsche Wertarbeit!“ Die Geschichten aus dem Alten Testament erzählte er anschaulich und spannend. Er erklärte uns auch – und das war damals in der Katechese ein ungeheures *Novum* – Gott habe die Welt in sechs Tagen erschaffen, aber unter diesen „Tagen“ müsse man wohl ungeheure Zeiträume verstehen, in denen nach dem Willen des Schöpfergottes die Schöpfung bis hin zum Menschen entfaltet habe. Damals, im Jahre 1947, so erzählte später ein älterer Mitschüler, sei das doch noch sehr fortschrittlich und revolutionär gewesen. Auch heute noch bekommen Katecheten und Theologen in gewissen *fundamentalistischen* Kreisen riesige Schwierigkeiten, wenn sie in Predigt oder Katechese dergleichen Lehren vertreten. In der nächsten Religionsstunde wurde, wie immer, der Stoff der vorherigen Stunde kurz wiederholt. Ich kam dran. Ich konnte den Inhalt und den Aufbau einwandfrei wiedergeben, allerdings, wie ich mich entsinne, in der meinem Alter entsprechenden kindlichen Sprache, teilweise wie ein Stenogramm. *Onkel Hermann* setzte sich gerade und aufrecht auf seinem Pult hin und sagte laut und mit Nachdruck: „Das war eine Eins!“ Ich konnte mein Glück kaum fassen. Dr. theol. Hermann Bücker war auch irgendwie ein Original, aber er überzeugte. Als er von seiner Ägyptenreise ein paar Lichtbilder zeigte, war er auch auf einem Kamel sitzend zu sehen. Er sagte: „Das ist ein Kamel; und der darauf sitzt, ist das zweite!“ Darin wurde sicher eine gewisse Distanz zu sich selbst deutlich. Aber da es zu seiner Persönlichkeit passte, tat es seinem Ansehen keinen Abbruch, im Gegenteil. Auch literarisch ist dieser begabte Priester, Lehrer, Pädagoge und Seelsorger hervorgetreten. So hat er zum Jubiläum des Paulinums im Jahre 1947 statt einer Festschrift einen Bericht über die Jahre der Evakuierung herausgegeben: *Zwei Jahre am Tegernsee mit unseren Jungen*. Zu diesem Jubiläum dichtete er auch die Paulinerhymne: *Deutschland, herrliches Deutschland, wie jubelt mein Herz dir zu!* Nach seiner Pensionierung gab er im Aschendorff-Verlag die Übersetzung eines spätmittelalterlichen Geschichtswerkes heraus: *De laude antiquae Saxoniae* – geschrieben von einem Karthäuser-Mönch aus Köln, Werner Rolevinck, der wahrscheinlich aus dem Ort Laer bei Burgsteinfurt stammte.

Der erste Deutschlehrer, der auf uns losgelassen wurde, war *Papi* Reinhard. Er war noch nicht 65 Jahre alt, aber ein würdiger älterer Herr, der eine selbstverständliche Autorität ausstrahlte. Ständig lief er in einem korrekten graubraunen Maßanzug herum. Auf der Straße sah man ihn nie ohne Hut. Statt einer Brille trug er einen Zwicker, der überdies mit einer Klammer am Revers befestigt war, auch eine Gestalt wie aus der *Feuerzangenbowle*. Nun, was brachte er uns bei? Zunächst lernten wir eine Reihe von Gedichten kennen, z. B. *Frühlingsglaube* von Ludwig Uhland: *Die linden Lüfte sind erwacht, ...*

Selbstverständlich mussten diese Gedichte auch auswendig gelernt werden. Auch Eichendorffs *Wem Gott will rechte Gunst erweisen* lernten wir kennen. Unser *Papi* stieg dann mit uns zwei Stockwerke hoch in die Aula des Schillergymnasiums, wo ein Flügel stand. Er spielte uns die Melodie des bekannten Volksliedes vor, und im Nu konnten wir alle mitsingen. Da wir aber schon einmal in der Aula waren, klimperte er uns noch ein paar muntere Weisen vor. Die Deutschstunde verging wie im Fluge. *Papi* Reinhard gab aber auch Erdkunde und Geschichte. Es muss wohl auf der Quinta gewesen sein, und es wurde Südeuropa durchgenommen, zuerst die Iberische Halbinsel. Er erzählte recht anschaulich von Land und Leuten. Zum ersten Mal hörte ich etwas vom Escorial. Er sprach auch davon, dass man zwar von Spanien aus nach Andorra gelangen könne, nicht aber von Frankreich aus. Da seien die Bergketten der Pyrenäen vor. – Inzwischen führt aber auch eine kurvenreiche, hochalpine Straße von Frankreich aus nach Andorra. – Dann kamen die Balearen an die Reihe, Mallorca und Menorca, schließlich Griechenland mit dem Dodekanes. Das, was in der Stunde erzählt worden war, wurde dann in Stichworten an die Tafel geschrieben. Dabei musste *Papi* der Klasse notgedrungen den Rücken zudrehen. Hierbei kam es einmal zu einem ergötzlichen Zwischenfall. In den Bänken standen die *Tintenpöttkes*, damit mit den damals üblichen Federhaltern geschrieben werden konnte. Einen Füllfederhalter besaß noch längst nicht jeder Schüler. Jan-Bernd Spital, der Bruder des späteren Bischofs von Trier, vertrieb sich die Zeit, indem er seinen Füllfederhalter von oben bis unten in Ordnung brachte: Entleeren, auseinander nehmen, das Ganze von oben bis unten sorgfältig mit Löschpapier abwischen, und schließlich neue Tinte nachfüllen. Als das Werk vollendet war, tat Jan-Bernd einen falschen Griff, und die Tinte spritzte nur so über den Tisch und über die Seiten des schönen Erdkundeheftes. „Scheiße!“ entfuhr es dem elfjährigen Schüler laut und unüberhörbar. Die Klasse erstarrte in Schweigen. *Papi*, die Kreide in der Hand, drehte sich würdevoll um und fragte streng: „Wer war das?“ Wie ein begossener Pudel musste sich Jan-Bernd von seinem Sitz erheben und beschämt bekennen: „Ich!“ – *Papi* an der Tafel zeigte sich überrascht und irgendwie enttäuscht und fragte nur: „Spital?“, drehte sich kopfschüttelnd herum und schrieb weiter seinen Text. Man muss wissen, dass Familie Spital in Münster zu den angesehensten Namen gehörte. Der Vater war ein hoch geachteter Augenarzt, der mir im Jahre 1950 meine erste Brille verpasst hat. Zudem war er in der Kriegszeit Chef des Augenärztlichen Dienstes der Wehrmacht in Berlin gewesen, im Generalsrang. – *Papi* also dachte wohl, „dass nicht sein kann, was nicht sein darf". – In dem damals *soziokulturellen* Umfeld war das Ganze ein unerhörter Vorfall. Den heutigen „Pennäler-Jargon" gab es noch nicht. So sollte das Wort *ultrasuperaffengeil* in späteren Jahren eigentlich Anerkennung zum Ausdruck bringen. So etwas war damals jedoch noch völlig jenseits aller Horizonte. – Außerdem war bekannt, dass der Deutschlehrer Reinhard ein kenntnisreicher Verehrer des alemannischen Heimatdichters Hansjakob war.

Schon auf der Sexta wurde dieser Deutschlehrer durch einen jungen Studienassessor abgelöst. Hubert Mattonet war für uns wie für die gesamte Unterstufe des Gymnasiums ein Glücksfall. Noch während seines Militärdienstes war er zum Studienassessor ernannt worden, allerdings mit der Auflage, die zweite Lehramtsprüfung abzulegen. So unterrichtete er mit Erfolg Deutsch, Geschichte und Erdkunde ohne Assessor-Examen. Vielleicht war gerade deswegen sein Unterricht so hervorragend. Seine anschauliche und verständnisvolle Art zu unterrichten und auch die Begabung, auf die Schüler einzugehen, habe ich in äußerst angenehmer Erinnerung, keineswegs ein „Typ" aus der *Feuerzangenbowle*. Dabei ließ er sich jedoch durchaus nicht „die Butter vom Brot nehmen" und konnte sehr energisch werden. Aus dem Unterricht habe ich eine Fülle von Einzelheiten in Erinnerung. Er hat in jenen Jahren die gesamte Unterstufe des Paulinums unterrichtet, das heißt, drei Sexten mit je vierzig Schülern und zwei Quinten mit mehr als fünfzig Schülern. Da Deutsch ein Korrekturfach ist, braucht diese doch sehr außergewöhnliche Arbeitsbelastung nicht eigens hervorgehoben zu werden.

Es wurden auch weiterhin Gedichte durchgenommen. Ob wir diese alle auswendig lernen mussten, weiß ich nicht mehr. So zum Beispiel: *Lieblich war die Maiandacht* – Verzeihung: *Maiennacht* von Nikolaus Lenau, oder *Herr von Ribbeck* von Theodor Fontane, weitere Titel fallen mir im Augenblick nicht ein; wenn ich allerdings im

„Echtermeyer“ blättere, bleibe ich fast immer bei den Gedichten, etwa bei Eichendorff, hängen, die ich schon kenne. Auch eine großartige Erzählung lernten wir kennen, nämlich *Krambambuli*, eine wunderbare Hundegeschichte von Marie von Ebner-Eschenbach. Diese wurde in Abschnitten vorgelesen und gründlich durchgenommen und erklärt. Zum Schluss musste das Ganze im Zusammenhang erzählt werden. Jeder kam einmal an die Reihe, vor der Klasse einen Abschnitt zu erzählen. Ich freute mich, dass ich auch einmal zum Zuge kam und begann. Es handelte sich um jene Stelle, an welcher Krambambuli, der verstoßene Hund und Held der Geschichte, erschöpft und fast erfroren vor der Tür des Forsthauses liegt und winselt in der Hoffnung, dass sein früherer Herr ihn wieder aufnimmt. Aber noch ist das Herz des Oberförsters verhärtet – ich sagte dann schon in meinem zweiten Satz: „Aber der Förster knallte das Fenster zu und legte sich ins Bett.“ Dies muss ich wohl so urkomisch herausgebracht haben, dass die ganze Klasse laut lachte. Ich durfte mich sofort wieder hinsetzen und trauerte, dass ich mein erzählerisches Talent nicht hatte weiter entfalten können. Noch heute trage ich dies unserem sehr geschätzten und beliebten Deutschlehrer nach. Überhaupt wurde dem Erzählen ein großer Raum eingeräumt. So wurde der Förderung der Entwicklung der Sprachkompetenz – dieses Wort gab es damals allerdings noch nicht – ein hoher Wert beigemessen. Auch schon im zweiten Schuljahr hatte unser Lehrer Hagemann die Schüler fleißig erzählen lassen. Diese Sprechübungen halte ich für die Entwicklung der Fähigkeit zum Sprechen, näherhin auch der Lust am Reden, für ungemein wichtig und förderlich, gerade heute in einer Zeit des Fernsehens und der Computerspiele. Einmal setzte der äußerst versierte Deutschlehrer dieses pädagogische Mittel auch gekonnt zur „Schleichwerbung“ ein. Es war nach den Pfingstferien auf der Quinta. Es gab damals an jedem Gymnasium die katholischen ND-Gruppen, denen in Münster an den Gymnasien mehr als ein Viertel der Schüler angehörten. Auch unser Deutschlehrer hatte schon in den zwanziger Jahren, für uns also in „grauer Vorzeit“, diesem Bund angehört und gehörte ihm bis zu seinem Tod im

Jahre 2009 an. So bot sich also in der ersten Deutschstunde nach den Ferien die Gelegenheit. Etwa zehn Mitschüler aus unserer Klasse gehörten bereits dem ND an und hatten in den Pfingstferien im damaligen Stil der Jugendbewegung ein Zeltlager mitgemacht. Das Thema dieser Erzählstunde lautete nun ganz unverfänglich: „Was ich in den Pfingstferien erlebt habe“. Einer nach dem andern erhielt das Wort, und jeder plapperte munter drauf los. Einer berichtete anschaulich, wie das Kochen einer Suppe auf dem offenen Feuer völlig misslang, weil das herbeigeholte Wasser nicht ausreichte, und die ganze Suppe verkochte. Nur ein kaum genießbares Zeug war im Hordentopf verblieben. Ein anderer erzählte, es habe an einem Vormittag ein Referat gegeben, aber kaum einer wusste, was das war. Es gelang dem Lehrer, den richtigen Ausdruck aus den Schülern herauszukitzeln, sodass einer die richtige Antwort fand, nämlich, Referat bedeutete Vortrag. Auch in der Auswahl altersgerechter Themen für die häuslichen Aufsätze war der Deutschlehrer ungemein erfinderisch. Ein Aufsatz hieß: *Unsere Kirche*. Die Schüler mussten ihren jeweiligen Text, so etwa drei Seiten, in der Klasse vorlesen und merkten überhaupt nicht, dass damit ihre kirchliche Bindung – alle waren ausnahmslos katholisch – zur Sprache gebracht wurde.

Ein anderes Thema war: *Unsere Straßenbahn*. Die münsterischen Straßenbahnen hatten gerade in jenen Tagen ihren Betrieb wieder aufgenommen. Auch ich hatte die Ehre dranzukommen. Da hatte ich einen Informationsstand, der weit über dem Niveau der Klasse lag. Begriffe wie *Gleichstrommotor*, *Parallelschaltung*, *Reihenschaltung*, *Kontroller* und *Strombremse* flogen den Mitschülern nur so um die Ohren. Das ganze reizte die Klasse ungemein zum Lachen. Noch wochenlang hatte ich meinen Namen *Kontroller* weg. Dabei ist dies doch nur die Drehkurbel, mit welcher der Widerstand verändert wird, und so nach dem Ohmschen Gesetz die Stromstärke und die Netzspannung reguliert wird und somit die Geschwindigkeit der Straßenbahnwagen. Wenn ein Schüler seinen Text vorgelesen hatte, gab es ein paar Worte der Kritik, immer in der Gestalt einer freundlichen Aufmunterung. Bei mir hieß dies im konkreten Fall „Ja, du hast dich wirklich mit Fleiß in die Geheimnisse eines Straßenbahnwagens hineingearbeitet". Was die Reaktion der Klasse anbetrifft, zeigt die Erfahrung: Wenn einer mehr weiß als der Durchschnitt, regt sich Widerstand, weil der Neid dies nicht zulässt. Das eigene, oftmals geschwächte Selbstwertgefühl ist betroffen. Eine Reaktion wie im Hühnerstall oder im Affenkäfig. Vor Weihnachten hieß die Aufgabe *Ich baue eine Krippe*. Einer legte mit Sorgfalt dar, wie er mit seinem Vater Sperrholzstücke zusammengesucht und diese mit der Laubsäge ausgesägt habe. An dieser Stelle folgte dann der Satz: „Jetzt konnte die Krippe *zusammengeschlagen* werden". Die Mitschüler haben fürchterlich gelacht und fast unter den Bänken gelegen. Auch der Lehrer ließ sich anstecken und grinste erheitert mit. ...

Allerdings wurden auch Klassenarbeiten geschrieben. Zuerst waren das meistens Diktate. Da schrieb ich einmal eine „Eins". Man muss dazu sagen, dass beim Vorliegen eines einzigen Fehlers, und sei es auch nur eines Kommafehlers, eine „Eins" nicht gegeben wurde. Die Aufsätze schrieb ich meistens „zwei" oder auch mal eine „drei". Nur einmal stand eine „fünf" unter der Arbeit, es war eine grammatische Aufgabenstellung, die zentral vorgegeben war. Meine Tante schüttelte missbilligend den Kopf, hütete sich aber, ihre Meinung zu dem ganzen Unsinn zum Ausdruck zu bringen. Als Nur-Mathematikerin dachte sie wohl, *Schuster bleib bei deinem Leisten!* – „Ne sutor ultra crepidam!" Nicht nur meine durchaus guten Leistungen in Deutsch hielten mich seelisch über Wasser, gerade auch die frische und zupackende Art unseres Deutschlehrers, die Kinder der Unterstufe anzusprechen und zu gewinnen, hat in meiner Erinnerung einen festen Platz. Im Sommer 1947 wurde dieser beliebte Lehrer zum zweiten Mal Vater. Dies sprach sich bald herum. Es war ein herrlicher, sonniger Tag. Wir hatten Nachmittagsunterricht und in der letzten Stunde Deutsch. Ein Schüler hatte an der Tür zu stehen und beim Herannahen der Lehrkraft laut „Achtung" zu rufen. Hatte der Lehrer den Klassenraum betreten, musste die Tür zugeknallt werden und die Schüler standen auf ihren Plätzen. „Setzen!" hieß es, und dann konnte der Unterricht beginnen. An jenem schönen Sommertag verlief das Zeremoniell anders. Michael Scharf, der spätere langjährige Stadtpfarrer von St. Lamberti, war auch in unserer Klasse und immer schon künstlerisch hochbegabt. Er hatte in der Pause schnell, aber gekonnt, mit wenigen Strichen eine Wiege an die Tafel gezeichnet als Glückwunsch. Das Kunstwerk sah recht ansprechend aus, und der Vater des zweitgeborenen Sohnes sagte erfreut: Ja dann braucht ihr für morgen keine Hausaufgaben zu machen! In der Klasse brach ein Begeisterungssturm aus. Der im Sommer 1947 geborene Thomas steht heute als Leitender Richter am Landgericht Münster selbst schon kurz vor der Pensionierung. Er ist in Kollegenkreisen als zuverlässiger und gründlicher Arbeiter bekannt und geschätzt. Aber meinen Dank für die erlassenen Hausaufgaben in Deutsch habe ich ihm bis heute nicht persönlich überbringen können. Die Aufmunterung, die ich damals im Deutschunterricht erfuhr, hatte ich auch bitter nötig. Man bedenke, dass ich nur zweieinhalb Jahre nennenswerten Unterricht im Grundschulalter genossen und ein ganzes Jahr lang keine Schule von innen gesehen habe. So fielen die anspruchsvollen, *friedensmäßigen* Anforderungen auf dem Paulinum schon früh, spätestens zu Beginn der Quinta, wie ein Gebirge über mich.

In lebendiger Erinnerung ist mir auch die Feier des 1050-jährigen Bestehens der *Schola Paulina* im Sommer 1947 geblieben. Wochenlang vorher wurde davon geredet. *Papa* Holl, der damalige Mathe-Lehrer, war voll in Fahrt. Er erklärte, dass der Festnachmittag in der Gartenwirtschaft *Pleistermühle* an der Werse stattfinden werde. Der Wirt habe zwar montags geschlossen, sich aber bereit erklärt, „extra für uns" den Nachmittag zu reservieren. So wurden die Schüler gebeten, eine Packung Kaffee-Ersatz – *Muckefuck* – beizusteuern. Es kamen ganze Körbe zusammen. Weiter ist wohl die Entlassfeier der Abiturientia mit dem offiziellen Festakt verbunden worden. *Stenz* Bußmann, der Musiklehrer, begann, für den offiziellen Festakt zwei Chorstücke einzuüben: *Die Himmel rühmen des Ewigen Ehre* von Ludwig van Beethoven und *Füllt mit Schalle jubelnd die Halle* von Christoph Willibald Gluck, außerdem noch das altbackene Lied *Nun zu guter Letzt geben wir dir jetzt auf die Wanderung das Geleite.* Wochenlang wurde das Singen durch den Schulchor in der Aula des Schillergymnasiums mit den Sopran- und Altstimmen – wie ich meine: stupide – stundenlang geübt. Das hätte unser Anton Hilberath, der spätere Musiklehrer am Ratsgymnasium, flotter und gekonnter über die Bühne bekommen. Irgendwie fiel *Stenz*, so lautete der Spitzname des Musiklehrers, auf: Da brummt doch einer! Zwei oder drei kleine Gruppen im Alt mussten getrennt vorsingen, und bald war der Übeltäter ermittelt. *Stenz* nahm sein Notizbuch, strich mich durch, und ich flog hochkantig aus dem Chor. Die Folge war, dass ich auch am offiziellen Festakt in der Aula des Schillergymnasiums nicht teilgenommen habe.

Eine Laienspielschar hatte sich zusammengefunden, die zum Jubiläum das Stück *Der Parasit* von Schiller eingeübt hatte. Die erste Vorstellung war während der Unterrichtszeit für die Schüler in der Aula des Schillergymnasiums. Das Bühnenbild war äußerst sparsam, die Kostümierung jedoch, die man sich beim Stadttheater ausgeliehen hatte, eindrucksvoll. Das Stück handelte von einer Intrige an irgendeinem Duodezfürstenhof irgendwie von *Kabale und Liebe.* Die Handlung fand ich recht durchsichtig. Als am Ende des Stückes der Intrigant entlarvt war, wandte sich einer der Darsteller an das Publikum und sprach den Schlusssatz: *... denn Gerechtigkeit gibt es nur auf der Bühne!* Wie wahr!

Wohl zwei Wochen hindurch hingen überall in der Stadt an den Litfaßsäulen – allerdings recht bescheiden gehaltene – Plakate *Tage des Humanismus*, die auf die Veranstaltungen der *Schola Paulina* aufmerksam machten.

Der Festnachmittag in den Anlagen von Pleistermühle verlief ländlich-sittlich. Zuerst wurde von den Sextanern und Quintanern ein Wettlaufen dargeboten, veranstaltet von *Fränzken*, dem Zeichenlehrer. Dann tauchten plötzlich zwei riesige Giraffen auf, gefertigt aus Dachlatten und gefärbtem Sackleinen. Sie waren knallgelb angestrichen und trugen irgendwie zur Erheiterung bei. Im Übrigen weiß ich nur noch, dass allgemein Kaffee – *Muckefuck* – getrunken wurde.

Dabei saßen die Lehrer mit ihren Familien zusammen und die Schüler mit ihren Eltern. Da *Kuli* nicht verheiratet war, saß er mit seinen Schülern am Tisch und feierte mit seiner Oberstufen-Klasse. Mehr habe ich nicht in Erinnerung, schon am späten Nachmittag löste sich das Ganze auf. Nur im Saal der Gastwirtschaft quäkte ein Saxophon. Die Abiturienten des Jahrgangs 1947 tanzten, wobei Lore Schunk, die Schulsekretärin, ein durchaus nicht unbeschriebenes Blatt, mit jedem „ihrer" Abiturienten getanzt hat. Von ihr wurde mir später glaubhaft erzählt, sie habe mit ihren Primanern manche Große Pause in einer verschwiegenen Ecke des Schillergymnasiums rauchenderweise verbracht. In Erinnerung habe ich noch, dass am Schluss noch einige Quartaner oder Tertianer es nicht lassen konnten, im damals noch annehmbaren Wasser der Werse zu *plümpsen*, wie es auf gut Münsterisch heißt. Ich beneidete diese etwas älteren Mitschüler, weil ich noch nicht schwimmen konnte.

Bei diesem großen Festnachmittag am Ufer der Werse sollte auch gesungen werden. aber woher die Liedertexte nehmen? Es gab ja nichts. Also wurden die Schüler der Unterstufe dazu „verdonnert", in Schönschrift dreimal ein paar Liedertexte abzuschreiben und abzuliefern. *Die Gedanken sind frei*, *Liebe Stadt im Lindenkranze* bis hin zum akademischen *Gaudeamus igitur*. Irgendwann wurden einige von unserer Klasse „abkommandiert", im Altpapier-Keller des Schillergymnasiums Ordnung zu schaffen. Vielleicht fehlte eine Lehrkraft für eine Vertretungsstunde, und wir mussten irgendwie beschäftigt werden. Was wir da tun sollten, weiß ich nicht mehr. Wir fanden haufenweise die Liedtexte wieder, die wir zuvor geschrieben und abgeliefert hatten. Sie waren nicht benutzt worden und im Altpapier gelandet. Ich kletterte auf den Altpapierbergen herum und steckte mir die Taschen voll, denn manche Bögen waren nur teilweise bedruckt oder beschrieben. In dem bereits genannten zeitgenössischen Bericht heißt es z. B.: „Unser Lehrer war Arthur Heitkämper. Er hatte es bestimmt nicht leicht: Viele von uns waren überaltert, die Klasse umfasste drei Jahrgänge. Und dann gab es kein Unterrichtsmaterial, nicht einmal Papier. Mit den älteren Jungen zog Arthur

Heitkämper deshalb zu den zerbombten Kasernen in der Weißenburgstraße. Hier buddelten sie gemeinsam alte Akten und Bücher aus den Kellern heraus. Auf freigebliebenen Rückseiten oder halbleeren Blättern ließ sich damals durchaus noch schreiben. ...“ Es fehlte einfach an allem.

Irgendwann gab Direktor Wolfschläger bekannt, es müsse auch wieder Altpapier gesammelt werden. Die Quartaner und Tertianer in den Reihen hinter uns lachten und johlten laut. In der nächsten Religionsstunde wies der sonst so wohlwollende Religionslehrer Dr. Bücker seine Unterstufenschüler darauf hin, dass eine solche Art, dem Direktor zu begegnen, eines *deutschen* Jungen unwürdig sei, und erst recht nicht zu der Art eines *Pauliners* passe. Aber der Mangel an – sei es noch so einfachem – Schreibpapier war eben auch eine Facette des alltäglichen Lebens.

In dem strengen und langen Winter 1946/47 gab es vom 9. bis 22. Januar und vom 14. Februar bis 17. März *Kohleferien*. Weil kein Heizmaterial zugeteilt wurde, wurden in dieser Zeit sämtliche münsterischen Schulen geschlossen. Nur einmal in der Woche wurden die Schüler bestellt und für die unterrichtsfreie Zeit irgendwelche Hausaufgaben aufgegeben. Unser Deutschlehrer gab uns salomonisch auf, bis zum nächsten Mal wenigstens ein Buch zu lesen und darüber vor der Klasse zu berichten. Er fragte, welche Bücher denn wohl infrage kämen. Einer sagte, er wolle einen *Karl-May* lesen. Der erfahrene Pädagoge antwortete: „Ja, du kannst doch in der nächsten Stunde wohl nicht gut den Inhalt eines ganzen *Karl-Mays* erzählen.“ Das Ganze führte dazu, dass der versäumte Unterrichtsstoff von mehreren Wochen nachgeholt werden musste. Hierbei legte *Kuli*, der bereits erwähnte Lateinlehrer, ein besonders halsbrecherisches Tempo vor.

Da unser Großvater im Herbst des Vorjahres noch seine „Deputatkohle“ seiner früheren Zeche erhalten hatte, konnten wir in unserer Behausung wenigstens einen Raum, nämlich die Küche, einigermaßen warm halten. Auch haben wir von unserem in Trümmern liegenden Grundstück alle Deckenbalken aus Eichenholz sowie Bohlen und anderes Holz herbeigeschafft, bevor es andere wegholten. Da eine Säge nicht aufzutreiben war, wurden die Balken mit Eichenkeilen, die Vater hergestellt hatte, und einer Axt der Länge nach aufgespalten und so in brauchbare Einzelteile zerlegt. In einem zeitgenössischen Bericht heißt es:

„Die Erwachsenen erinnerten sich jedoch damals geradezu mit Wehmut an das „üppige" Leben während der Kriegszeit. Der Kaloriengehalt der Lebensmittel hatte während des Krieges zwischen 2400 (1939 bis 1941), 1900 (1942), 2100 (1943) und 1800 (Ende 1944) geschwankt. Nach 1945 standen dem Ernährungsamt, das ganz auf die Vorräte im eigenen Bereich angewiesen war, nur rund tausend Kalorien pro Person zur Verfügung, nach der Ernte dann etwa 1500. Eine ernste und andauernde Krise in der Ernährung trat zum Frühjahr 1946 ein, als mit der notwendig gewordenen Brotkürzung von 10 000 Gramm auf 5 000 Gramm in der vierwöchentlichen Zuteilungsperiode ohne einen anderen Ersatz für diesen Wegfall des wichtigsten Nahrungsmittels die eigentliche Hungerperiode begann. Sie reichte bis 1948. Einen Tiefpunkt gab es im zweiten Vierteljahr 1947. In der Woche vom 21. bis 27. April wurden nur noch 672 Kalorien zugeteilt, nicht einmal ein Drittel der vom Völkerbund als notwendig erklärten Kalorienmenge." (Gottfried Schäfers, Als unser Münster sich wieder machte)

Auf diesem Hintergrund muss die *Schulspeisung* als ausgesprochen segensreiche Einrichtung genannt werden. Alle Schüler hatten z. B. ein altes Wehrmachtskochgeschirr oder eine große Blechtasse oder auch nur eine Konservendose, die meistens am Schultornister oder der Schultasche baumelte. Ich hatte anfangs den Deckel eines Luftwaffenkochgeschirrs, welches unser Vater aus dem Krieg mitgebracht hatte. Dieses kostbare Stück ging mir auf dem Schulweg irgendwie verloren. Vater besorgte eine gebrauchte Konservendose, deren Rand er sorgfältig mit einem kleinen Hammer glatt klopfte, damit man daraus auch trinken konnte. Weil sie keinen Henkel hatte, konnte man sie kaum anfassen, wenn sie mit der heißen Erbsen- oder anderen Suppe gefüllt war, denn das dünne Blech hatte natürlich keine wärmeisolierende Wirkung. Ich hatte so meine Portion in der Pause nur zur Hälfte aufgegessen, die Konservendose mit dem Rest stand in dem Fach unter der Bank neben meiner Schultasche. Da erschien der gefürchtetste, ja äußerst unbeliebte Lehrer der Anstalt – mit Spitznamen hieß er *Vize* – mit einer Liste in der Klasse. Jeder Klasse waren ca. sechs billig emaillierte Blechtassen – echte Kriegsware – zugeteilt worden. Blitzschnell erfasste ich die Situation und schlug mit der Faust kräftig auf meine Konservendose. Diese verlor ihre Form, und der Inhalt verteilte sich gleichmäßig auf meine Schultasche und die nähere Umgebung. Ich saß in der dritten Reihe vorn, *Vize* besah sich den Schaden und sagte mit väterlichem Gesichtsausdruck: „Ja, du musst aber auch ein neues Essgeschirr haben!“ Dass ich diesen Pharisäer somit gründlich hinters Licht geführt hatte, darüber habe ich mich als Quintaner unheimlich gefreut und amüsiere mich noch heute köstlich. Für die *Schulspeisung* ergab sich aus dem Schicht- und Wechselunterricht noch eine Schwierigkeit. Wenn der Unterricht nachmittags stattfand, konnten die Schüler der weiterführenden Schulen ihre Portion nicht in Empfang nehmen. Ihnen wurde gestattet, sich an anderer Stelle in die Schlange zu stellen. So musste ich mich bereits vormittags zwischen elf und zwölf Uhr auf dem Mauritzschulhof einfinden. Und wer hatte dort das Kommando? Unser alter, unverwüstlicher Rektor Schmidt aus der Volksschulzeit. Wenn ein ihm unbekanntes Gesicht auftauchte, fragte er: „Auf welchem Gymnasium bist du?“ Antwort: „Auf dem Schlaungymnasium!“ Weitere Frage: „Und wer ist dein Ordinarius?“ Wenn dann der hungrige Schüler „dumm aus der Wäsche“ guckte und keine rechte Antwort wusste, durfte er mit leerem Kochgeschirr und knurrendem Magen wieder nach Hause laufen und sehen, wo er etwas zu essen bekam.

Auch wusste meine Mutter im Sommer 1947 nicht, wie sie das Essen auf den Tisch bekommen sollte. Selbst Kartoffeln waren nicht zu bekommen. Mutter versuchte, einen Ersatz herzustellen aus *spelzterigen* Haferflocken der 4. Wahl, die sie irgendwie mit Wasser zu einer Art Klößen verkochte. Dieses Zeug bekam ich kaum herunter, ebenso wie das klebrige Maisbrot mit Rübenkraut. Mittags war ich dann schon ermüdet, und oft wurde mir schwarz vor den Augen, nicht gerade die rechte Verfassung, um Vokabeln zu lernen.

Ein kleiner rothaariger Knirps aus unserer Klasse, ein Fahrschüler aus Telgte, gab mir häufig sein Pausenbrot, welches ich dankbar entgegennahm. Ich weiß noch heute seinen Namen.

Im Sommer 1947 hatte auch das kirchliche Leben wieder angefangen. Das führte dazu, dass sich Tante Hanni aus Marl nach langer Zeit mit meiner Mutter wieder einmal treffen konnte. Der *Mütterverein* der Pfarrei St. Clemens in Marl machte eine Wallfahrt nach Telgte. Man hatte sich per Postkarte verständigt und abgesprochen, und morgens stand ich mit meiner Mutter an der Ecke Warendorfer Straße / Hohenzollernring. Wir warteten auf den Bus aus Marl mit den Wallfahrern. Der Bus, ein wahrhaft älteres und klappriges Gefährt, erschien auch prompt, und wir stiegen ein. So verbrachten wir ein paar schöne Stunden an den Ufern der Ems und haben die Kreuzweg-Andacht *geschwänzt*. Plötzlich war der Gedanke da, ich könne doch weiter mit Tante Hanni nach Marl fahren und ein paar Ferientage auf dem Bauernhof verbringen. So blieb ich, als meine Mutter an der Warendorfer Straße ausstieg, im Bus sitzen und fuhr mit nach Marl, ohne jegliches Gepäck, in kurzer Hose und in Kniestrümpfen, und ohne eine Zahnbürste mitzunehmen. So konnte ich denn fast zwei Wochen in Marl verbringen. Ich erinnere mich an das ausgedehnte und reichhaltige Frühstück mit den anderen Kindern: Weißer Stuten, Leberwurst und Schinken. Den Schluss bildete oft eine Weißbrotschnitte, mit Butter bestrichen und erntefrischen Tomaten belegt. Als mein Vater mich nach ca. zwei Wochen wieder nach Münster holte, hatte ich bestimmt an Gewicht zugenommen, aber niemand kam auf den Gedanken, mich auf eine Waage zu stellen.

Im Frühsommer 1947 wurde ich von Weihbischof Roleff in unserer Mauritzkirche gefirmt. Jeder anständige Münsterländer oder Münsteraner, der etwas auf sich hielt, ist in jenen Jahren von diesem volkstümlichen und beliebten Weihbischof gefirmt worden. Die

Firmlinge der umliegenden Pfarreien waren zu einer Firmgruppe zusammengefasst worden. Es waren etwa 300 Kinder, die in unserer Mauritzkirche gefirmt wurden. Der notwendige Unterricht war einige Wochen zuvor in den jeweiligen Pfarreien durch die Geistlichen erteilt worden, ohne *Aktiv-* oder *Selbstfindungs*-Gruppen, wie es heute geschieht. Bei der Firmfeier waren Eltern oder Angehörige nicht zugegen. Die Kirche war gefüllt mit ungefähr 300 Kindern im entsprechenden Alter. Der Bischof feierte die Firmmesse *Zum Heiligen Geist*, bestieg die Kanzel und hielt eine Katechese, die im Wesentlichen darin bestand, die sieben Gaben des Heiligen Geistes abzufragen und kurz zu erklären. Wohl kein Kunststück, denn alle Firmlinge hatten zuvor am Unterricht teilgenommen, und es wäre wohl fast ein Wunder gewesen, wenn nicht jemand die sieben Gaben des Heiligen Geistes auf die Reihe bekommen hätte. Übrigens war nur ein einziger Firmpate zugegen, ein mir kaum bekannter Lehrer, der vor dem Bischof stand und jedem der ungefähr 300 Firmlinge die Hand auf die Schulter legte. Aus heutiger Sicht reiner Formalismus! Tempora mutantur [Die Zeiten ändern sich]! Nach der Firmung lief ich nach Hause und bekam eine große Schnitte Brot mit fingerdickem Speck – außer der Reihe – als Firmgeschenk.

Es gab aber noch eine andere Möglichkeit sich aufzuwärmen. Auf unserer Straße wohnte der Heizer des St.-Franziskus-Hospitals. Er hatte drei Söhne, ungefähr in unserem Alter. Die Heizungsanlage war im Keller des großen Gebäudes, darüber waren die riesigen Silos, die den Koks enthielten. Die Öfen wurden beheizt, indem eine Lore unter den Silos hergefahren wurde, die den Koks aufnahm. Sodann wurde die Lore auf dem Gleis hin- und hergeschoben, und der Koks in die Öfen gefüllt. Waren alle Kessel gefüllt, so musste Vater Sandfort eine Etage tiefer steigen und die Schlacken aus den Brennkammern herausholen. Die noch glühende Schlacke wurde mit einer langen Eisenstange durchstochen. War diese Arbeit getan, stieg der unermüdliche Heizer wieder nach oben, um seine Arbeit aufs Neue zu beginnen. Im ganzen Kesselhaus war es mollig warm, und die Söhne des emsigen Heizers haben sich dort in jenem strengen Winter 1947/48 ganze Sonntagnachmittage aufgehalten und sich aufwärmen können. Auch mein Bruder und ich als Nachbarskinder schlossen uns oft an und konnten dem Heizer bei seiner Arbeit zusehen. Keiner von uns fünf Jungen kam auf den Gedanken, irgendeinen Unfug anzustellen.

In jenen Wintertagen kroch die Kälte bis in den letzten Winkel der ungeheizten Räume. Um der Kälte halbwegs zu entgehen, suchte man auch tagsüber das Bett auf. Ich erinnere mich, dass ich auf der Obertertia einen ganzen Nachmittag mit der *Jungfrau von Orleans* im Bett verbracht habe, um mich warm zu halten. Natürlich mit der von Schiller, denn die mussten wir für den Deutschunterricht lesen.

Die Lebensumstände waren desolat und können heute, in einer Zeit – im Vergleich zu anderen Ländern jedenfalls – doch vielfach überbordenden Wohlstands, nur als katastrophal bezeichnet werden. Mich bedrückte das aber weniger. Das war eben so. Mehr machten mir der Druck und die Anforderungen auf dem Gymnasium zu schaffen.

Das Ende vom Lied war, dass die Umstände es nahe legten, die Schola Paulina zu verlassen und zum Ratsgymnasium zu wechseln. „Wenn er schon kein Latein kann, dann doch besser kein Griechisch", hieß es. Das wäre dann doch ein Brikett zu viel gewesen. Mein Abgangszeugnis habe ich in den Osterferien im Sekretariat abgeholt. Dies überreichte mir der Oberstudiendirektor Caspar Wolfschläger persönlich. Er fand wohlwollende und verständnisvolle Worte, die aufmunternd gemeint waren, und die ich dem verdienten Mann hoch angerechnet habe. Aber innerlich erreicht hat mich das ganze kaum, denn ich war zu dem ganzen Verein schon längst auf Distanz gegangen. Ich dachte nur: „Ihr könnt mich mal alle irgendwo ...!" Dann verließ ich den Tempel der Weisheit und der Bildung, näherhin das Schulgebäude des Schillergymnasiums, aber keineswegs erhobenen Hauptes. Vielmehr fühlte ich mich eher wie ein begossener Pudel oder ein gerupftes Huhn. Das ganze hatte aber noch ein – aus meiner Sicht – erheiterndes Nachspiel: Zum Abitur musste im Februar 1955 der übliche Lebenslauf geschrieben werden.

An der einschlägigen Stelle schrieb ich wörtlich: „Weil ich kein Latein konnte, schickten mich meine Eltern zum Ratsgymnasium, wo ich mich immer sehr wohl gefühlt habe.“ Der Klassenlehrer Dr. Franzen tobte: „Das liest sich ja so, als wenn wir hier eine Klippschule wären!“ Und ich durfte den ganzen Lebenslauf noch einmal schreiben. Das war vorauszusehen gewesen, aber das war mir der Spaß wert!

1953: Im Pfingstlager der ND-Untergruppe des Paulinums

IX.

So sind wir denn in unserer Darstellung bis zum Jahr der Währungsreform 1948 vorgedrungen. Das ein oder andere aus den Jahren zuvor wird vielleicht noch nachzutragen sein. Auch wurde ich gedrängt, den Berichtszeitraum etwas weiter auszuweiten, also bis zum Jahr 1955, dem Jahr unseres Abiturs.

Nun wohlan! Ich ging also fortan zum Städtischen Ratsgymnasium – damals noch Ratsschule genannt – welches im Süden der Stadt in der Geistschule seine Nachkriegsbleibe gefunden hatte. So führte mich der Schulweg durch die ganze Stadt, zu Fuß, mit dem Fahrrad oder auch mit der Straßenbahn. Es gab für die Schüler preisgünstige „Schüler-Wochen-Fahrkarten“. Das Schulgebäude war in der Vorkriegszeit errichtet worden, ein damals hochmoderner Zweckbau, funktional gegliedert, mit einem geschlossen wirkenden und gut gegliederten Erscheinungsbild, mit der unmittelbar benachbarten Hl.-Geist-Kirche ein harmonisch wirkendes Ensemble. Aber trotz des auch räumlich großzügig angelegten Schulgebäudes herrschte eine erdrückende Enge, denn es hatten drei vollständige Schulen dort ihre Unterkunft gefunden. Zunächst war die Geistschule, die dem umliegenden Viertel als Volksschule diente, dort zu Hause. Die Freiherr-vom-Stein-Schule – Gymnasium für Mädchen – und die Ratsschule (Ratsgymnasium) wechselten wöchentlich im Schichtunterricht mit der vorgenannten Volksschule. Die Pausen der beiden Gymnasien waren zeitlich übrigens so gelegt, dass sich Mädchen und Jungen nie begegnen konnten. Auch der Direktor hatte kein eigenes Zimmer. Das ohnehin nicht allzu große Lehrerzimmer musste für das ganze Kollegium und den Direktor ausreichen. Auch gab es so genannte *Wanderklassen*, die nicht einmal einen eigenen Klassenraum hatten. Stattdessen saßen diese Klassen in den eigentlichen „Funktionsräumen“ – Physiksaal, Biologieraum und Musiksaal. Wurden diese Räume von einer anderen Klasse benötigt, so musste getauscht und „gewandert“ werden.

In der Untertertia waren wir als *Neusprachler* die kleinste Klasse und saßen im Schuljahr 1949/50 im Erdkundezimmer. Dieses war nur halb so groß wie eine normale Schulklasse und lag im Erdgeschoss am Ende des Ganges, also in Indien! Gelegentlich erschien der Herr Direktor in den einzelnen Klassenräumen, um zu prüfen, ob

1949: Die Untertertia im viel zu kleinen Klassenzimmer. Wir saßen wie die Heringe im Fass.

die Schulbänke noch zu den schnell wachsenden *Pennälern* passten. Haltungsschäden vorzubeugen war sicher ein ernsthaftes Anliegen. Trotz allem verlief der Schulbetrieb geordnet, einmal wegen des für den Stundenplan zuständigen Studienrats *Karlchen* Pricking, zum anderen wegen der selbstverständlichen, im Ganzen jedenfalls problemfreien Disziplin, der die Schüler sich ohne großes Aufheben fügten. Großen Wert legte der Direktor darauf, dass jeder Schüler beim

Betreten des Schulgebäudes die Mütze abnahm. Sorgen hatte man damals!

In diese Zeit des Frühsommers fiel auch der Tod des Großvaters. An einem schönen sonnigen Sonntagmorgen fanden wir ihn in der Frühe tot in seinem Bett. Er hatte sich am Abend zuvor schon unwohl gefühlt und nach einem Kaffee verlangt. Unser Großvater wäre nicht *Staatsbürger Felix* gewesen, wenn er uns nicht noch zum guten Schluss einen Streich gespielt hätte. Er starb am Sonntag *vor der Währung*. Am Tag der Währungsreform hatte jede Person 40 DM ausgezahlt bekommen, und die Beerdigungskosten mussten dann mit dem kostbaren *neuen* Geld, der *Deutschen Mark*, bezahlt werden. Wie unser Vater aus dieser finanziellen Klemme herausgefunden hat, ist mir bis heute ein Rätsel geblieben.

Die Stadt Münster hatte schon in der unmittelbaren Nachkriegszeit damit begonnen, für die erholungsbedürftigen und zum großen Teil unterernährten Kinder Erholungsaufenthalte durchzuführen, auf der Insel Juist und im Sauerland. Die Plätze waren knapp und begehrt. Aber ich hatte einmal wieder – wie schon so oft in meinem Leben – riesiges Glück. Der damals in den USA im Exil lebende frühere Reichskanzler Heinrich Brüning stammte aus Münster und hat auch später dort auf dem Zentralfriedhof seine letzte Ruhestätte gefunden. Eine Schwester dieses hervorragenden Mannes war als Fürsorgerin am Gesundheitsamt der Stadt Münster tätig. Dieses war damals behelfsmäßig in einem Haus auf der verlängerten Burchardstraße untergebracht. Es stellte sich heraus, dass diese – auch wohl schon vom Leben gezeichnete – Frau unserer Familie eine deutliche und achtungsvolle Wertschätzung entgegenbrachte. Den Namen hatte ich nie zuvor gehört. Ich vermute, dass diese – einfache – Fürsorgerin in der Vorkriegszeit irgendwie mit unserer Tante Margarete in Beziehung gestanden haben muss. Die Seelenverwandtschaft dieser beiden Frauen, die zudem noch aus Münster stammten und dort groß geworden waren, ist offenkundig. Vielleicht war es die gemeinsame Tätigkeit im Katholischen Frauenbund der Vorkriegszeit, der ja berufstätige katholische Frauen, wie Lehrerinnen, Ärztinnen, aus sozialen Berufen und ähnlichen Tätigkeiten vereinte. Jedenfalls kam ich ganz oben auf die Liste und fuhr dann mit dem *Transport* von ungefähr 50 Jungen nach Juist. Meine Mutter hatte mir noch die Mahnung mit auf den Weg gegeben, „nur ja ordentlich zu essen".

Als wir in Norddeich aus dem Zug stiegen, meinte ich, das Meer zu sehen. Ich war etwas enttäuscht, denn es war ja nur das Wattenmeer. Diesen Ausdruck hatte ich nie zuvor gehört. Mit einem Dampfer der Reederei FRISIA ging es dann die ganze Insel Juist entlang zum Anleger, und von dort mit dem Inselbähnchen weiter. Das Kinderheim der Stadt Münster lag hinter dem Deich, vom Fenster des Speisesaales aus schaute man direkt auf die Gleise der Inselbahn und die dort abgestellten Waggons. Das erste Mittagessen ist mir noch gut in Erinnerung. Es gab einen gebratenen Seefisch mit Kartoffeln und einer dicken Specksoße. Ich ließ mir von der freundlichen, schon etwas älteren Ordensschwester, meinen Teller zweimal ordentlich voll packen.

Die Leitung des Hauses hatten die Schwestern des münsterischen Ordens – im Volksmund *Clemensschwestern* genannt. In der Küche regierte die schon genannte *Barmherzige* Schwester. Hinzu kamen vier oder fünf junge Damen, die wohl ihre Ausbildung bei den Clemensschwestern machten und sich freuten, dass sie für ein paar Wochen nach Juist abkommandiert waren. Einmal gab es ein Riesentheater, als diese jungen Dinger sich erkühnt hatten, in ihrer Freizeit, und dazu noch außerhalb der genehmigten Zeiten, in der Nordsee zu baden.

Die Leitung und Betreuung der Gruppe von fünfzig 10- bis 14-jährigen Jungen hatte Schwester Tonita. Ihr zur Seite stand eine junge Dame, Fräulein Esser, die kurze Zeit später bei den Clemensschwestern als Ordensschwester eingetreten ist. Sie trug eine schlichte Kette mit einem prächtigen Bernstein. Bernstein? Davon hatte unsere Lehrerin in Schapdetten damals gesprochen, als sie den Deutschen Osten mit uns durchnahm, aber einen Bernstein hatte ich zuvor noch nie zu Gesicht bekommen. Da sage einer: „Ferien und Urlaub hätten keinen Bildungswert!"

Es ist aber doch sehr erstaunlich: Da leitet eine einzige Ordensschwester, unterstützt von einer vielleicht 20 Jahre alten jungen Dame, eine Horde von 50 Jungen. Keine Probleme mit der Disziplin! Allerdings hatte Schwester Tonita, selbst schon im höheren mittleren Lebensalter, eine ausgesprochen glückliche Hand, mit Kindern umzugehen. Zunächst wurden nur einige kleinere Wanderungen unternommen. Am zweiten oder dritten Morgen kam Fräulein Esser nach dem Frühstück und brachte uns ein paar „jugendbewegte" Lieder bei: *Wenn die bunten Fahnen wehen ...* oder: *Wir wollen zu Land ausfahren ...*! – „Ihr wollt doch nicht wie stumme Esel die ganze Zeit auf Juist herumlaufen!" So verstand sie es, den ganzen Verein zu motivieren.

Im Übrigen gab es noch Liedgut, welches manche noch aus ihrer Zeit beim Jungvolk oder aus der „Kinderlandverschickung" (KLV) mitbrachten, wie zum Beispiel *Wir lagen vor Madagaskar*, *Negeraufstand ist in Kuba* oder *In einer Bar in Mexiko*. Für mich waren das alles Neuheitserlebnisse ersten Ranges. Wenn diese *Meute* dann in Zweier-Reihe durch die Straßen marschierte und ihre *Gassenhauer* grölte, sangen bald alle mit. Aber niemand auf der Insel nahm daran Anstoß.

Schwester Tonita hielt in den ersten Tagen einen Vortrag, der in dem Satz gipfelte: „Die Nordsee ist eine Mordsee". Sie mahnte zur Vorsicht und zu unbedingtem Gehorsam, wenn wir uns – etwa zweimal in der Woche – unter der Aufsicht eines Schwimmmeisters in das Wasser der Nordsee begeben durften. An den Nachmittagen lagen wir zumeist am Strand und buddelten Löcher oder bauten Burgen, gelegentlich wurde auch Ball gespielt, aber daran kann ich mich weniger erinnern. Die Vormittage, vor allem bei schlechtem Wetter, wurden im Saal des damals noch unbenutzten *Knabenheims* verbracht. Der ganze Verein wurde in Gruppen eingeteilt, und jede Gruppe bekam irgendwelche Spiele zugeteilt, die dann am Ende der Kur dargeboten werden sollten. Soweit es sich um rhythmische oder musikalische Spiele handelte, steuerte Schwester Tonita mit ihrer

Mundharmonika die notwendige Musik bei. So waren wir stundenlang gut beschäftigt, und Langeweile kam nicht auf.
Die erste größere Wanderung wurde zur *Bill* unternommen, der Südspitze der Insel. Man sah von dort aus die damalige Sandbank Memmert liegen. Heute ist diese infolge ständiger Anlandung von Sand eine richtige Insel und Vogelschutzgebiet. Die wirklich große Tageswanderung fand gegen Ende des Kuraufenthaltes in der letzten Woche auf Juist statt. Es war die Tageswanderung zur Nordspitze

1948: Der Ortsrand von Juist war nur eine Sandwüste

der Insel. Man konnte bei klarer Witterung die Hotels an der Strandpromenade von Norderney gut sehen. Zurück ging es dann am Strand der Insel Juist entlang, und zum Schluss waren wir alle ziemlich „geschafft“. Sonntags wurde selbstverständlich die Sonntagsmesse besucht. In Zweier-Reihe marschierten wir an der evangelischen Inselkirche vorbei zur kleinen katholischen Kirche neben dem PAX-Heim. Damals gab es auf Juist in den Ortsrandlagen noch kaum gepflasterte Wege, und das PAX-Heim stand inmitten einer

Sandwüste. Natürlich wurde dann auch wieder in Zweier-Reihe zurückmarschiert.

Nochmals muss mit einer aus heutiger Sicht gewissen Verwunderung fest gehalten werden, dass für eine Horde von 50 Jungen, von denen viele schon in der dicksten Vorpubertät steckten, zwei Aufsichtspersonen vollauf genügten. Es lief wirklich alles manierlich und ohne Konflikte ab. Allerdings war Schwester Tonita eine erfahrene Persönlichkeit. Sie hat in Juist ihre Lebensaufgabe gefunden und war den Inselbewohnern zutiefst verbunden. Auf ihr Bitten, und auch dem Wunsch der Insulaner entsprechend, hat sie der Orden der Clemensschwestern bis ins hohe Alter dort wirken lassen.

Schließlich, an einem schon recht frischen Septembermorgen, ging es dann mit der Fähre zum Festland zurück. Jeder hatte ein kleines Päckchen mit einem Butterbrot und – wie ich meine – ein paar Äpfel mitbekommen, was angesichts der langen ganztägigen Reise eigentlich etwas wenig war. Die Fahrt mit dem Bummelzug nach Münster zog sich unendlich lange hin. Den *Transport*, wie man sagte, leitete die schon erwähnte Fürsorgerin, Frau Brüning. Damals hieß das noch *Fräulein*. Sie fischte mich sofort aus dem Haufen heraus, holte mich in ihr Abteil und ernannte mich zum Abteilsprecher. So konnte ich mich als eine Art Unteroffizier fühlen. Das war ein echt angenehmer Posten, denn es gab absolut nichts zu tun. Ich durfte die Tageszeitung vom Vortag, die Frau Brüning von Münster mitgebracht hatte, von oben bis unten lesen. Auch steckte sie mir zwischendurch noch ein Butterbrot zu.

Die Rückreise nach Münster dauerte. Wir saßen in einem Personenzug, der an jeder Station, also gewissermaßen an jedem Misthaufen, anhielt. Als er endlich in Münster ankam, war es schon dunkel; ich glaube mich zu erinnern, dass meine Mutter mich am Hauptbahnhof abgeholt hat.

Das Leben und die Stimmung in Münster hatten sich sichtbar verändert. Es gab plötzlich Waren genug zu kaufen. Die Geschäftsleute hatten ihre Waren gehortet und erst nach der *Währung* – wie man die Währungsreform im Volksmund nannte – zum Verkauf angeboten. Die Stadt lag zwar noch in Trümmern, aber überall sah man Männer bei der Arbeit. Es wurden Gräben für die Versorgungsleitungen ausgehoben, besonders aber wurde das Telefonnetz instand gesetzt Auf fast jeder Straße herrschte ein reges Treiben. Dabei habe

1950: Das notdürftig wiederaufgebaute Elternhaus

ich kaum irgendwelche Baumaschinen gesehen, alles geschah mit Hacke und Schaufel. Die Männer trugen zum großen Teil noch ihre Wehrmachtskleidung sowie auch die Mannschaftsmützen, die einst zur Uniform gehört hatten. Am Bahnhofsvorplatz, wo ebenfalls gearbeitet wurde, stolzierte ein junger Mann in einem tadellosen Uniformanzug mit Offiziersmütze daher, allerdings ohne irgendwelche Abzeichen. Einer der arbeitenden Männer sagte, mit einem Unterton von Respekt, zu seinen Arbeitskameraden: „Das ist ein Leutnant!"

So sind wir bis zur Mitte des Jahres 1948 vorgedrungen, welches mit der Währungsreform einen Wendepunkt in der Nachkriegsgeschichte darstellte. Auch für mich hatte eine neue Zeit angefangen, das Kindesalter war – zunächst zwar kaum merklich, aber unwiderruflich – seinem Ende zugegangen. Um nun den neuen Lebensabschnitt lebendig werden zu lassen, erscheint es sicher hilfreich, zunächst einige Lehrergestalten, mit denen wir es zu tun bekamen, vorzustellen. Obwohl das Ratsgymnasium eine „nur" nicht-humanistische Anstalt war, drehte sich – in der Unter- und Mittelstufe jedenfalls – alles um das Fach Latein. Latein- und Klassenlehrer war Studienrat Bernhard Cluesmann, genannt *Bäänd*, ein waschechter Münsteraner, Sohn eines Bäckermeisters aus dem Aegidii-Viertel. Er war ein Hüne von fast zwei Metern und trat immer mit einer aufreizenden Ruhe auf. Wenn er mit einem leicht knurrenden Unterton ein „Hm?" von sich gab, ging es den Schülern durch alle Glieder, und viele fingen dann bereits an zu schlottern. Typisch war auch, dass er kein Wort von sich gab, wenn er nicht sicher war, dass jeder in der Klasse aufmerksam war und zuhörte. Mich hatte er bereits in der ersten Viertelstunde am Wickel. Er diktierte der Klasse den Stundenplan und sagte, wer nicht mitkomme, möge sich melden. Ich verhaspelte mich und wagte es nicht, den Finger zu heben. Er fischte mich sofort heraus und fragte, meinen Namen nennend: „Bist du mitgekommen?" Kleinlaut erhob ich mich und sagte: „Nein!" „Und warum meldest du dich nicht?" Dies sagte er mit seinem für ihn typischen leichten Knurren im Unterton, der einen Vorbehalt zum Ausdruck brachte, und der durch Mark und Bein ging. Auch ich versank in Grund und Boden.

Im Lehrstoff des Lateinischen war die Klasse im Vergleich zu der Quinta [Kl. 6] am Paulinum deutlich zurück. Das kam mir natürlich zunächst zugute, ich schrieb in den Klassenarbeiten ein paar „Dreien". Aber um den Rückstand aufzuholen, legte *Bäänd* ein wahnsinniges Tempo vor. Er war zugleich Deutschlehrer und funktionierte fast alle Deutschstunden zu Lateinstunden um. Nur Freitagnachmittags wurde eine Deutschstunde für den Deutschunterricht benutzt, ein Diktat oder ein kleiner Aufsatz wurde geschrieben, oder es wurde auch einmal ein Gedicht vorgestellt. Auch gab es immer noch keine Schulbücher. Nur einmal wurden uns sechs Exemplare der damals neu erschienenen *Ars Latina* zugeteilt. Der Unterricht war äußerst konzentriert und intensiv, alle atmeten auf, wenn die Pausenglocke ertönte. Als während der Abiturprüfung einmal Dr. Humborg an die Tür klopfte und seinen Kollegen für einige Augenblicke herausbat, sprang mein Hintermann – er hieß Müller – spontan auf, ballte die Faust in Richtung Tür und rief laut: „Bleib bloß da, du Sauknochen!“ Eine dreiste Unverschämtheit, aber alle der etwa 35 Quartaner dachten wohl genauso. Disziplinschwierigkeiten gab es nicht. Wenn jemand irgendwie aus der Reihe tanzte, was jedoch höchst selten vorkam, sagte *Bäänd* in aller Bierruhe: „Nun, mein Sohn, dann lernst du für die nächste Stunde mal eine Handbreit auswendig!“ Der Schüler bekam dann einen Text aus dem Übungsbuch oder dem „Caesar“ zugeteilt und stand dann in der nächsten Stunde schlotternd vor der Klasse und mühte sich, den fraglichen Text fehlerfrei herzusagen. Gegen Ende des Schuljahres „hingen“ wir fast alle – wie ein Boxer – „in den Seilen“, es waren beinahe zwei Bände des Unterrichtswerks *Ars Latina* durchgearbeitet worden. Auch meine schriftlichen Leistungen in den Klassenarbeiten lagen völlig unter dem Strich. Ich ahnte nur irgendwie schwach oder in Andeutungen, dass *Bäänd* und mein Vater schon zu Beginn des Ersten Weltkriegs freundschaftliche Beziehungen unterhalten hatten, denn eine Schwester meines Vaters, also eine Tante, hatte damals ein ernsthaftes Verhältnis zu *Bäänd* gehabt. Da jedoch der angehende Verlobte schon zu Beginn des Krieges eingezogen worden war und es im Münsterischen Infanterie-Regiment Nr. 13 bis zum Leutnant gebracht hatte, kehrte er, jedoch ohne ein Examen abgelegt zu haben, aus dem Krieg zurück und musste sein Studium fortsetzen. So kam es nicht mehr zur Verlobung.

Kurzum, beide Männer steckten die Köpfe zusammen, und durch einen Trick – Vitamin B – gelang es, dass ich trotz meiner voll mangelhaften schriftlichen Leistungen in Latein in die Untertertia versetzt wurde. Dabei wurde völlig übersehen, dass eine Nicht-Versetzung bei Licht betrachtet in den meisten Fällen sich als eine Wohltat für den betroffenen Schüler auswirkt. Auch muss festgehalten werden, dass in der Unterstufe damals bereits die gesamte Syntax der lateinischen Sprache durchgenommen wurde, von der Casus-Lehre über die Bedingungssätze bis zur Consecutio Temporum, nicht zu vergessen die Konjunktive in Relativsätzen. Heute wird das – wenn überhaupt – bei der Lektüre von lateinischen Originaltexten *suo loco*, also nebenher, vermittelt.

Auf der Untertertia – der Jahrgang war in einen naturwissenschaftlichen und einen neusprachlichen Zweig aufgeteilt worden – waren wir eine kleine Klasse geworden. Latein unterrichtete in diesem Jahr Dr. Schleuter, genannt *Piccolo*, ein spritziger, völlig anderer Typ als der westfälisch-behäbige Cluesmann. Er war klein, konnte sehr giftig werden, und sprühte nur so vor Temperament. Irgendwie schien ihm die lateinische Syntax zu langweilig zu sein. Deswegen hielt er sich mit seinen spritzigen und manchmal auch zynischen Sprüchen seelisch *über Wasser*. In der *braunen* Zeit hatte er nämlich oft öffentlich vor der Klasse Bemerkungen riskiert, die ihn normalerweise Kopf und Kragen hätten kosten können. Er war vor seinem Studium Journalist gewesen und konnte das Stänkern einfach nicht lassen. Dabei war er aber für mein Empfinden keineswegs boshaft, sondern eben „nur" geistreich. Heute meine ich, es wäre ein Genuss gewesen, in der Oberstufe von ihm unterrichtet worden zu sein.

Wenn jemand eine falsche grammatische Form sagte, rief er mit einer weinerlichen und näselnden Stimme aus: „Laudamus sagt der Vogel!" Mit Schimpftiraden geizte er nicht, wenn er „Holzkopf" sagte, hörte sich das an wie „Hotzkopf". Die etwas intelligenteren Schüler titulierte er öfter mit dem Ausdruck „Windhund". – „Zu Hause sagt ihr dann: ‚Mutter, was schieben wir eine ruhige Kugel' – und dann kommt das dicke Ende!" Dergleichen sagte er öfter. Eine andere Redensart lautete: „Ich euch Vögeln Latein beibringen? Geht doch lieber in das Café Menke, wo die kleinen Mädchen sitzen!"

Wenn sich ein Schüler vor einer Klassenarbeit oder gar vor einem Zeugnistermin besonders ins Zeug legte, um möglichst noch etwas zu retten, dann titulierte *Piccolo* ihn leicht verächtlich mit dem Ausdruck: „Saisonarbeiter"! Manchmal fügte er noch hinzu: „Aber das nützt dir nichts, denn du stehst ja zu Ostern schon längst auf der Abschussliste"!

Wieder einmal hatte er voll Enttäuschung feststellen müssen, dass der Klasse irgendeine grammatische Regel nicht bekannt war. Er rief: „Aufschreiben!" Ich hatte einen kleinen Taschenkalender, der den Klassenkameraden als „meine klare Übersicht" wohl bekannt war. *Piccolo* von kleiner Gestalt trat in voller Lebensgröße – soweit überhaupt vorhanden, an mich heran und näselte: „Was? Hast du nicht noch ein kleineres? Guck mal hier, das ist hier ein Notizbuch für Brötchen". Und er zog dabei ein noch kleineres Notizbuch aus seiner Westentasche, kaum größer als zwei Briefmarken. Als ich noch immer keine Reaktion zeigte, nahm er meine „klare Übersicht" und warf sie in hohem Bogen durch das offene Fenster auf den hinteren Schulhof. Ein paar Minuten ging der Unterricht weiter, dann aber plötzlich die näselnde Stimme: „Nun, willst du deinen Mist nicht wiederholen?" Ich verließ den Klassenraum, lief zum Haupteingang und trabte um das Schulgebäude herum auf die andere Seite, wo vor der Turnhalle meine „klare Übersicht" im Staub lag. *Piccolo* stand mit den Klassenkameraden am Fenster und sagte mokant: „Schaut euch den Vogel an, wie er seine Klamotten wiederholt!" In die Klasse zurückgekehrt begab ich mich auf meinen Platz und wurde dann gefragt: „Na, hast du deinen Kram jetzt wieder?" Ich möchte bemerken, dass ich gegen die vielleicht – milde ausgedrückt – etwas ausgefallene Art der Behandlung niemals den geringsten Groll gehegt habe. Irgendwie habe ich mich amüsiert, und lache heute noch manchmal herzlich über unseren *Piccolo*. Auch hat er mir in späteren Jahren zum Abschluss meines Studiums einen schönen, stilistisch ausgefeilten lateinischen Brief geschrieben, den ich heute noch in Ehren halte.

Auf der Untersekunda überredeten wir unseren Chemielehrer *Karlchen* Pricking, auf einem Wandertag im Rahmen des Chemie-Unterrichts die Germania-Brauerei zu besuchen. Uns wurde die enzymatisch in Gang gesetzte alkoholische Gärung nahe gebracht.

Noch mehr Interesse fand jedoch das Freibier. Nachdem dann jeder der Sekundaner so an die drei Flaschen *Germania* konsumiert hatte, stoppte unser Klassenlehrer Dr. Franzen den Nachschub. Natürlich musste das genossene Bier irgendwohin, und man suchte die Toiletten auf. Und wen trafen wir dort an? Unseren lieben *Piccolo*! Er hatte wohl ein paar „Piccolos" zu viel zu sich genommen und stand da an dem stillen Ort in der Reihe neben dem Brauerei-Arbeiter, dem er seinen ganzen Lebenslauf erzählte. Dabei hatte er einen hochroten Kopf und führte aus, er habe in Münster studiert und eine „geborene Humperdinck" – aus der Familie des bekannten Komponisten, der eine Zeit lang in Münster gewirkt hatte – geheiratet, und sei in Münster sehr glücklich und zufrieden gewesen.

O du lieber *Piccolo*! Du hast uns durch die lateinische Grammatik gejagt, aber wir denken heute noch an dich! Damals gab es noch Persönlichkeiten, die man heute – leider – mit der Lupe suchen muss.

Auf dem Rückweg in die Stadt – an der Grevener Straße – kam uns unser Religionslehrer Dr. Johannes Norda – aus dem Ermland – entgegen. Er hatte in Rom studiert und war Prälat. Die drei Schulklassen gingen einzeln oder in kleinen Gruppen in äußerst gelockerter Marschordnung. Die meisten waren wohl infolge des ungewohnten Alkoholgenusses nicht mehr so ganz trittsicher, und jetzt begann jeder, den würdigen geistlichen Herrn, wie es sich gehörte, einzeln zu grüßen. „Guten Tag, Herr Doktor!" Der geplagte Mann musste dann wohl mehr als ein Dutzend Male den Hut ziehen. Damals gab es noch Lehrer, die wussten, was sich gehörte.

Bäänd war einige Wochen wegen Krankheit beurlaubt, und die Vertretung hatte Dr. Nowacki, ein gediegener und geradliniger Pädagoge und Altphilologe. Dabei lockerte er den Unterricht ein wenig auf und fragte einmal, wie den Römern, die ja in Gallien eingefallen waren, die „wilden" Germanen wohl vorgekommen seien. Ich sagte mit einem Unschuldsgesicht: „Erotisch?" Dr. Nowacki blickte mich väterlich-freundlich an und sagte: „Du meinst wohl exotisch?" So war die Wirkung meiner getarnten, aber durchaus gewollten Frechheit verpufft. Dr. Nowacki war eben doch der Klügere.

Zusammenfassend ist zu sagen, dass sich am Ratsgymnasium – jedenfalls in der Unterstufe und auch noch in der Mittelstufe – fast alles um das Fach Latein drehte. Die Anforderungen und Leistungen standen denen am Paulinum in keiner Weise nach.

Auf der Quarta begann der Englisch-Unterricht. Der Lehrer, der uns beglückte, hieß mit Spitznamen *Hühnchen*, ein sehr gemütlicher Typ, einfach zu gemütlich. Wir haben so gut wie nichts bei ihm gelernt. Wochenlang gaben wir uns mit der internationalen Lautschrift ab. Nach den Sommerferien wusste noch niemand in der Klasse, dass die englischen Fragesätze mit *to do* eingeleitet werden. Irgendwann tauchte der neue Englischlehrer auf, Emil Würfel; er musste praktisch von vorne anfangen. Dieser aufgeschlossene und den Schülern zugewandte Lehrer hat uns bis zum Abitur, also noch sechs Jahre lang im Englischen unterrichtet. Schon auf der Mittelstufe konnte so gut wie jeder fließend Englisch sprechen. Wer jedoch – so wie ich – meinte, er könne Englisch, sah sich in der Oberstufe gewaltig getäuscht. Die Thematik in den Nacherzählungen und Aufsätzen wurde zusehends komplizierter. Bei den Nacherzählungen musste der Inhalt in einwandfreiem Englisch wiedergegeben werden. Einmal hatte ich trotz zweifachen Vorlesens so gut wie nichts von der Sache verstanden und war nicht in der Lage, auch nur einen Satz niederzuschreiben. Aber mein Banknachbar, der in allen Fächern gute Leistungen erbrachte, jedoch durch seine Albernheiten und Clownerien den Klassenlehrer Dr. Franzen ständig zur Weißglut brachte, flüsterte mir ein paar Stichworte zu und schob mir einen Zettel herüber. So brachte ich es in dieser Arbeit noch zu einer müden Vier – mit Gottes und des „Nächsten“ Hilfe!

Emil, so wurde er von uns genannt, war für uns der heimliche Klassenlehrer. Er gab auch den Sportunterricht. In den Englischstunden wurden oft Themen wie Fußball ausführlich besprochen, und zwar auf Deutsch, also eine echte Erholung. Oft war die Unterrichtsstunde schon zur Hälfte vorüber, bevor es zur Sache, also zum Englischunterricht, ging. Es ist nicht übertrieben zu sagen, dass *Emil* und die Klasse eine verschworene Gemeinschaft bildeten. Bei Elternsprechtagen sagte er, eine solche sympathische und leistungsfähige Klasse habe er selten gehabt. Zu den Wiedersehensfeiern nach dem Abitur erschien *Emil* regelmäßig und erklärte immer, dass wir seine beste Klasse gewesen seien, einen solchen guten Notendurchschnitt habe es sonst kaum gegeben. Möglicherweise hat er, als sich sein hohes Alter verstärkt bemerkbar machte, anderen Klassen dasselbe erzählt.

Emil war im Krieg Offizier gewesen und hatte am linken Ohr eine Narbe, die von einem Granatsplitter herrührte. Irgendein Schüler fragte einmal, ob er sich diese Verwundung bei einer Mensur in einer Schlagenden Verbindung geholt habe. *Emil* aber war dergleichen Dingen absolut abgeneigt und explodierte. Das einmalige Verhältnis zu diesem Englischlehrer kommt vielleicht in folgendem Vorfall gut zum Ausdruck: Natürlich wird bei Klassenarbeiten irgendwie gemogelt, man muss ja schließlich überleben. Aber *Emil* sagte trocken: „Ihr könnt so viel mogeln, wie ihr wollt. Erstens merke ich es doch, und zweitens weiß ich sowieso, was ihr könnt, und was ihr nicht könnt!" Er scheute sich auch nicht, während einer Klassenarbeit den Raum für zehn Minuten oder länger zu verlassen. Es bestand eine Absprache unter uns Schülern, dass dann nicht gemogelt werden durfte. Daran hat sich auch jeder gehalten. Einmal brach in einer Pause, es war auf der OIII [Kl. 9], eine Schwammschlacht aus. Die Schwämme flogen nur so durch die Gegend. *Emil* betrat die Klasse und duckte sich, als ein Schwamm nur eine Hand breit an seiner Nase vorbeiflog. Er sagte trocken und souverän nur: „Ihr könnt so viel Schwämme werfen, wie ihr wollt; aber wehe, ihr trefft mich!" Damit war der Fall erledigt.

Ganz das Gegenteil war Studienrat Dr. Ignaz Franzen, ein pflichtbewusster und auch tiefreligiöser Mann. Aber eben ein Pedant, ein typisch preußischer Beamter subalterner Prägung. Er war sechs Jahre lang – bis zum Abitur – unser Klassenlehrer und unterrichtete Französisch und Geschichte. Er entsprach jedoch kaum heutigen didaktischen Anforderungen. Wenn ein Schüler einen grammatischen Fehler machte, so wiederholte er den falschen Ausdruck laut tadelnd wohl drei- bis viermal vor der Klasse ...

Mit meinem Vater hatte er einmal in einer Mietangelegenheit eine Meinungsverschiedenheit gehabt; seitdem war ich für ihn ein „schwacher“ Schüler. Er versuchte ständig, mich hereinzulegen. Allerdings war ich in der Lage, die Herkunft der französischen Wörter aus dem Lateinischen fehlerfrei und mit nachtwandlerischer Sicherheit zu erkennen, was Dr. Franzen durchaus anerkannte. Ein heiterer Vorfall ereignete sich, als Dr. Franzen für seine Tochter, die ihr Studium in Münster aufnehmen wollte, ein Zimmer suchte. Er fragte, vor der Klasse stehend, ob nicht jemand eine Möglichkeit wüsste. Unser Klassenclown vom Dienst, der ständig durch sein freches Mundwerk auffiel, aber in allen Fächern spitzenmäßige Zensuren aufweisen konnte, ließ keine Gelegenheit vorübergehen, unseren Klassenlehrer zur Weißglut zu bringen. Als dieser nun fragte: „Hört mal, Leute, wisst ihr nicht, ob irgendwo ein Zimmer frei ist“, sagte Gottfried, der Spaßmacher: „Ja, bei uns ist eine Wohnung frei geworden; da hat sich einer aufgehängt!“ – und dies in seinem für ihn typischen, mokanten und immer leicht aggressiven Tonfall. „Scheibenstraße 98!“ Die Klasse lag unter den Bänken vor Lachen. Dr. Franzen schaute leicht irritiert in die Klasse, zog sein Notizbuch und sagte: „Ja, dann will ich mir das mal aufschreiben, Scheibenstraße 98!“ Über „Scheibenstraße 98“ haben wir noch tagelang gelacht. Zur Erklärung muss gesagt werden, dass Dr. Franzen in Büren – bei Paderborn – wohnte und noch keine Zuzugsgenehmigung nach Münster hatte. Er war deswegen darauf angewiesen, sich ein Zimmer in Münster zu mieten und zu den Wochenenden zu seiner Familie zu fahren. Die linke Hand unseres Klassenlehrers war leicht verkleinert: „Ja, da hat mich 1916 am ‚Chemin des Dames‘ ein Streifschuss erwischt.“ Auch im 2. Weltkrieg wurde der pflichtgetreue Mann am Schluss noch zur Wehrmacht eingezogen und hat als Major bei der FLAK in irgendeinem Stab den Krieg heil überstanden. Er ist auf Grund seiner guten Konstitution und auch seines preußisch-puritanischen Lebenswandels noch uralt geworden. Wenn ich ihn später gelegentlich in der Stadt traf, kam es immer zu einem freundschaftlichen Gespräch.

Im Deutschunterricht sind wir nach meinem Empfinden auf der *Penne* zu kurz gekommen. Auf der Quarta hatten wir in stundenplanmäßigen Deutsch-Stunden fast ausschließlich Latein-Unterricht. *Bäänd* war fanatisch bemüht, den Rückstand im Lateinischen aufzuholen. Außerdem war er wohl der völlig richtigen Auffassung: „Wer Latein lernt, lernt Deutsch von selbst!“ Ähnlich tönte *Piccolo*: „Wenn ihr Vögel meint, ihr wäret hier, um Latein zu lernen, dann seid ihr auf dem Holzweg. Ihr seid hier, um durch das Latein überhaupt erst Sprache zu lernen!“ Er, als ehemaliger Journalist, wusste sicher, was er damit sagte.

Von der UIII [Kl. 8] an hat uns in Deutsch *Tünnes* unterrichtet. Er war wohl das bemerkenswerteste Original am Ratsgymnasium. Er genoss nicht gerade das höchste Ansehen im Kollegium. Von Haus aus gutmütig und durchaus nicht unbegabt, war er lange Jahre *Wanderlehrer*, das heißt, er war von einer Schule zur anderen geschoben worden, um schließlich wieder am Ratsgymnasium zu landen. Die Schüler haben ihn weidlich geärgert. Es war bekannt, dass vor unserer Zeit Schüler den übrigens nicht unbeliebten *Tünnes* von seiner Wohnung abholten und mit ihm in die nächste Kneipe zogen. Dort wurde dann beim Bier in traulicher Kameradschaft über die Zensuren in Deutsch und Geschichte verhandelt. „Nein, Tünnes, ich brauche in Deutsch unbedingt eine bessere Zensur zur Versetzung!“ Irgendwann – nach dem wievielten Pils? – zog *Tünnes* sein Notizbuch hervor, und die fragliche Zensur wurde dann nach oben gedrückt: *C‘est la vie – corriger la fortune!* [das ist das Leben: dem Schicksal mit oft nicht ganz redlichen Mitteln auf die Beine helfen].

Von den Kollegen nicht allzu ernst genommen, von den Schülern ständig geärgert, suchte er seinen Trost im uralten Mittel der Menschheit gegen Depressionen. Dieser Hang zum Weingeist hat sich über Nacht gebessert, als *Tünnes* mit 65 Jahren pensioniert wurde und fortan sein Leben ohne Schulstress genießen konnte. Auch *Tünnes* hatte lange Zeit keine Wohnung in Münster. Er musste täglich von Tecklenburg aus mit der Teutoburger-Wald-Eisenbahn zunächst nach Lengerich und von da aus nach Münster fahren. Wenn Nachmittags-Unterricht war, ergab sich durch den Fahrplan bedingt eine längere Wartezeit bis zum Beginn des Unterrichts. Er bereitete sich dann in der Bahnhofsgaststätte – mit ein paar Pils und ein Paar Korn – auf den ach so aufregenden Unterricht vor. Er hatte vielleicht ein Glas mehr als sonst getrunken und erschien in der Juni-Hitze zum Turn-Unterricht in der ersten Stunde. Er erreichte mit der Straßenbahnlinie 2 gerade noch das Gebäude der Geistschule und war schon völlig außer Gefecht. Also zum Glück war Sport angesagt, und wir konnten eine gemütliche Stunde im Gras liegend verbringen. Jedoch fügte es sich, dass eine andere Klasse gleichzeitig den Sportplatz benutzte. Studienrat Rose, ein gütiger und geradliniger Pädagoge alter Schule – er gab Mathematik – hatte sich mit seiner Klasse auf der anderen Seite des Platzes versammelt. Die Schüler beider Klassen ließen sich auf dem Rasen nieder und genossen die freie Zeit. Studienrat Rose nahm den beklagenswerten Kollegen am Arm und führte ihn auf der Aschenbahn des Sportplatzes auf und ab. Mich ritt wieder einmal der Teufel, und ich marschierte über den ganzen Platz auf die andere Seite und baute mich in respektvoller Haltung vor dem angeschlagenen *Tünnes* auf und sagte heuchlerisch: „Herr Studienrat, haben Sie nicht ein Maßband?" Ein Maßband wurde benötigt, wenn etwa der Weitsprung geübt wurde. Der so angesprochene sagte in freundlichem Tonfall, aber leicht lallend: „Nein, mein Kind, das hab ich nicht!"

Schließlich war die *Turnstunde* zu Ende, und die zweite Stunde begann. Deutsch, wieder bei *Tünnes*! Zuerst brüllte er uns ganz gewaltig an. Dann musste aus dem Stand heraus ein Aufsatz geschrieben werden – das Thema habe ich leider vergessen. Wir saßen nun in der besagten Juni-Hitze in dem viel zu kleinen Klassenraum eng beieinander und mussten uns irgendetwas einfallen lassen. *Tünnes* hatte sich durch die fürsorgliche Behandlung des Kollegen Rose etwas „gefangen". Als ich dann von meinem Heft aufschaute, sah ich ihn ohne Jacke, mit aufgekrempelten Hemdsärmeln am Waschbecken stehen und sich Kopf und Oberkörper kühlen. Hoffentlich hat er die restlichen Unterrichtstunden an jenem denkwürdigen heißen Sommer-Nachmittag im Jahre 1949 einigermaßen überstanden.

Dem einen oder anderen Leser mag diese Darstellung jenes Vorfalls als übertrieben oder zu grotesk erscheinen. Vor einigen Tagen jedoch sprach ich mit einem früheren, allerdings etwas jüngeren Mitschüler. Dieser erzählte fast die gleiche *Story*. *Tünnes* sei lallend und unsicher auf den Beinen zur ersten Stunde, wiederum Sport, erschienen. Dieses Mal seien es die Obertertianer [Kl. 9] gewesen, die *Tünnes* in ihre Mitte genommen und auf dem Platz hin und her geführt hätten. Das Fatale sei nur gewesen, dass ausgerechnet an diesem Nachmittag eine Konferenz angesetzt war, zu welcher auch ein Vertreter des Provinzial-Schulkollegiums erwartet wurde. *Tünnes* habe sich einigermaßen „gefangen“, habe sich still verhalten und sei so nicht aufgefallen. Vielleicht wollte man auch nichts merken.

Im Spätherbst 1950 kam *Tünnes* eines Morgens ziemlich mitgenommen zum Unterricht. Sein rotgrauer Regenmantel war von oben bis unten mit Lehm bekleckert, Lehm aus dem Teutoburger Wald. Er erzählte polternd, er habe sich beeilen müssen, um in Tecklenburg den Zug zu erreichen. Dabei sei er auf dem lehmigen und glatten Weg – es hatte sich schon Glatteis gebildet – ausgerutscht und gestürzt. Vielleicht hat er gerade wegen dieser unfreiwilligen Rutschpartie den Zug doch noch erreicht ... Natürlich haben wir alle mal wieder mächtig gelacht. Aber bei all dem war nicht eine Spur von Gehässigkeit im Spiel. Hochachtung auch vor dem klugen und hilfsbereiten Studienrat Rose, der sich so fürsorglich um *Tünnes* in dessen kläglicher Lage bemüht hatte. Dass *Tünnes* absolut nicht unbeliebt war, zeigt auch eine kleine Begebenheit: Im Jahre 1950 gab es noch einmal eine „Kohlenkrise“. Die Kälte drang durch das Mauerwerk in die Wohnungen ein. Auch *Tünnes* klagte sein Leid. Mein damaliger Banknachbar – jener hervorragende Schüler, der es sich leisten konnte, ständig die Rolle des Klassenclowns zu spielen, und der mich mitfühlend durch die Möglichkeit des *Mogelns* vor einer Fünf in Englisch gerettet hat – und ich liehen uns einen Bollerwagen und luden ihn voll mit Holz, das wir aus den Trümmern der zerstörten Häuser geholt hatten. Damit fuhren wir zu der Wohnung unseres *Tünnes*. „Sie sagten doch, dass Sie nichts mehr zum Heizen hätten, und wir wollten ihnen ein wenig helfen!" erklärten wir spitzbübisch. Es verschlug ihm die Sprache. Er wollte uns mit ein paar D-Mark belohnen, aber das ließ unser Stolz nicht zu. Dieser *Tünnes*! Damit hatte er nicht gerechnet. Auch mein Kumpan und ich freuten uns, dass wir ihm einen Gefallen hatten tun können. Gibt es heute in der Zeit allgemeinen Wohlstands noch solche Erlebnisse wahrer Menschlichkeit?

In *Maddemaddik* – so sprach er – unterrichtete uns *Karlchen* Pricking, auch in Physik und Chemie, vier Jahre bis zum Abitur. Er galt als gutmütige „Nuss", so schnell ließ er wegen der Zensuren keinen Schüler über die Klinge springen. Einer seiner kernigen Sprüche lautete: „Da nehm' ich ein Minus und mach' daraus ein Plus". Ständig wiederholten sich seine Floskeln. Wenn er eine Wiederholungsaufgabe stellte, hieß es: „Das wird dann aber gekonnt" oder: „Ich verlang' ja nicht viel", – was übrigens stimmte – „aber was ich verlange, ist hundertprozentige Mitarbeit und innere Disziplin!" (Originalton *Karlchen*). Obwohl Mathematiker, sagte er häufig: „Also ich persönlich stehe auf dem Standpunkt, ...!" Mich pflegte er mit meinem Namen anzureden, aber häufig mit dem Zusatz: „Sie Schaf!"

So hatte wohl fast jeder auf der Oberstufe seine Schwierigkeiten in Mathematik, und ein großer Teil war auf Nachhilfe angewiesen. Wenn *Karlchen* in der Physik eine Apparatur bis zum Klingeln der Pausenglocke nicht in Gang gebracht hatte, er war einfach in allem zu umständlich, hieß es: „Ding tut sich nicht, guckt euch Ding zu Hause im Buch an!" Seinen Chemie-Unterricht habe ich allerdings in bester Erinnerung, dieses Fach interessierte mich einfach. Leider ließ die Stundenzahl auf der Untersekunda [Kl. 10] im Wesentlichen nur die Behandlung der Anorganischen Chemie zu, aber in der Organischen sind wir immerhin bis zur Methan-Reihe und zur Dehydrogenase der Kohlenhydrate gekommen. Aus einer anderen Klasse wurde eine heitere Begebenheit erzählt: Einmal soll *Karlchen* während der Unterrichtsstunde auf seine Armbanduhr geschaut haben. Er vergaß jedoch dabei, dass er ein Reagenzglas – mit was für einer Säure auch immer, oder ähnlichem – in der Hand hielt, und kippte den ätzenden Inhalt auf seinen Anzug. Der Schaden wird wohl nicht allzu groß gewesen sein; denn er lief ständig in seiner abgelegten grauen Luftwaffenuniform herum. Er war nämlich während des Krieges als Beauftragter für den Luftschutz im Rang eines Majors aktiv gewesen.

In Mathematik war ich alles andere als eine Leuchte. Zwar verstand ich den Ablauf der Aufgabenstellung recht gut, aber bei der Durchführung musste gerechnet werden, und ich verhaspelte mich regelmäßig – Taschenrechner gab es noch nicht. So stand unter den Mathematikarbeiten regelmäßig, wenn überhaupt, eine müde Vier. Nun war „Mathe“ auf dem neusprachlichen Zweig nicht gerade ein Kernfach, es gab nur drei Wochenstunden. In der schriftlichen Abiturarbeit wurde als erste Aufgabe die Analyse an einer Ellipse mit konjugiertem Durchmesser gestellt. Als ich dann das Ergebnis der Rechnung in die anzufertigende Zeichnung einbrachte, ergab das dann ein völlig unsinniges Gebilde, ähnlich dem späteren *Picasso-Blitz* am Stadt-Theater. Blitzschnell warf ich einen Blick auf die Arbeit meines Hintermannes, Manfred Pohle, später Zahnarzt in Kiel, der gerade an seinem Pausenbrot kaute. Ich war daraufhin in der Lage, die Zeichnung, die absoluten Werte hatte ich ja richtig ausgerechnet, unter Einbringung der richtigen Vorzeichen von unten nach oben durchzurechnen und entsprechend zu vollenden. *Karlchen* hatte die Sache offenbar gerochen, denn in einer der folgenden Stunden knurrte er mich an: „Also was haben Sie da einen Mist fabriziert, von Ihrem Konzept habe ich die Hälfte weggeschmissen!“ So kam ich also im Abitur zu einem müden Ausreichend im Fach Mathematik.

Im Fach Physik waren die meisten Klassenkameraden alles andere als „Spitze“. Nur zwei waren in naturwissenschaftlichen Fächern nicht zu schlagen. Es kam vor, dass einer dieser Schüler dem Fachlehrer die Kreide aus der Hand nahm und zeigte, wo der Weg lang ging. Aber auch ich hatte mich für technische Zusammenhänge immer interessiert, und *Karlchen* suchte offenbar jemand im „Mittelfeld“, den er im Abitur vorführen konnte. Als er feststellte, dass ich sämtliche damals üblichen Schaltsysteme für Elektromotoren und auch Generatoren, Haupt- und Nebenschlussmotor sowie Parallel- und Reihenschaltung, nicht nur in den Schnitten korrekt, sondern auch perspektivisch-anschaulich darstellen konnte, war die Entscheidung gefallen: Ich kam im Abitur in Physik dran. Das konnte man *Karlchen* an der Nasenspitze ablesen. Die erste Aufgabenstellung im mündlichen hieß dann: Erörterung der kinetischen Gastheorie. Das bedeutete, dass das Boyle-Mariottesche Gesetz $\mathbf{p \cdot v = c}$ – das Produkt von Druck und Volumen ist immer konstant – rein rechnerisch, also mit den Mitteln der theoretischen Physik, bewiesen und erläutert werden sollte. Ich legte den vorgelegten theoretischen Teil fehlerfrei dar, als ich aber begann, die Sache rechnerisch durchzuführen, fiel mir *Karlchen* ins Wort und sagte: „Das lassen Sie mal lieber, Sie verrechnen sich ja doch nur!“

Die zweite Aufgabe bestand darin, dass ich die oben erwähnten Schaltsysteme für Elektromotoren darzulegen und zu erklären hatte. Ich warf die in meinem Kopf gespeicherten Systeme wie im Schlaf und idiotensicher an die Tafel. Nach dem glatten Verlauf der Prüfung hatte ich eigentlich eine Zwei erwartet. Aber es blieb dann doch bei einer – wie ich damals meinte, „mageren“ – Drei.

Karlchen war irgendwie ein Gemütsmensch. Bei irgendwelchen Festveranstaltungen wie *Kommersen* bewies er eine beachtliche „Standfestigkeit“.

Es gibt Menschen, die trotz ihrer Qualitäten schon bald in Vergessenheit geraten, so auch der Kunsterzieher am Ratsgymnasium, Hans Kraft, genannt *Ali*. *Ali* war zunächst als Oberlehrer alten Schlages zuständig für das Fach Zeichnen oder Kunsterziehung. Später wurde er dann Studienrat. Wer nur ein Fach wie Zeichnen unterrichtet, hat traditionsgemäß einen schweren Stand. Ständig trieben die Schüler irgendeinen Schabernack. Der Übeltäter war fast nie zu ermitteln. *Ali* sagte dann mit leicht knurrendem Unterton: „Die

Frechheit besitzt der Kerl!“ Der Gedanke weiter geführt hätte dann gelautet: „Aber den Mut sich zu melden hat er nicht!“ Wir haben bei *Ali* die ganzen Jahre hindurch bis zur Unterprima Zeichenunterricht gehabt. Dabei hat er uns nach und nach mit allen möglichen gestalterischen Techniken bekannt gemacht: Einfache Schülerarbeiten auf dem Zeichenblock, Arbeiten mit weißer Tusche auf dunklem Karton, und auch einmal eine eindrucksvolle Gestaltung mit Transparentpapier, welches für uns normalerweise als Butterbrotpapier diente. Vor den Zeugnissen musste dann jeder die Früchte seiner Bemühungen auf den Tisch legen, und *Ali* setzte danach die Zensuren fest.

Ich meine, dass *Ali* trotz seiner steifen und nach außen pedantisch wirkenden Art über die Jahre es verstanden hat, in uns den Sinn für Kunst und künstlerisches Gestalten zu wecken und zu fördern. Auch hier gilt: *Steter Tropfen höhlt den Stein.*

Ali hat sich auch außerhalb seiner schulischen Tätigkeit einen Namen gemacht: In der münsterischen Künstlergemeinschaft *Die Schanze* war er führend. Viele grafische Darstellungen, wie zum Beispiel auch die Plakate für den münsterischen Karneval, ebenso wie die neue Schulfahne des Ratsgymnasiums, hat er entworfen. Einmal im Jahr pflegte *Ali* das Schicksal zu treffen: Irgendwann in der Untertertia [Kl. 8] musste der etwas simple lateinische Merkvers gelernt werden: *Nach ne, si, nisi, num fällt ali um ...* . Dieser Text stand dann zu Beginn der Saison unübersehbar an der Tafel oder wurde auch in der Klasse mal in dieser, mal in jener Ecke gemurmelt. Aber *Ali* nahm auch dies gelassen hin, wie es seine Art war.

Zu Beginn der Oberprima [Kl. 13] wurde *Ali* durch eine junge, frisch gebackene Studienassessorin abgelöst. Es gab damals zwei weibliche Lehrkräfte am Ratsgymnasium: Frau Dr. Kluck und Frau Anselma Wilberding. Sie waren ein absolutes Novum und hatten es nicht leicht. Schon die Quintaner [Kl. 6] riefen ersterer mehr oder weniger laut nach: *Frau Doktor Kluck, klucken sie mal!* Ähnlich ging es anderen Berichten zufolge Anselma.

Eine besondere Begebenheit darf keineswegs unerwähnt bleiben: Kurze Zeit vor dem mündlichen Abitur hatten wir wieder einmal

Kunst. Da ich vorne rechts in der Nähe der Tür meinen Platz hatte, habe ich das ganze Ereignis kaum mitbekommen. Sofort zu Beginn der Unterrichtsstunde begann die Klasse sich unruhig zu verhalten und irgendwelchen Unfug zu treiben. Frau Dr. Kluck fühlte sich gestört und ständig abgelenkt. Ihre Tasche – nach Art einer Markttasche aus Garn hergestellt – hing am Lehrerpult am Haken. Der Klassensprecher Manfred Wesemann, Bruder des späteren Oberstudiendirektors am Hittorfgymnasium, brachte es fertig, den Lehrerkalender aus der Einkaufstasche zu angeln. Die Albereien in der Klasse ließen nach und nahmen dann wieder an Stärke zu, als es galt, das Notizbuch der Lehrerin wieder in die Tasche zu „reponieren". Ich war nicht eingeweiht und wunderte mich, als der Klassensprecher Manfred Wesemann nach der Stunde auf mich zukam und sagte: „Du kommst dran in Latein, Deutsch und Physik!" Und so kam es dann auch ...

Ein anderes Lehrfach, auch mit nur einer Wochenstunde, welches traditionsgemäß wenig Respekt genoss, war Musik. Bis dahin hatten wir nur so gut wie gar keinen Musikunterricht gehabt. Dann aber betrat 1950 ein jugendlich wirkender, temperamentvoller Studienrat im Alter von 40 Jahren die Schulszene. Seine Fächer waren Deutsch, Geschichte und Musik. Eins fiel sofort auf: Er war nicht nur bis in die letzte Faser Musiker, sondern auch ein begabter und engagierter Musikpädagoge. Seine erste Aufgabe war die musikalische Ausgestaltung der Feiern zum 100-jährigen Bestehen des Ratsgymnasiums im Jahre 1951. Ein Schulchor wurde schnell gegründet. Wer dabei mitsang, hatte automatisch eine Zwei auf dem Zeugnis. Kleinere Schulfeiern wurden gestaltet mit ansprechenden und auch aus dem Umfeld der Jugendbewegung stammenden Liedern. Mich, der zwar nicht eine Note lesen konnte, hat das alles ungemein bereichert und mitgerissen.

Den Auftakt zur Feier des Schuljubiläums bildete ein festliches Pontifikalamt in der Stadt- und Marktkirche St. Lamberti. Anton Hilberath hatte eine damals modern wirkende Messe – eine Kanon-Messe – ausgesucht und einstudiert. Der Festakt fand im Saal des damaligen Lindenhofes statt. In der ersten Reihe hatte der Protektor der Schule, der münsterische Bischof Dr. Michael Keller, seinen Platz, begleitet von seinem Sekretär Spital, dem späteren, jetzt auch schon verewigten, Bischof von Trier. An die musikalische Gestaltung dieser Feier kann ich mich allerdings überhaupt nicht mehr erinnern. Nur einen der Redner habe ich noch im Gedächtnis, den damaligen Rektor Magnificus, Professor Dr. Siegfried Strugger. Er war Biologe und genoss auf seinem Fachgebiet internationalen Ruf. Er sprach irgendwie von den Naturwissenschaften und von der – gerade in der Nachkriegszeit – notwendigen Förderung des Nachwuchses in diesen Bereichen, und fragte rhetorisch in den Saal – etwa mit den Worten: „Wo sind denn die zukünftigen Lehrer und Forscher in diesen Fachgebieten? Diese befinden sich hier in Ihrer Mitte, und ich wünsche ihnen allen viel Erfolg für Abitur und Studium sowie Ihren weiteren Lebensweg. Sie sind an der Universität und in meinem Fachgebiet herzlich willkommen!“ Das ungefähr war der Tenor der Ausführungen seiner Magnifizenz.

Für uns Schüler war der festliche Nachmittag – ebenfalls im Saal des Lindenhofs – der Höhepunkt. Auch hier hatte Anton Hilberath, genannt *Nünü*, in relativ kurzer Zeit alles vorbereitet und „im Griff“. Während der Kaffee getrunken wurde, gab die *Instrumentalgruppe* – das Wort *Schulorchester* wurde vermieden – etliche Stücke nach Art der *Wiener Caféhaus-Musik* zu Gehör, mit Anton Hilberath im schwarzen Gehrock als Dirigent.

Den Festvortrag hielt Dr. Ludwig Humborg. Sein Vater hatte im münsterischen Hansa-Viertel eine Käsehandlung betrieben, und so hieß er allgemein *Käse-Humborg*. Er las praktisch den Text seines Aufsatzes vor, den er für die Jubiläums-Festschrift verfasst hatte. Dieser bestand fast ausschließlich darin, dass er die Schulakten abgeschrieben hatte. Er schloss seine Ausführungen etwa mit den Worten, am Anfang des Ratsgymnasiums habe der Kampf gestanden; und das Ratsgymnasium werde sich auch weiterhin dem Kampf gegen alle Schwierigkeiten stellen. Das war wohl irgendwie gemeint im Hinblick auf die damaligen Auseinandersetzungen um den Neubau und Standort unserer Schule. Schließlich gipfelte der Nachmittag in der Aufführung des Singspiels *Des Kaisers neue Kleider* nach dem bekannten Märchen von Hans Christian Andersen. Am Schluss des Stückes erschien der Herr Direktor Emil Lücke persönlich auf der Bühne und überreichte den – offenbar von der Annette-Schule ausgeliehenen – Sängerinnen Blumen.

Des Kaisers neue Kleider! Die Wahrheit dieses Märchens springt mir in der Erwachsenenwelt täglich in die Augen: Wie oft müsste man eigentlich erkennen, dass der *Kaiser* rein gar nichts an hat. Und wie sagt La Fontaine in seiner unvergessenen Fabel vom Raben und dem Fuchs: *Mais apprenez que tout flatteur vit au dépense de celui qui l' écoute!* [aber wisset, dass ein jeder Schmeichler lebt von der Gunst dessen, der ihn hört].

Die Feier schloss mit den Dankesworten des Schulsprechers Knubel sowie mit dem erfrischend aufmunternden vierstimmigen Chorsatz: *Freunde, lasst uns fröhlich loben*.

Das Musikleben am Ratsgymnasium hatte jahrelang so gut wie „trocken" gelegen. So muss erneut fest gehalten werden, in welch kurzer Zeit Anton Hilberath ein so umfangreiches Programm auf die Beine gestellt hatte. Daraufhin fragte ein Lehrer wohlwollend: „Nun sind Sie sicher froh, dass diese anstrengenden Tage für Sie erst einmal vorbei sind?" *Nünü* bekam einen Tobsuchtsanfall – das passte auch durchaus zu seinem Charakterbild – und belehrte den Kollegen dahingehend, dass die musikalische Erziehung an einem Gymnasium eine tagtägliche Aufgabe sei und jetzt erst richtig losginge.

In der Unterstufe hat er versucht, den Schülern die Tonleitern nahe zu bringen. Dazu benutzte er die fünf Finger seiner Hand und die Zwischenräume, sang dazu: »Nü, nü, nü, nü, nü« – und hatte damit seinen „Spitznamen" weg. Mit uns als Oberstufenschülern hielt er sich mit dergleichen Erklärungen gar nicht erst auf. Nur einige wenige von uns hatten privaten Klavierunterricht gehabt und kannten sich mit Noten aus. Für diese war die Zwei in Musik natürlich vorprogrammiert. Bei *Nünü* ging es aber sofort „in die Vollen": Zuerst wurde der *Freischütz* durchgenommen und bis in die letzten Tonfolgen zerlegt. Dabei wurde deutlich, dass unser Musiklehrer auch Deutschlehrer war, der zusätzlich noch die Handlung interpretieren und uns nahe bringen konnte. In anderen Klassen machte er es mit Beethovens *Fidelio* genauso. Außerdem wurden kleinere Anlässe und Feiern auch mit der Instrumentalgruppe oder einer kleinen Singegruppe schlicht, aber vielleicht gerade deswegen stimmungsvoll, gestaltet. Allerdings konnte *Nünü* auch bei kleineren Anlässen gewaltig ausrasten. Ohrfeigen pflegte er im Takt der Musik auszuteilen. Typisch für ihn war auch, dass er mit manchen Klassen bestens zurecht kam, mit anderen aber wiederum überhaupt nicht.

Schließlich muss noch der Leiter der *Anstalt*, Oberstudiendirektor Emil Lücke „gewürdigt" werden. Er hat seinem Namen alle Ehre gemacht. Er wurde im Frühsommer 1949 in der Aula des Schillergymnasiums in sein Amt eingeführt. Bei dieser Gelegenheit wurde lobend hervorgehoben, dass er in der Vorkriegszeit den Afrika-Band eines damals gebräuchlichen Unterrichtswerks herausgegeben hatte. Wer zum Beispiel nicht wusste, dass das Gebäude der Geist-Schule, in welcher auch das Ratsgymnasium untergebracht war, auf dem münsterischen Kies-Sand-Rücken stand, brauchte sich für das Abitur keine allzu großen Hoffnungen zu machen. Er fragte gelegentlich: „Was für ein Wetter haben wir heute?" Wenn dann der arglose Schüler antwortete: „Wir haben schönes Wetter, Herr Direktor!", dann war der betreffende schon erledigt. Er hätte besser von der Großwetterlage, Kalt- oder Warmfront und Cumuluswolken und Okklusionen reden sollen.

Im Fach Erdkunde pflegte er kleinkarierte Fragen zu stellen wie z. B.: „Wo liegt eine Tankstelle in der Sahara?" Die Antwort hätte vermutlich „Timbuktu" heißen müssen ... So sagte er mit näselnder Stimme: „Schaut euch für die nächste Stunde einmal Australien an!" Dann bekamen wir in der nächsten Stunde einen Stempel mit den Umrissen Australiens ins Heft gedrückt, mit dergleichen dummen Fragen wie z. B. „Wo genau liegt Melbourne?" – Oder auch „Wie heißt der südlichste Eisenbahnknotenpunkt der USA?" Die richtige

Antwort wäre „Key West" gewesen. *Briefträger-Geographie* nannten wir sehr bald diese Art des Erdkunde-Unterrichts.

Auf der Untersekunda [Kl. 11] stand *Allgemeine* Erdkunde auf dem Lehrplan: Geophysikalische Zusammenhänge, das planetarische Windsystem, die globalen Meeresströmungen, Einfluss von Klimazonen auf die Umwelt und auch Wetterkunde. Auf Emils Anregung hin bezogen die meisten von uns auch die *Deutsche Wetterkarte*, die täglich zugestellt wurde. Dies geschah in erster Linie wohl aus dem Motiv heraus, bei Emil einen guten Eindruck zu machen.

Ehrlicherweise muss ich aber hervorheben, dass mich das alles sehr interessiert und angesprochen hat. Emil verstand es, wie ich meine, diese Zusammenhänge gründlich und vor allem verständlich und anschaulich darzustellen. Es muss aber auch gesagt werden, dass dieser aus heutiger Sicht zumindest „merkwürdige" Schulleiter eher gefürchtet als beliebt war. Man ging ihm tunlichst aus dem Wege.

Auch bei seinen Kollegen war Emil alles andere als eine „Respektsperson". Einmal standen die Latein-Größen Cluesmann, Dr. Humborg und Dr. Schleuter auf dem Flur um ihren Chef herum. Man merkte deutlich, dass sich dieser dabei unwohl fühlte, und dass die drei ihn nicht ganz ernst nahmen.

Emil liebte es, die einzelnen Klassen plötzlich und unangemeldet aufzusuchen. Er gab dann irgendwelche Nebensächlichkeiten bekannt. So beehrte er uns auf der Untertertia [Kl. 8] in der Lateinstunde bei Dr. Schleuter. Als der Herr Oberstudiendirektor das Klassenzimmer verlassen hatte und die Tür noch nicht einmal ganz geschlossen war, zeigte *Piccolo* seinem Chef vor der ganzen Klasse ostentativ „den Vogel". Die Untertertianer kicherten leise, aber verständnisvoll.

Über den Türen der Klassenräume zum Flur hin befanden sich Lüftungs-Klappen, die mit einer Schnur geschlossen oder geöffnet werden konnten. Wenn Dr. Schleuter alias *Piccolo* das Gefühl hatte, der Chef schliche wieder einmal über die Flure, sagte er zu Beginn der Stunde: „Macht erst mal die Hospitier-Klappe zu!" Das ständige Schleichen über die Flure brachte dem Herrn Direktor auch bald seinen Spitznamen ein: In manchen Klassen hieß er nur der *Mauersegler*!

Irgendwann auf der Unter- oder Oberprima [Kl. 12 u. 13] war uns aufgegeben worden, uns eine verlassene Gegend in der Südsee anzuschauen. Leider habe ich vergessen, um welche Ecke auf dem Globus es sich handelte, so dass ich bis heute nicht dorthin fahren konnte. Ich hatte das Pech, dass ich mitten in der Erdkundestunde „dran" kam. Von dem Thema hatte ich nicht die geringste Ahnung, denn ich war ja begreiflicherweise noch nie dort gewesen. Aber nach dem ersten Schrecken war meine Strategie klar. Ich fragte, Eifer vortäuschend, „Herr Direktor, könnte die Klasse bitte den Atlas aufschlagen?" Emil schien hoch erfreut. Die Klassenkameraden schalteten sofort richtig, und mehr als behäbig und mit Verspätung kramte jeder seinen Atlas aus der Schultasche. Als die Atlanten bereit lagen, begann ich meine Ausführungen mit dem „planetarischen" Windsystem, denn irgendwo darin musste die fragliche Inselgruppe ja wohl liegen. Dann begann ich vorsichtig, die Auswirkungen des Großklimas der Erde auf die jeweiligen Erdteile im Allgemeinen und besonderen zu besprechen. Das war alles so zurückhaltend und ungenau formuliert, so dass sich Emil ständig veranlasst sah, die Dinge präzise und genauer zu benennen. Offenbar machte es ihm Freude, meine unscharfen Darlegungen klarer zu fassen. Als das Thema erschöpft war, wies ich auf die zahlreichen Bergketten der besagten Inselgruppe hin und erklärte mit Überzeugung, da müssten wohl die „Passatwinde" oder auch irgendwelche anderen tropischen Regenwinde sich an diesen Gebirgen erst einmal gründlich ausregnen. Dieser reichhaltige Niederschlag führe zu guten Ernten, vor allem an Reis. Dieser sei schließlich in Asien das Hauptnahrungsmittel. Emil ließ sich ablenken und erklärte die verschiedenen Handelswege für Reis im asiatischen Raum. Dann erscholl das erlösende Läuten der Pausenglocke. Sonst wäre die Sprache sicher auch noch auf die Transportwege für Erdöl gekommen, denn die damals noch modern anmutenden „Pipelines" waren ein Lieblingsthema des Direktors.

Jedenfalls hatte ich mein völliges Nicht-Wissen blendend verkauft, und die Klassenkameraden hatten das Spielchen einmütig mitgemacht. Wenn ich noch wüsste, welche abgelegene asiatische Insel der Gegenstand dieser Unterrichtsstunde gewesen ist, so würde ich gern heute noch dorthin reisen und sie mir im Maßstab 1:1 ansehen.

Schließlich kam es dann zum Abitur. Ich war der einzige, der als schriftliches Prüfungsfach Latein wählte. Ein paar Tage vor der schriftlichen Prüfung wollte mir Dr. Franzen in Französisch noch „auf den Zahn fühlen“. Er war empört und entsetzt allein schon wegen meiner schlechten Aussprache und wegen des mangelnden Textverständnisses. Ich hatte wohl meinen schlechten Tag. Er gab seiner Enttäuschung laut klagend Ausdruck. „Wie soll das bloß im Abitur mit Ihnen aussehen?“ Die Klasse erklärte: „Aber der schreibt doch Latein!“ Dr. Franzen strahlte mich vor Freude an, und immer, wenn ich mich – mit Absicht – meldete, wehrte er freundlich und begütigend ab. Ein echter, von preußischer Erziehung geprägter, pflichtbewusster Beamter!

Wir, die *Neusprachler*, waren die ersten, die am Abend des 2. März 1955 bestanden hatten und sich am Tag darauf zur ersten *Kneipe* im *Kruse Baimken* am Aasee trafen. Bei den Mathematikern gab es noch Probleme. Die Kandidaten waren vor Beginn der Prüfungen im Zeichensaal versammelt, und Emil Lücke verlas die *Kriegsartikel*: Jeder Täuschungsversuch etc. etc.

Einige konnten das Grinsen nicht lassen, wobei Günter Vosskötter, einer der größten Flegel des Jahrgangs, sich besonders hervortat. Emil Lücke war zutiefst beleidigt und berief sofort eine Konferenz ein mit dem Ziel, diesen Schüler von der Prüfung auszuschließen. Damit drang er aber nicht durch. Die Sache war durchaus nicht ungefährlich, denn in Lehrerkonferenzen gibt es – wie überall – auch ausgesprochene *Ja-Sager-Naturen*. Der Klassenlehrer Dr. Humborg kam aus der Konferenz zu den Schülern zurück und sagte wörtlich: „Vosskötter, Sie A... (sic!), müssen Sie mit ihrer großen Klappe ausgerechnet am letzten Tag noch Theater machen?!“ So lief auch das Abitur 1955 glatt über die Bühne. Diese Sache hatte aber noch ein tragikomisches, im Grunde albernes, Nachspiel. Es kam der Tag der Entlassung mit der Entlassfeier und Übergabe der Zeugnisse. Alle Schüler, Eltern und Lehrer waren in der Aula des Schlaungymnasiums versammelt. Im Einzelnen kann ich mich an den Ablauf dieser Feier nicht mehr erinnern. Emil Lücke sagte in seiner Ansprache: „Kommen Sie in ein paar Jahren wieder, dann werde ich Sie in unserem neuen Schulgebäude begrüßen." Auch der Oberbürgermeister Dr. Busso Peus ergriff das Wort sowie der Vertreter der Elternschaft, der Präsident der Oberpostdirektion Dr. Drerup. Dann kam der Augenblick der Übergabe der Reifezeugnisse. Die glücklichen Abiturienten wurden in alphabetischer Reihenfolge aufgerufen, der Direktor überreichte die ersehnten Urkunden und verabschiedete jeden einzelnen mit Handschlag. Jedes Mal wurde geklatscht. Als der damals schon bekannte Turnierreiter Rainer Klimke aufgerufen wurde, schwoll der Beifall gewaltig an. Nach einer Weile wurde auch Günter Vosskötter, über den sich Emil so sehr geärgert hatte, aufgerufen. Auch jetzt gab es einen beachtlichen Applaus. Das lag daran, dass Günter eine Zeit lang *Gruppenführer* unserer ND-Gruppe *St. Michael* am Ratsgymnasium gewesen und somit in allen Jahrgangsstufen bekannt war. Diese Begebenheit hat uns Günter bei unserem 50-jährigen Wiedersehenstreffen berichtet. Emil sei kreidebleich geworden und habe mit zitternder Hand und nur mit Mühe diesem *onverschämten Schöler* das Zeugnis überreichen können. Ich habe Günter immer als geradlinigen und möglichst objektiv urteilenden Mitschüler erlebt, so dass seine Darstellung durchaus glaubwürdig ist. Das zeigt sich auch an seinem ausgeprägten Interesse an den naturwissenschaftlichen Fächern, in Sprachen war er dagegen nicht gerade „olympiareif". So habe ich nicht den geringsten Zweifel am Wahrheitsgehalt seiner Aussage.

Das Gebäude des Schlaungymnasiums stand und steht am Eingang der Sonnenstraße. Diese Gegend galt von alters her in Münster als für das Militär verboten. Auch die Engländer hatten unmittelbar neben dem Schulgebäude ein großes Schild *Out of bounds* aufgehängt. Ich meine nun, es sei die uns nachfolgende Abiturientia gewesen, die nach einer ausgiebigen Kneipentour dieses etwas anrüchige Schild dem Herrn Direktor vor die Tür hängte. Ob der so geehrte den lasziven Hintergrund dieses Studentenulks überhaupt geahnt hat, halte ich zumindest für eine offene Frage.

Der Leser muss den Eindruck gewinnen, dass das ganze Leben nur aus Schule und nochmal Schule bestanden hat. Das war auch zweifellos weitgehend der Fall. Allein die Hausaufgaben nahmen einen weitaus größeren Raum ein als heutzutage. In den Fremdsprachen mussten Vokabeln oder ähnliches gelernt bzw. wiederholt werden. Man war ständig in Zugzwang, vor allem wenn die schriftlichen Klassenarbeiten sich häuften. Wenn unter einer Klassenarbeit eine magere „Vier“ stand, so hieß es oft resignierend, aber auch mit einem Anflug von Selbstironie: „Ja, eine Vier ist immerhin die Zwei des kleinen Mannes“. Auch mussten die meisten Schüler irgendwann *Nachhilfe* in Anspruch nehmen. Aber das galt bei vielen Eltern als leicht blamabel und wurde meistens schamhaft verschwiegen. Aber es gilt: Die beste Lebensschule ist die *per aspera ad astra* [durch raues Schicksal zu den Sternen]. Aber es gab auch „Lichtblicke“ – *highlights* in heutiger Sprechweise. Zwar waren in unserer Klasse jedenfalls die monatlichen Wandertage eine langweilige Angelegenheit. Aber auf der Oberstufe gab es eine Klassenfahrt nach Paris und eine Busreise nach Hessen: Wetzlar-Limburg, zur Mosel und zum Rhein.

Die Parallelklasse unternahm eine mehrtägige Fahrradtour an die Nordseeküste. Dabei wurde auch irgendein Museum besichtigt. Dort war eine gotische Darstellung der *Verkündigung* durch den Erzengel Gabriel an Maria zu sehen. Zur Verdeutlichung waren beide Figuren mit kleinen Namensschildchen versehen. Heimlich wurden beide Schilder ausgetauscht und scheinheilig wurde der Englischlehrer – *Hühnchen* – gefragt, was das denn zu bedeuten habe. Die Antwort kam dann gelassen und „salomonisch“: „Ja, ihr müsst wissen, dass man im Mittelalter in Maria oft den Engel gesehen hat!“ Ein Lehrer hat eben auf alles eine Antwort zu wissen.

1953: Fahrradpanne in der Telgter Heide

Auch gab es häufig kleinere Schulfeiern, die von Anton Hilberath oft schlicht, aber eindrucksvoll musikalisch mitgestaltet wurden.

Ein außerordentlich aufmunterndes und befruchtendes Moment ergab sich daraus, dass kurz nach dem Krieg die zumeist noch *bündisch* geprägten Jugendgruppen wieder auflebten. Es gab Pfadfinder, auch die evangelische Jugendarbeit (CVJM) machte sich bemerkbar. Für die meisten war es der katholische Schülerbund *Neudeutschland.* Der Name gab und gibt noch heute zu Missverständnissen Anlass.

Kurz zusammengefasst muss fest gehalten werden, dass das damals noch von der Jugendbewegung geprägte Leben mit Zeltlagern, Wanderungen, Sport und Spiel eine Bereicherung war. Man erlebte Gemeinschaft sowie ungewohnte Freiheit und erfuhr geistige und kulturelle Anregungen. Das alles wurde fast vollständig von den Jugendlichen selbst geleistet. Man war eben noch „jugendbewegt".

Abfahrt eines ND-Untergruppenfähnleins in den Hümmling

Aber schon Ende der 50er Jahre wandelte sich das Bild: Schlager und POP-Stars – besonders amerikanischer Prägung – bestimmten die Musik und verdrängten Volks- und Wanderlieder: Ab Anfang der 60er gab es statt der Jugendbewegung weitgehend nur noch „Jugendpflege“. Es folgten dann bis heute ständig wechselnde Leitbilder in der „Jugendszene“. Das stellte die Erwachsenenwelt, Eltern wie Lehrer und Seelsorger, vor die Notwendigkeit einer ständigen Neuorientierung und oft schmerzlichen Anpassung. Aber es bleibt bei allem Wandel.

ΑΞΙΟΣ ΕΣΤΙ Η ΤΗΔΕ Η ΧΩΡΑ ΕΠΑΝΕΙΣΘΑΙ

Aower Guott Dank, dat düsse heele Aaperie
all nu för us lange Tiedt vörbi is

(es ist wert, das Land zu preisen, aber Gott sei Dank,
dass dieses Affentheater für uns jetzt schon lange Zeit zurück liegt)

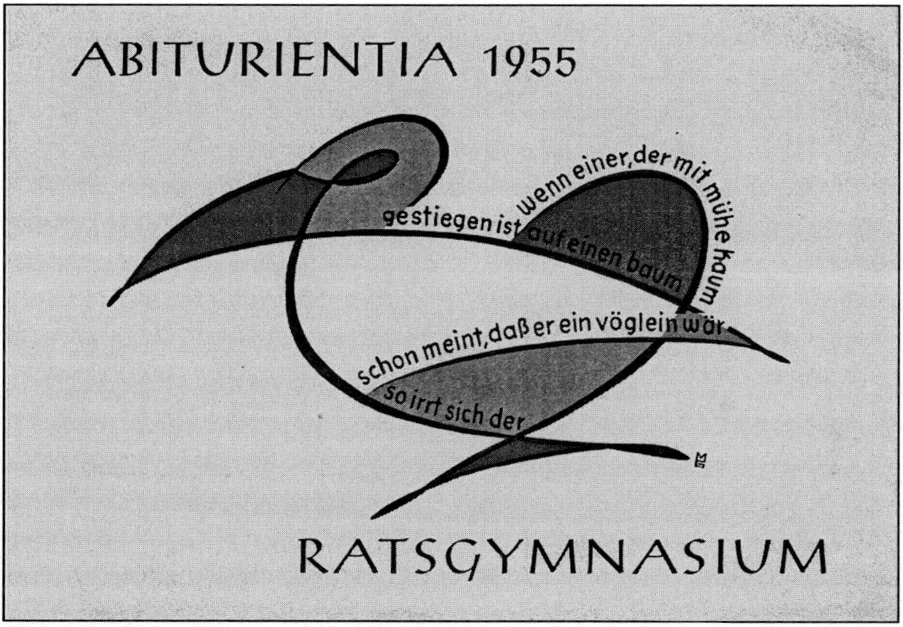

Aber das »Große Welttheater«
(Calderon de la Barca, 1600-1681) geht weiter ...